KB163555

슬기바다 **12**

부모은중경
대방편불보은경

편자 미상 | 최은영 옮김

홍익출판사

『부모은중경』·『대방편불보은중경』을 펴내며

예전에 아는 것이 많아질수록 머리만 커지고 가슴으로 다가오는 것이 적어지지 않도록 경계해야 한다는 말을 들었다. 그때는 지금보다 훨씬 어린 시절이었고 막 공부를 시작하는 단계여서 선배가 해주는 그 충고가 귀에 잘 들어오지 않았다. 그런데 세상에 첫 글을 내면서 계속해서 그 말이 문득 떠오른다.

이 책은 본래 부처님이 설하신 것이 아니라 후에 중국에 와서 지어진 가짜 경전이라고 알고 있었기 때문에 처음 번역을 제안 받았을 때 마음이 내키지 않았다. 다른 많은 경전을 두고 왜 하필이면 이 경일까, 솔직히 여기서 얻을 것이 있을까? 그런 생각들 때문에 번역이 무척 망설여졌다. 또 서점에 가서 조사를 해보니 이미 번역본이

십여 종이나 나와 있고, 각 사찰에서도 포교판으로『부모은중경』을 무수히 배포했다는 것을 듣고는 더욱 착잡했다. 분량도 한 권의 책으로 엮어지기에 턱도 없이 부족해서 반드시 비슷한 내용의 다른 몇몇 경전과 합본한 상태로만 되어 있다는 것을 알고 잘할 수 있을지 걱정이 앞섰다. 식자우환은 바로 이런 경우를 두고 하는 말일 것이다.

경을 번역하면서 그 내용 때문에 오래 전에 잊은 듯한 참회의 심정을 느꼈고, 경에 대한 여러 가지 상황을 알아 가면서는 무척 흥미로움을 느꼈다. 특히 우리가 알고 있는『부모은중경』이 우리나라에서 만들어져서 유통되었을 것이라는 심증이 들고, 중국에서 가짜 경전 취급을 받던 돈황본『부모은중경』은 전혀 다른 내용임을 알게 된 것은 큰 수확이었다. 만약 이런 계기가 없었다면 평생 이 경을 한번도 제대로 읽지 않고 지나쳤을 것이고, 또 이런 재미있는 사실도 알 수 없었을 것이다. 또한 돈황에서 발견된 경전의 사본들에 대해서도 이전에는 그다지 주목하지 않았었는데 앞으로 각 방면에서 활발히 이용할만한 중요한 자료라는 것을 알게 되었다.

이번 일을 통해서 대장경 목록에 효를 제목으로 삼은 경전이 거의 없지만 내용으로 들어가면 누군가에게 입은 은혜를 알고 그 은혜에 보답하기 위해 어떻게 살아가야 하는지를 밝히는 경은 적지 않음을 알았다. 돌아가신 은사님께서 언제나 "내가 지금 받는 은혜는 항상 남에게 갚아야 할 빚이니, 결코 내가 베푼 어떤 공덕으로 보답받는 것이 아니다"라고 말씀하셨다. 은혜를 끝없이 보답해 가는 삶은 이런 생각이 아니면 실행해 갈 수 없는 것이니 이런 마음가짐이 바로 보살의 마음이 아닐까. 그런 말씀들을 부처님의 글로 직접 대면할 수 있었던 것은 어쩌면 나날이 교만하고 게을러지는 나 자신을 채찍질할 수 있는 좋은 방편이었다고 생각한다.

어렸을 때 부모님이 걱정하면 차라리 혼자인 것이 낫겠다고 항변했고, 자라서는 저 혼자 큰 줄 알며 오만해하던 못난 자식에게 부모님은 여전히 커다란 언덕이 되어주신다. 지금도 오직 좋은 날이 있기를 바라시며 사랑을 베풀어주시는 부모님과 얼마 전 세상에 태어난 사랑스런 조카를 보면서 부모로서, 자식으로서 세상을 살아가는 모습은 단순하고 평범한 것임을 잔잔히 느낀다. 앞으로 조금은 은혜를 아는 생활을 해야겠다고 반성하면서 부모님께 진심으로 깊은 감사와 사랑을 드린다.

끝으로 이제 책이 완성되니 급하게 마무리한 탓에 다시 볼 때마다 미진한 점이 눈에 띄어 세상에 내놓기가 정말 두렵다. 꼼꼼하지 못한 성격이 그대로 드러났다는 생각에 부끄럽기 한량없다. 부족한 시간 속에서 변변치 못한 원고를 곳곳마다 따끔하게 꼬집어 준 김근호에게 감사한다. 독자들의 더 많은 질정을 기대하며 이제 몇 달 동안 함께 했던 원본을 덮어야겠다.

단기 4332년 7월
옮긴이 **최은영** 적다

『부모은중경』·『대방편불보은경』 차례 ──────────

佛說父母恩重經

如是我聞。一時佛在王舍城耆闍崛山中。與
大菩薩摩訶薩及。聲聞屬俱。亦與比丘比丘
尼優婆塞優婆夷。一切諸天人民及天龍鬼
神。皆來集會。一心聽佛說法。瞻仰尊顏。目不
暫捨。佛言。人生在世。父母為親。非父不生。
非母不育。是以寄託母。胎懷身十月。歲滿
月充。母子俱顯生墮草上。父母養育。臥則蘭

『부모은중경』(『대정신수대장경』본)

부모님의 크신 사랑, 그리고 그 보은의 길
『부모은중경』·『대방편불보은경』

동양의 전통에서 효(孝)는 정치·사회적인 면에 있어서 매우 강조되는 사상이다. 형식으로 볼 때 부모와 가족을 떠나 승려가 되어 깨달음을 얻는 것을 이상적인 목표로 하는 불교가 유교의 전통적인 풍속과 충돌할 것은 충분히 추측할 수 있는 일이다. 그래서 불교를 중국에 전파하기 위해 중국에 온 인도 승려나 선구적으로 불교를 받아들인 중국의 승려들은 불경의 형식을 빌린 경전을 만들어 냈지만 유교나 도교의 전통사상이 스며들어 있다. 이것이 의경(擬經)과 위경(僞經)이 나타난 배경이다.

『부모은중경』과 『대방편불보은경』은 그렇게 만들어진 위경 가운데에서 효정신이 드러난 불경이라고 인정된 경전으로 알려져 있다. 그러나 실제로 부처님은 부모님의 은혜에 대해 어떻게 생각하고 설했을까? 그것에 관한 내용을 가진 경전은 위경이 만들어지기 전 인도에는 없었던 것일까? 역사상의 부처님이 살고 있었을 때 그런 의문을 가진 사람은 한 명도 없었을까? 만약 『부모은중경』이 위경이라면 언제 누구에 의해서 만들어진 것일까? 한번에 만들어졌을까, 아니면

부처님을 잉태한 마야부인의 태몽

시대가 흐르면서 점차적으로 완성되었을까? 이런 의문들을 마음에
품고 『부모은중경』과 『대방편불보은경』에 대해서 살펴보았다.

1. 부처님은 효에 대해 어떻게 생각하셨을까?

역사상의 부처님은 기원전 2,500여년 전에 인도의 작은 왕국의
왕자로 태어나서 일주일만에 어머니를 잃고 양어머니 손에 길러졌으
며, 결혼하여 자식까지 있는 상태에서 아버지의 만류를 뿌리치고 출
가하여 깨달음을 얻었다고 전해진다. 이런 이력을 읽어보면 부처님은
참으로 배은망덕한 사람이다. 여러 경전에서는 깨달음을 얻은 후 부

부처님의 궁정생활과 출가 고행하는 부처님

처님은 자신의 가족을 비롯하여 자신의 종족을 제도하여 출가시키거나 출가하지 않았어도 바른 법을 받아 지니게 하였고, 돌아가신 어머니가 다시 태어난 하늘을 찾아가서 일주일 동안 설법을 했다고 밝히고 있다.

　이와 같이 출가하여 깨달음을 얻은 후 곧 바로 열반에 들지 않고 80평생을 살면서 모든 중생을 제도한 것은 효에 대한 부처님의 사상을 읽어낼 수 있는 한 단면이다. 그러나 『부모은중경』과 『대방편불보은경』에서는 한 세상에서 자신의 부모에게 효도하면서도 깨달음을 얻어 중생을 제도하는 것이 더 크고 길게 효를 행하는 근본이 된다는 것을 다루고 있다. 이러한 경전은 비록 부처님이 직접 가르친 내용은 아니라고 여겨지지만 출가하지 않은 중생의 생활을 보여주는 것으로

열반에 든 부처님

써 어느 정도는 그 역할이 인정되고 있다. 왜냐하면 일생으로만 한정하거나 깨달음을 얻고 자기만 곧바로 열반에 들어버리는 소승(小乘)[1]의 아라한의 입장이 아니라, 여러 생에 걸쳐서 중생을 제도하는 대승(大乘) 보살의 입장에서 바라보는 효행관에 부합하기 때문이다.

일생만을 놓고 생각하거나 대승적인 입장에서 설명하지 않고 현실 중심적인 유교의 관점에서 볼 때 불교는 불효한 가르침이 분명하다. 그래서 특히 이런 부분에 민감한 유학자들과 부분적으로 화해할 수 있는 방법은 충돌을 피할 수 있는 내용을 불경으로 제작하는 일이었다. 『부모은중경』, 『부모은난보경』(父母恩難報經),[2] 『대방편불보

---

1. 큰 수레라는 의미의 대승과 작은 수레라는 의미의 소승을 구별하는 명칭은 대승이 소승을 폄하하기 위해 부르기 시작한 명칭이다. 따라서 이 명칭으로 대·소승을 구별하는 것에 대해 반대하지만 여기서는 일반적으로 쉽게 이해할 수 있도록 이 명칭을 사용하기 한다.
2. 『대장경』 권16에 실려 있고 다른 효에 관한 경과는 달리 후한(後漢) 안세고(安世高)의 번역이라고 되어 있다. 이 경은 부모님의 은혜에 관한 것은 매

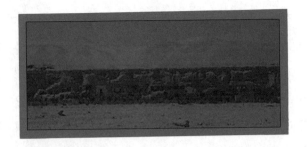

돈황 막고굴의 전경

은경』(大方便佛報恩經)의 편집 역시 이러한 배경에서 태어난 작품
이라고 추측할 수 있다.

2. 서로 다른 두 편의 『부모은중경』

1) 돈황본 『부모은중경』

인도에 원전(原典)이 없다고 전해지는 『부모은중경』은 전래되지
않은 것이 아니라 처음부터 중국에서 지어진 위경이라고 여겨졌다.
따라서 지은이와 역자에 관해서도 전혀 언급이 없다. 이 경은 695년
당나라 명전(明佺) 등이 엮은 『대주간정중경목록』(大周刊定衆經
目錄)에서 「위경목록」(偽經目錄) 안에 최초로 등장하였다. 그 후

우 적고, 전체가 부모님의 은혜에 보답하려면 부처님과 법과 승가를 믿고 귀
의하게 해야 한다는 내용으로 아주 짧다. 이 경이 실제로 안세고의 번역인지
후대의 위작인지의 여부는 지금으로서는 알려진 바가 없고, 다만 부모님의
효에 보답하는 내용을 실고 있는 불경이라는 것만을 알 뿐이다.

730년 지어진 『개원석교록』(開元釋教錄)에서도 「위망난진부」(僞妄亂眞部) 안에 기록되어 있다. 이것들은 단지 불경목록을 기록한 책들로 여기에는 단지 명칭만 적혀 있지만, 지금의 돈황장경이 묻혀 있던 동굴에서 실제로 『부모은중경』이라는 경전이 발견되었고 또한 '부모은중경변상도'라는 벽화도 여러 점 발견되었다. 따라서 이후 이 글은 돈황에서 발견된 것을 돈황본이라고 하고 우리나라에서 유행한 『부모은중경』은 한국본이라고 부르기로 한다.

역자가 번역한 돈황본은 『대장경』[3] 85권(No.2887)에 실려 있다. 이것은 대영박물관에 소장되어 있는 돈황본을 저본으로 하였다. 이 박물관에는 모두 두 개의 판본이 있고 약간의 출입(出入)이 있지만 『대장경』에 실려 있는 것과 별 차이가 없다. 또 다른 판본은 일본인 중촌부절(中村不折) 씨가 소장하고 있는 것이지만 이것은 앞부분이 없다. 그 밖에 돈황에서 발굴되어 상해박물관에 소장되어 있는 것도 있다고 한다. 『대주간정중경목록』이나 『개원석교록』의 목록에 실려 있던 『부모은중경』과 돈황에서 발견된 사본이 같은 내용인지 지금으로서는 알 수 없으므로 돈황본만을 가지고 살펴보기로 한다.

한대(漢代)이전부터 서역인도에서 돈황을 거쳐 중국으로 불교가 유입되었는데 5세기 남북조(南北朝) 시대의 『중경별록』(衆經別

---

3. 『대정신수대장경』(大正新修大藏經)의 약칭으로 일본에서 1637년부터 19
23년(대정12년)까지 이루어진 대장경을 집대성하여 본 책 55권, 목록 2
권, 속간(續刊) 28권으로 펴낸 것이다. 현재까지도 계속 속간이 만들어지
고 있다.

錄)[4]은 그때까지 중국에 전해지고 번역된 불경에 관해 기록한 최초의 불경목록이다. 본래 이『중경별록』은 소실되었는데 돈황에서 다시 출토되어 당시에 이미 존재했던 경전을 연구할 수 있는 귀한 자료가 되었다. 그러나 이 목록에는『부모은중경』이 들어있지 않다. 이후 당(唐)·북송(北宋)시대까지 불경목록 작업은 꾸준하게 이어져『대주간정중경목록』, 『대당대장경수』(大唐大藏經數), 『개원석교록』, 『개원석교록간목』(開元釋教錄簡目) 등이 만들어졌고 이 가운데『대주간정중경목록』과『개원석교록』안에『부모은중경』의 서명이 있다. 이 책들은 대륙에서 다시 돈황으로 들어가 돈황장경동(敦煌藏經洞)에 남겨지게 된다.

1997년 출간된『돈황불교경록집교』를 살펴보면 돈황지역의 불교는 다른 곳과는 다른 독특함이 보존되어 있었다. 돈황은 중국대륙의 경전들을 대장경으로 보관하는 한편 당시 위경이라고 여겨지던 경전들과 돈황지역의 민속 종교생활을 알 수 있는 불경목록을 기록하여 함께 돈황장경이 있는 동굴에 보관하였다. 이곳을 영국과 프랑스의 불교학자들이 발굴하면서 천년 동안 묻혀 있던 경전들이 세상에 드러나게 되었고 그 가운데서『부모은중경』의 사본이 발견되었다. 특히 돈황지역의 특수성으로 인하여『부모은중경』을 비롯한 많은 위경들

4.『돈황불교록집교』(敦煌佛教錄輯教)를 지은 방광창(方廣錩)은『중경별록』은 현재 수(隋)나라 비장방(費長房)의 저술로 알려져 있지만 대영박물관에 소장된 돈황본의 사본을 확인한 결과 남북조시기의 것이라고 주장하였다. 이것은 과학적 방법에 의한 것이므로 역자도 그의 견해를 따른다.

이 보존될 수 있었던 것이다. 그러므로 돈황동굴에 있던 대륙의 불경목록에서는 본경은 위경목록 가운데에만 실려있지만, 돈황에서는 이경의 실제 사본과 그곳에서 만들어진 다음과 같은 장경목록(藏經目錄) 안에 실리게 된다.

첫째, 당시 돈황에 있던 사찰인 용흥사5의 『용흥사장경목록』(龍興寺藏經目錄)에서는 발견되지 않지만, 이 용흥사에서 9~10세기경 제작한 『용흥사역년배보장경록』(龍興寺歷年配補藏經錄) 안에는 이 경의 명칭이 들어있다.

둘째, 당시 복을 빌거나 기도를 위해 사원이나 개인단위로 경을 널리 유포하는 전경(轉經)활동이 돈황에서 유행하였는데, 승려 원영(願榮)의 전경록인 『병오년비구원영전경록』(丙午年比丘願榮轉經錄) 안에 『불설부모은중경』이 보인다.

셋째, 오대(五代)·북송(北宋)시대의 유명한 돈황승려였던 삼계사(三界寺) 도진(道眞)이 편집한 『견일체입장경목록』(見一切入藏經目錄)은, 그가 대장경 목록을 보고 부족한 부분을 보충하여 완성한 것이라고 하는데 그 안에 『부모은중경』이 실려 있다.

상해박물관본과 원영비구의 전경록에는 『불설부모은중경』이라고 되어 있고 그밖의 것은 단순히 『부모은중경』이라고 되어 있다. 이 두 경의 내용이 동일한 것인지의 여부는 역자가 확인하지 못했다. 그러나 다른 경전들이 원래의 제목 앞에 불설(佛說)을 더 넣기도 하는

---

5. 당시 돈황은 각 사원을 중심으로 대장경을 베껴서 보관하기도 했다. 그 중 용흥사(龍興寺)는 돈황불교의 가장 중심사원이다.

신강성에 있는 격자무늬의 본생담 벽화 2폭(菱格本生故事畫二幅)

것으로 추측해보면 동일한 경으로 생각된다. 당말 오대의 편집형식으로 되어 있는 『용흥사배보장경록』과 그 이전의 불경목록들 사이에 얼마만큼의 시간차이가 있는지는 정확하지 않다. 그러나 학자들이 『중경목록』은 5세기경 남북조 시대에 만들진 것이고, 돈황본의 사본들은 늦어도 9~10세기경에 완성된 것이라고 보고 있으므로 다음과 같이 정리할 수 있다.

돈황본 『부모은중경』은 5세기에서 10세기 사이에 제작되었거나 유입된 것이며 그 작자에 대해서는 정확히 알 수 없다. 다만 대륙에서 유통되었던 불경목록에서는 처음부터 위경으로 취급되었고, 자유로운 분위기의 돈황에서는 보다 많이 발견되는 것으로 보아 돈황지역에서 제작되었다고 추측할 수도 있다. 다시 말해 돈황에서 제작되어 대류으로 전해졌으나 처음부터 위경이라고 의심받다가 다시 돈황으로 전해져 온 후에 널리 유행된 것이라고 짐작할 수 있다.

돈황본이 인도에서 찬술되어 전래되었는지의 여부는 더 자세한 연구를 필요로 한다. 주목할 만한 점은 내용에 있어서 돈황본은 자식에 대한 부모의 사랑과 그 사랑을 배반하는 자식에 관해 질책하는 것으로, 깊은 효사상을 이끌어 내기보다는 상식적인 선에서 부모님의 은혜를 다루고 있다는 것이다. 또 7월 15일 우란제일(盂蘭祭日)은 중국의 명절이기도 하지만 이 날의 기원과 관련된 우란분(盂蘭盆)6

---

6. 본래 부처님과 스님들에게 공양할 때 쓰는 큰 그릇을 말한다. 불교를 받드는 지역에서는 『우란분경』에 근거하여 매년 음력 7월 15일에 역대 종친(宗親)을 제도하는 의식을 거행한다. 우란분을 의역하면 도현(倒懸, 거꾸로 매달리는 것)인데 죽은 자의 괴로움을 비유한 것으로 큰 괴로움을 의미한다. 『우란분경』의 내용에 의하면, 부처님의 제자인 목련이 신통력으로 그의 어머니가 아귀계에 떨어져 있는 것을 보고 스님의 밥그릇인 발우에 먹을 것을 가득 채워 어머니에게 가지고 갔으나 어머니가 악업 때문에 음식이 모두 불꽃으로 변하였다. 목련은 어머니를 이 괴로움에서 벗어나게 하고자 부처님께 방법을 물었다. 부처님께서 목련에게 7월 15일〔인도는 여름철 장마 때 안거를 하고 승가대중은 이 날 3개월의 하안거를 마친다〕은 스님들의 자자일(自恣日)로 이 날 온갖 좋은 음식을 우란분에 두어서 삼보에 공양을 하면 무량한 공덕을 얻어 7대 동안의 부모를 구제할 수 있다고 하였다. 우란분의 기원은 인도의 대서사시 『마하바라타』에 이미 이와 관련된 서술이 있다. 인도에서는 옛부터 대를 이을 자식이 없으면 죽은 후에 반드시 나쁜 곳에 떨어진다고 믿었기 때문에 바라문은 20세가 되면 수업을 원만하게 하고 집으로 돌아와 결혼하여 자식을 낳고 조상의 혼령에게 제사지낸다. 이 날은 민간에서 말하는 중원절(中元節)로 지옥문이 활짝 열리고 아귀들이 풀려나는 날이다. 그래서 가축을 죽여서 음식을 장만하여 아귀에게 잔치를 베풀고 도사를 청하여 좋은 곳에 태어나게 독송을 하므로 중원보도(中元普度)라고 한다. 이 날 아귀들에게 좋은 음식을 베풀면 재난을 면할 수 있고 만사가 순조롭다고 여

은 인도고유의 풍속에도 있는 것이다. 그러므로 풍속의 차이를 들어 중국에서 지어진 위경이라고 고집할 수만은 없다. 초기불교 내용을 담고 있는 본생담(本生譚)에도 부모자식의 도리에 관한 내용은 많이 있기 때문이다. 또한 경의 형식도 엉성하게 갖추어져 있지만 그렇다고 반드시 중국에서 지어졌다고 할 수는 없다. 인도에서도 처음부터 경이 직접 글로 쓰인 것이 아니기 때문에 충분히 형식을 제대로 갖추지 못한 경이 있을 수 있다. 인도에서 지어졌지만 일찍이 주목받지 못하고 사라져가다가 뒤늦게 돈황승려의 눈에 띄었다고 가정할 수도 있다.[7]

시기적으로 돈황본은 한국본보다 일찍 지어진 것이므로 역자는 돈황본을 먼저 완역하고 그 다음에 비교를 위해 한국본을 실었다. 두 경을 비교해 보면 마치 돈황본이라는 아이가 자라서 한국본이라는 어른이 된 것 같은 내용과 형식임을 쉽게 알 수 있다.

2) 우리나라의 『불설대보부모은중경』

우리나라는 옛부터 지금까지 『부모은중경』이 널리 유통되고 있다. 단원 김홍도가 그 경의 게송[8]에 맞게 그린 그림과 함께 불교의 효사상

겨졌다. 그러나 불교의 불살생계의 입장에서 보면 이와 같은 것은 이익이 되지 않을 뿐만 아니라 오히려 탐욕과 살생의 업을 조성하는 것이므로 의의나 과보면에 있어서 실상 불교의 우란분과는 차이가 있다.

7. 돈황동굴에 있는 변상도와 김홍도의 그림을 비교해 볼 수 있다면 이 경을 이해하는 데 훨씬 도움이 될 것이다.

8. 게송의 범어는 가타(⑤ gāthā)로 가타(迦陀·伽他)·게타(偈陀)·게(偈) 등으로도 음사하고, 풍송(諷誦·諷頌)·조송(造頌)·게송(偈頌)·송

에 관해 알려주는 우리나라의 대표적 불경의 하나로 자리매김하고 있다. 그러나 현재 찾은 자료를 놓고 숙고해 보면 이 경은 고려말부터 유통되기 시작하여 조선시대에 널리 유행한 경전이지만 본래 중국 불교 경전에도 없었던 것으로 생각된다. 먼저 이 경과 관련된 대표적인 자료를 살펴보면 다음과 같다.

첫째, 보물 705호 『불설대보부모은중경』은 목판본으로 고려 (1378년)시대에 조성된 것이다.

둘째, 보물 920호 『불설대보부모은중경』은 목판본으로 현존하는 조선조 판본 가운데 가장 빠른 단종(1454년) 때에 만들어진 것으로 추정된다.

셋째, 지방문화재 17호 『불설부모은중경』은 화산(花山) 용주사 (龍珠寺)에 있는 판본으로 동판·석판·목판으로 되어 있고 조선 정조(1796년) 때에 만들어진 것이다. 이 판본에 김홍도의 그림이 실려 있고 가장 유행한 판본이기도 하다. 이것은 천보산 불암사(佛巖寺) 판본(1687년)과 같고 이 판본들은 초서분·정종분·유통분[9]으

(頌) 등으로 한역한다. 이 문체로 이루어진 어구를 게어(偈語)라고 한다. 넓은 의미의 게는 부처님의 열두 종류의 교설형태〔十二分敎〕 중의 가타(伽陀 ⑤ gāthā)와 기야(祇夜 ⑤ geya)를 모두 포함한다. 그러나 두 가지는 서로 다른 뜻을 가진다. 게 앞에 산문(散文)이 없고, 직접 운문으로 기록한 교설이 가타이고, 게 앞에 산문이 있고 여기에 운문을 덧붙여서 그 뜻을 중복하는 것이 기야이다. 좁은 의미에서의 게는 단지 가타만을 말한다.

9. 이것은 한 경(經)을 세 부분으로 나누어서 해석하는 것인데 그 경의 내용에 따라 적당한 곳을 나눈다. 초서분(初序分)은 보통 서분(序分)이라고 하는데, 경을 설한 인연을 밝히는 내용으로 서문에 해당하는 부분이다. 정종분

로 나누어져 있다.

넷째, 동국대학교 소장본『불설대보부모은중경』은 명종(1567년) 때에 만들어진 것이다.

처음과 둘째 판본은 경의 제목 다음에 요진(姚秦)의 유명한 역경 가인 구마라집(鳩摩羅什)이 한역〔奉譯〕하였다고 되어 있지만, 나머지 판본에는 첫머리에 이 글귀가 빠져 있다. 따라서 비록 두 가지 다른 판본에서 구마라집이 한역하였다고 되어 있지만『부모은중경』이 실제로 그가 번역한 역서라고 볼 수는 없다. 아마도 이렇게 쓰여 있는 것은 한역된 불경의 일반적인 형식에 맞추어 가장 널리 알려진 역경가를 적어 넣은 것이라고 생각된다. 그렇다면 이 경은 어떻게 만들어졌으며 돈황본과 어떠한 차이가 있는가? 그와 관련하여 다음 몇 가지를 짚고 넘어가야 한다.

첫째, 이 경은 우리나라에서만 널리 유통되었고, 현재까지 일반인에게도 가장 널리 유행한 경전이다. 그러나 최근의 중국대륙만 해도『부모은중경』을 거의 발견할 수 없다.

둘째, 경의 장절이 초서분·정종분·유통분의 형식으로 나누어져 있는 판본도 있는데 이러한 용어는 학자들이 경을 분류할 때 쓴 것이

(正宗分)은 한 경의 근본 뜻을 논술하여 바른 가르침을 드러내는 내용으로 본문에 해당하는 부분이다. 유통분(流通分)은 이 경을 지니면 얻게 되는 이익을 설하고 다른 중생에게 널리 전할 것을 권하며 후세에도 없어지지 않도록 부촉(咐囑)하는 내용으로, 결론에 해당하는 부분이다. 이 방법은 동진(東晉) 때 도안(道安)이 처음 쓰기 시작한 이후 유송(劉宋)시대에 가장 성행하였고 그 후에도 계속 쓰여지고 있다.

다. 이는 중국에서 종파불교가 성립한 이후에 나타난 분류용어로 대소승경전 어디에도 이런 분류는 없고, 구마라집이 살던 요진시대에도 이런 분류용어는 없었다. 또 경을 이런 식으로 분류한 것과 분류하지 않은 것으로 나눈 두 가지 판본이 존재하는 것도 경의 일관성이 떨어지는 것이며, 시기적으로 후대에 나온 판본이므로 앞의 것을 바탕으로 새로 재편했을 혐의가 깊다.

셋째, 이 경은 지나치게 반복이 심하다. 같은 내용이 여러번 반복되지만 강조하기 위해서라기보다는 중언부언하는 듯함을 느끼게 한다.

넷째, 돈황에서 출토된 『부모은중경』이나 『불설부모은중경』과는 달리 제목이 『불설대보부모은중경』이라고 되어 있다는 점이다. 이것은 본래부터 내용이 유사하거나 과장되게 부풀려진 다른 경전일 확률이 높다. '3. 돈황본과 한국본 『부모은중경』의 내용'에서 이 부분에 대해 자세히 다룬다.

이러한 상황을 고려하여 역자는 한국본은 고려말에 성리학이 유입된 후 유학에 정통하거나 한문에 조예가 깊은 승려나 학자에 의해 성립된 것이라고 생각한다. 가장 빠른 판본이 고려말인 것으로 보아 그 이전에 이미 관심이 있던 부분이었겠지만, 당시 성리학이 도입된 이후에 유교의 충효사상과 충돌하는 불교가 살아남을 방법으로 승가에서 만들어진 것으로 추정된다. 그러나 작자에 대해서는 지금까지의 연구서에 언급된 것이 없으므로 여기서는 자세히 논하지 않겠다. 그러나 경의 이번 번역에는 실리지 않았지만 원문 끝부분에 다라니주문이 있는 것으로 보아 밀교[10]계통의 승려가 만들었을 가능성도 있다.

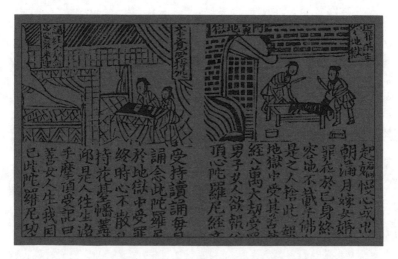

'인과응보'의 가르침을 담고 있는 명대의 다라니경

두 경의 내용을 비교해 보면 형식의 완성도가 뛰어난 한국본에 돈황

---

10. 밀종(密宗)을 말하는 것으로 언종(眞言宗)·유가종(瑜伽宗)이라고도 하는
데, 진언다라니(眞言陀羅尼, 진언은 일종의 주문)의 법문에 의하여 오상(五
相)과 삼밀(三密) 등을 닦아서 현재의 몸으로 부처가 되는 즉신성불(卽身成
佛)을 기대하는 대승종파의 하나이다. 이 종파를 밀교(密敎)라고 부르는 것
은 현교(顯敎)와 상대해서 부르는 것이다. 그들은 자신들의 종파가 드러내는
교리는 가장 존귀하므로 은밀하고[密]다른 대승교파가 나타내는 것은 비천
하므로 드러난다[顯]고 주장한다. 인도에서 밀종의 기원은 고대 베다서에서
기원하는데 그 후 민간 각 계층에 유입되었다. 불교는 오랫동안 발전과정을
거쳐서 점점 민간신앙에 침투하였는데 아울러 이러한 주술밀법의 영향을 받
아들여 신도들을 보호하고 재앙을 없애는 작용을 인정하였다. 또 밀종에서는
베다서에 나오는 여러 신들이 불교에 들어와 많은 보살과 천인, 진언주문 등
으로 나타나게 되었다. 그러므로 후기 대승불교경전에는 다라니가 나오고 7
세기 후반부터 전성기를 맞이하여 진언과 다라니가 중심이 되어 대승불교철
학의 기초를 쌓게 된다.

본의 단초가 발견될 뿐이므로 완전히 다른 경이라고 해도 무리가 없을 듯하다.

3. 돈황본과 한국본 『부모은중경』의 내용

요즘도 어버이날이라고 말하면서도 아버지의 은혜보다는 어머니의 은혜를 더 높이, 더 많이 기리듯이 이 경전에서도 부모님의 은혜보다 어머님의 은혜에 대해 더 간절하게 밝히고 있다. 재미있는 것은 어머니는 끝없이 존경하고 사모해야 할 대상이지만 어머니가 되기 전의 여자에 대해서는 비하하는 표현이 간혹 등장한다는 점이다. 이것은 부처님의 가르침이 여성을 비하하는 경향이 있었는가 하는 의문을 낳게 한다. 여성을 승려로 받아들이면 바른 법이 전해지는 기간이 500년 줄어든다는 이유로 출가를 허락하지 않았다는 경전의 내용이나, 어린 용녀(龍女)가 성불할 때 남자로 변화한[變成男子] 후에 성불하였다는 『법화경』(法華經)의 구절들을 표면적으로 살피면 불교에도 여성차별이 있었을 것으로 추정된다. 또한 출가자 대부분이 남성인 사회에서 수행의 가장 큰 방해자는 여성이었기 때문에 경계하라고 가르친 결과가 오히려 여성을 차별의 대상으로 만들었다고 생각할 수 있다. 그러나 『부모은중경』이 중국이나 우리나라와 같은 유교 중심사회에서 만들어졌다면 이러한 여성비하는 전통적인 배경에서 산출된 것이라고 생각할 수 있지만 복잡한 문제를 지닌 것이므로 여기

부처님을 낳은 마야부인

서는 불교의 다른 사상과 연결시키지 않기로 한다.

돈황본과 한국본은 모두 부모님의 은혜 가운데에서도 특히 어머니의 은혜를 강조하고 있다. 또한 형식에 있어서도 '이와 같이 나는 들었다'[如是我聞]이라는 불경의 전형적인 틀로 시작하고 끝날 때도 다른 경전과 유사하게 되어 있다. 돈황본 끝부분에 '부모은중대승마하반야바라밀경'(父母恩重大乘摩訶般若波羅蜜經)을 경의 명칭으로 하라는 부분이 나오며, 한국본은 경전중심 사상을 드러내고 있는데 이것은 모두 대승적인 입장의 경임을 알게 한다.

그러나 두 경은 뚜렷한 차이점을 지니고 있다. 돈황본은 불효한 자식을 원망하고 그런 자식을 둔 자신의 신세를 한탄하는 내용이 있지만, 한국본은 너무나 크고 깊어서 결코 단순히 효도를 하는 것으로는 도저히 갚을 수 없는 부모님의 자애로움만을 내용으로 한다. 자식을 원망하거나 자신을 한탄하는 내용이 한국본에서는 발견되지 않는다. 이 점은 부모님의 은혜를 보답해 가는 차원을 넘어 이 경 자체가

지니는 공덕을 강조할 수 있는 강한 근거가 되므로 경전중심의 사상을 엿볼 수 있다. 따라서 부모님의 은혜는 단순히 현세에서 효도하여 갚을 수 있는 것이 아니라 경에서 밝히는 대로 끝없이 보답해 나가야 하는 것이다. 또 한국본에서는 불효의 대가로 받는 지옥에 관한 내용이 등장하지만 돈황본에는 이런 내용이 전혀 없다. 그리고 우란제일의 풍속은 본래 우리나라에는 없었던 것이므로 한국본에는 언급되지 않았지만 돈황본에서는 보은할 수 있는 중요한 의식이라고 밝히고 있다.

두 경전을 꼼꼼히 비교해보면 돈황본은 매우 상식적인 면에서 담담하게 부모님의 은혜를 나타낸 반면, 한국본은 부모님의 은혜를 일방적으로 강조하고 효도하지 않으면 지옥에 가기 때문에 부모님의 은혜를 반드시 갚지 않으면 안된다는 내용으로 전개된다. 그럼에도 불구하고 돈황본을 배경으로 하여 한국본이 지어졌을 가능성이 짙은 문장들이 있다. 그러므로 거칠게 추론하면 한국본은 고려말 우리나라의 승려가 돈황본과『대방편불보은경』,『부모은난보경』등에서 추출하고 편집하여 새롭게 만든 경이다. 예를 들어 한국본에 있는 '천년동안 아버지와 어머니를 각각 양쪽 어깨에 짊어진다'는 표현은 돈황본에 없지만『부모은난보경』에는 나오는 것이다. 이렇게 돈황본이 모태가 되어 만들어졌을 것임에도 불구하고 우리나라에서 전혀 유통되지 않고 새로 만들어진 한국본만 유통된 이유는 알 수 없다. 두 개의『부모은중경』이 함께 유통되다가 한국본만 남겨진 것인지도 알 수 없지만 고려말 조선조에 유행한 한국본은 분명히 돈황본과 전혀 다르다. 이러한 것에 관한 연구는 후학들이 자세히 밝혀주기를 바랄 뿐이다. 앞에서 제시한 여러 의문 가운데에서 불교에서는 실제로 효에 대해 어떻게 이해하고 있는지 두루 알 수 있는 자료가 바로 다음에 나오는 『대방편불보은경』이다.

4. 부처님의 효행을 밝힌 『대방편불보은경』

1) 『대방편불보은경』의 성격

실제로 후한 때 내용상 분명히 효에 관련된 불교경전이 번역되어 있었음을 알게 하는 것이 바로 『대방편불보은경』이다. 이것은 『보은경』, 『불보은경』 이라고도 약칭한다. 이 경은 『대장경』 3권(No.156) 본연부(本緣部)에 실려있는 것으로 모두 7권이며 아홉 개의 품(品)으로 되어 있다. 본연부는 부처님의 전생 이야기를 밝힌 경전들을 모아놓은 것이므로 『대방편불보은경』의 성격을 단편적나마 알 수 있다. 그러나 이 경의 내용이 모두 부처님의 전생에 관한 이야기만 실려 있는 것이 아니므로 편집되었을 가능성이 다분하다. 또한 후한 때에 한역되었다고 기록되어 있으나 번역자는 알려지지 않고 실역(失譯)이라고만 되어 있다. 내용으로 볼 때 이 경은 한 사람에 의해 지어진 것이라기보다는 한 사람이상이 여러 경전에서 뽑아서 편집한 것으로 여겨진다. 왜냐하면 얼핏보면 그다지 세련되지 못하고 또한 서로 연관성이 없이 합본되어 있으며, 하나의 품 안에 여러 내용

삼보를 받드는 승려들

이 엉성한 듯하면서도 교묘하게 섞여 있기 때문이다. 즉 다른 경전에
서 내용을 뽑아 이 경전의 각 품 내용으로 삼아 재편집한흔적이 많고
주로 본생담이지만 일반 서술 형식인 것도 있다.

　「논의품」(論議品)에 나오는 본생담들은 이것을 단적으로 드러낸
다. 개가 된 균제사미의 이야기는 『현우경』(賢愚經) 권13 「사미균
제품」(沙彌均提品)에 있는 것이고, 우전왕(優塡王)이 불상을 만든
이야기도 『우전왕경』(優塡王經)이 따로 있다. 「우파리품」(優波離
品)과 관련하여서는 『우파리문불경』(優波離問佛經)이 있고, 「악
우품」(惡友品)에 등장하는 제바달다의 이야기는 『아함경』(阿含經)
등에 나온다. 이러한 경전들은 한역된 시기와 역자가 분명하므로 이

런 경전들에서 선집하여 만든 것으로 생각된다. 경의 제목과 어울리게 부처님이 효를 실천한 내용을 시작으로 초기불교에서 강조되던 불보(佛寶) · 법보(法寶) · 승보(陞補)의 개념, 보살[11] 및 계율에 관한 자세한 자구 분석이 포함되어 있다.

종합하면 이 경은 인도에서 전래될 때 이미 이러한 형태로 들어왔거나, 이미 한역된 여러 경전에서 추려져 재편집되었거나 아직 한역되지 않은 인도 원전에서 먼저 편집한 후 한역한 것이다. 이 세 가지 경우 가운데 과연 어떤 방식으로 만들어진 것인지 정확하게 밝힐 수 있는 근거는 현재 없다. 이 경이 실려 있는『대당대장경수』(大唐大藏經數)는 중국대륙의 장경목록이었고 지금까지의 연구에 의하면 남당(南唐, 937년~975년) 때에 베껴 쓴 사본이다. 그러므로 적어도 중국에서는 이 시기 이전에 7권으로 완전히 확정되어 전해진

---

11. 보살은 보리살타(菩提薩埵)의 약칭이다. 개사(開士) · 대사(大士 · 大師) · 상인(上人) · 역사(力士) · 대성(大聖) · 대자재(大自在) · 정사(正士) · 법왕자(法王子) · 존인(尊人)이라고 한역한다. 의역하면 도중생(道衆生), 각유정(覺有情), 도심중생(道心衆生)이다. 보리는 아뇩다라삼막삼보리(阿耨多羅三藐三菩提心)의 약칭으로 깨달음〔覺〕· 지혜〔智〕· 도〔道〕의 뜻이고, 살타는 중생 · 유정(有情)이라는 뜻이다. 성문, 연각과 합하여 삼승이라고 한다. 지혜를 가지고 위로는 깨달음을 구하고 자비심을 가지고 아래로는 중생을 교화한다. 육바라밀행을 닦아서 그 결과로 미래에 부처가 되고자 수행하는 자이다. 특히 위로 무상보리를 구하는 대승수행자를 가리켜서 마하살타 · 마하살 · 보살마하살 · 보리살타마하살타 등이라고 부른다. 마하는 크다〔大〕의 뜻이다. 보살은 보살행을 닦고 보살계를 받아 지닌다. 여러 경전에 늘 나오는 보살로는 미륵 · 문수 · 관세음 · 대세지 · 지장 등이 있다. 대승의 승려나 거사도 존경하는 뜻에서 보살이라고 부르기 때문에 인도의 대승불교학자인 용수나 세친 등도 보살이라고 한다.

설법을 베푸는 부처님

것이라고 생각된다. 돈황동굴에서 발견된 다른 경전목록에서는 권수가 일치하지 않고 『보은경』이라고만 적혀있는 것도 있고 또 몇 권만 따로 적힌 것도 있다. 이것으로 보아 이 경은 점차적으로 완성되어 가다가 10세기 이후에는 완전히 현재의 형태가 되었다고 추정된다. 그렇지만 위경이라고 전해지는 경들과는 달리 부분적으로 진경(眞經, 부처님이 직접 설법하신 내용이라고 인정되는 경)의 본생담에 근거한 불교의 입장에서 효도와 은혜에 보답해 가는 참된 방법을 알게 하는 중요한 자료이다.

2) 『대방편불보은경』의 내용

불교에서 방편(方便)이란 어떤 의미로 쓰이는가? 방편은 우파야(S Upāya)의 한역어로 모든 중생의 수준과 능력에 맞게 가르침을 베푸는 것이다. 보통 방편은 임시방편이라는 의미로 진실한 것은 아니지만 상황에 맞춰 그럴 듯하게 대응하는 것으로 진실은 아니라는 의미를 내포한다. 물론 이런 의미도 포함되어 있지만 불교에서는 부처님의 교설 방법 가운데 하나로 일종의 교묘한 편법을 써서 중생을 제도할 때 사용하는 것이 방편이다. 만약 받아들일 능력이 모자라는 사람에게 처음부터 너무 어려운 것을 가르치면 배우려는 마음을 잃게 될 것이다. 이것은 불교의 올바른 가르침을 전할 수 없게 되는 것이므로 부처님과 보살은 중생을 제도하여 깨달음을 얻게 하려는 자비심에서 방편을 쓴다. 따라서 불교에서 말하는 방편은 그것이 진실과 상대되는 의미를 포함하기보다는 가르침의 한 방법으로 이해하는 것이 적절하다. 그러한 맥락에서 출가하지 않은 일반 사람들이 사회생활을 하면서 수행해 가도록 하려면 그들에게 맞는 방법을 써야 한다. 부모님과 은인의 은혜를 알고 그에 보답해 가는 것에 대해 밝히는 것도 그러한 방편의 하나이고 그렇기 때문에 『대방편불보은경』이라는 명칭을 붙였다고 생각된다.

이 경은 제목에서 알 수 있는 것과 같이 먼저 부처님의 효행을 내용으로 한다. 부처님은 부모를 버리고 출가하여서 부왕에게 괴로움을 주었는데, 이 때문에 한 바라문이 부처님을 은혜를 저버린 무리라고 비방한 것이 이 경을 설하게 된 동기이다. 부처님은 수없는 생사(生死) 동안에 모든 중생의 부모가 되었으며, 모든 중생도 또한 부처님의 부모가 되었다. 그러므로 부처님이 중생을 위하여 출가하여 도를 배우는 것은 그 자체로 모든 부모님을 위하여 보은을 행하는 것이라고 이 경은 밝힌다. 부처님을 은혜를 저버린 사람이라고 하는 것은 단지 현세의 한 생에 국한한 좁은 시야의 견해이다. 참된 보은(報恩)

은 '큰 자비심을 가지고 모든 중생을 버리지 않는 것'이다. 그리고 각 품 안에서 부처님의 전생의 인물들이 자신의 생명을 아끼지 않고 효행을 하고 은혜를 갚는 모습을 보여준다.

제1 「서품」(序品)에서는 이 경을 설하게 된 원인을 밝힌다. 바라문의 비난을 듣고 돌아와서 아난이 부처님의 가르침 안에도 일반적인 의미에서 부모에게 효도하는 내용이 있는가를 질문한다. 이에 부처님은 『대방편불보은경』을 설할 준비를 하신다.

제2 「효양품」(孝養品)에서는 아난의 질문에 대한 답으로써 부모의 배고픔을 해결하기 위하여 육신을 바친 수사제(須闍提) 태자의 이야기를 설한다. 불교에서 자식된 입장에서 부모를 섬기는 것은 목숨까지도 버릴 수 있으며, 부처님이 전생에 지극한 효자였음을 알려준다.

제3 「대치품」(對治品)에서는 보살은 모든 중생을 대하여 자식과 똑같이 사랑한다는 내용을 밝히고 있다. 특히 남이 나에게 싫은 행위를 하면 좋지 않으므로 남에게도 그렇게 행위하지 말며, 남이 내게 즐거운 행위를 하면 좋아하므로 남에게도 그렇게 행위하는 보살에 관한 전반부의 내용은 공자의 서(恕) 사상과 통하는 내용이다. 또 자신의 생명을 버리고 깨달음을 얻어 중생을 이롭게 하려고 한 전륜성왕의 이야기, 중생에게 재물을 베풀어 부족함을 채워주려 했으나 실제로 그들을 죽게 만든 큰 부자의 뉘우침에 관한 이야기가 실려있다. 이 경우 끝에 항상 깨달음에 대해 자신만의 만족을 위하는 것인지 중생을 이롭게 하려는 것인지를 대화를 통해 싣고 있다는 점은 이것이 대승경전임을 재확인시켜 주는 대목이다.

제4 「발보리심품」(發菩提心品)에서는 근본적으로 은혜를 알고 갚는 것에 관해 말한다. 귀하고 높은 지위의 사람이 되어 효도를 하고, 남을 대할 때 아무리 잘 섬기고 평등하게 대하여도 나와 남이 생사윤회라는 고통의 굴레에서 벗어나는 것은 아니다. 이것은 나고 죽는 괴로움의 근원을 제거한 것이 아니므로 영원한 것이 될 수 없다. 오직 깨닫고자 하는 보리심을 일으켜서 스스로 깨달음을 얻고 다른 중생에게도 보리심을 일으킬 것을 권하는 것이 은혜를 알고 갚는 최선의 방법임을 밝히고 있다. 그것은 보살의 삶이다. 여기에 부처님이 처음 보리심을 일으킨 계기에 관한 짧막한 이야기도 실려 있다.

제5 「논의품」에서는 외도(外道)[12]의 지도자들이 불교를 비방하면 오히려 반박하여 참된 불교정신을 드러낸다는 내용이다. 부처님의 전생인물인 인욕태자가 부왕의 병을 치료하기 위하여 머리와 뼈, 두 눈을 바친 이야기, 부처님의 어머니와 관련된 녹모(鹿母)부인의 이야기를 설한다. 그밖에 부처님의 뛰어난 제자인 사리불과 관련된 균제사미의 이야기가 실려 있다.

제6 「악우품」에서는 부처님을 평생 원수로 여겼던 제바달다의 전생이야기와 실제의 행위를 적고 있다. 재미있는 점은 부처님의 전생

---

12. 외도(外道)는 인도에서 불교 이외의 모든 가르침과 학문을 통틀어 지칭하는 말이다. 모두 96종류가 있었고 부처님 당시에는 육사외도가 유명하였다.

부처님의 직전제자 가섭과 아난

인물인 선우태자를 품의 제목으로 하지 않고 악우태자를 제목으로 뽑았다는 것이다. 이 경을 편집한 사람은 악(惡)을 단지 표면적으로만 보지 않고 선(善)을 돋보이게 하며 선으로 나갈 길을 도와주기 때문에, 악도 비밀스러운 보살의 행동이라고 보는 의도가 숨어 있다. 또한 아난이 지옥에 가서 제바달다를 위문할 때 모든 부처님에게 제바달다라는 존재가 있다는 내용은, 모든 부처님이 성불하시는 인생이 동일하다고 주장한 어떤 학자의 주장과 부합되는 면이다.

제7 「자품」(慈品)에서는 부처님이 열반에 드시겠다는 말을 하자 사리불이 부처님이 멸도하시는 것을 볼 수 없어서 먼저 자결하였던 전생의 이야기와 현세의 이야기를 적고 있다. 그러나 실제 전하는 것에 따르면 사리불은 본래 외도의 우두머리였으나 불교에 귀의하였고 부처님보다 먼저 죽었다고 한다. 이후의 내용은 사실을 바탕으로 하기보다는 사실적인 내용을 종교적인 입장에서 알고 싶고 듣고 싶은 것만 편집한 부분이 많다. 유리왕에게 석가족13이 멸망된 것은 역사적인 일이지만 여기서는 그들이 살생을 싫어하여 죽음을 맞아들인 것처럼 다룬 이야기, 연화색비구니의 이야기, 아난의 간청으로 비구니 승단이 성립되게 된 이야기가 바로 그런 실례이다.

제8 「우파리품」에서는 불교의 기본적인 계율에 관해 우파리와 부처님이 대화를 하는 형식으로 되어 있다. 계율에 대한 지식을 증가시켜주는 품으로『대방편불보은경』이 단순히 효에 관련된 경이 아니라 불교의 여러 방면을 이해시켜주는 경임을 알게 하는 부분이다. 보통 경장(經藏)과 율장(律藏)은 분리되어 이렇게 한 경전 안에 실려 있지 않는 것이기 때문에 이 경전이 편집된 것임을 알 수 있다. 경의 제목은 종교에 관련없이 읽을 마음을 내게 하는 것이지만 만약 이 경을 끝까지 읽는다면 불교의 기초입문을 닦게 되는 셈이다.

제9 「친근품」(親近品)에서는 이 경이 핵심으로 삼고 있는 보살이 되는 길, 보살이 닦아야 할 수행의 덕목들을 친절하게 열거하고 있다. 따라서 이 경은 대승적인 입장에서 출가하지 않은 사람은 부모님에게

---

13. 석가(釋迦)는 범어인 샤카(Sākya)의 음사어로 부처님의 출신 종족 이름이다. 그러므로 부처님을 '석가족 출신의 성자'라는 뜻으로 '석가모니'(釋迦牟尼)라고 부르는 것이다.

생명까지도 바치는 효를 행해야 하고, 출가하게 되면 계율을 지키고 보살행을 하여 더 큰 의미의 효를 행하기 위해 깨달음을 얻어야 한다는 것을 밝히고 있다.

앞에서 역자가 '엉성하면서도 교묘하게 편집했다'는 표현을 쓴 것은, 부처님이 은혜를 갚는 것으로부터 시작해서 그와 전혀 관계없는 계율과 교리에 관한 것으로 내용이 전개되지만 일관되게 부처님이 보살행을 하는 존재임에 초점을 맞춰서 편집하였다는 점에 주목하였기 때문이다. 그러나 문장을 떼어 붙이는 과정에서 전혀 상관이 없는 부분이 있기도 하고 반복되는 부분도 있어서 번역이 곤란하기도 하였다.

전체적으로 그 내용을 살펴보면 윤리관계를 단지 이 세상에서의 도덕적인 의미로만 보지 않고 인생의 근본적인 입장에서 보는 것임을 알 수 있다. 비록 생사 가운데에서 효행을 하더라도 근본적으로 나고 죽는 윤회에서는 벗어나지 못함을 깨닫고 진정한 의미의 효 혹은 진정한 의미의 사랑을 베풀기 위해 어떻게 할 것인가를 생각하게 한다. 그리고 여기서 불교에서 말하려고 하는 진정한 효가 무엇인지를 이끌어 내고 있다. 부처님의 가르침이 남보다 더한 효행을 포함하고 있지만 마지막에 깨달음을 얻어 부처가 될 것을 목표로 하는 이유는 생사의 윤회에서 벗어나야 하기 때문이다. 이것은 부처님이 모든 중생의 어버이가 될 만한 덕목이다. 그런데 어째서 이렇게 생사의 윤회에서 벗어나는 길을 원했던 것일까? 거기에는 인도 고유의 역사적인 배경이 있다.

열악한 자연환경과 엄격한 카스트 신분제도 속에서 인도인들은 인간으로 태어나 반드시 받을 수 밖에 없는 것들에 대해 모든 것을 고통 그 자체로 여겼다. 그래서 어떻게든 그들이 윤회라고 알고 있는 또다시 태어나고 죽는 삶을 반복하지 않는 것은 생명을 버려도 좋을 만큼 간절한 바람이었다. 곧 지금 생명을 버려서라도 후세에 다시 나고 죽는 굴레에 들어가지 않는 것이 인생의 가장 큰 목표가 되었다. 이것이 그들이 윤회에서 벗어나 해탈을 얻으려고 한 진정한 의미이다. 인도의 사상은 불교 이외에도 공통적으로 윤회와 해탈관념을 긍정하고 있었던 것으로 보아도 윤회를 벗어나는 것이 얼마나 간절한 소원이었는지 알 수 있다.

그러므로 효가 인정상 중요하지 않은 것이 아니라 눈앞에 보이는 작은 윤리이기 때문에 깨달음을 얻는 것에 비해 상대적으로 강조되지 못했던 것일 뿐이다. 아무리 잘 살아도 생노병사를 반복하는 삶은 나에게도 남에게도 큰 이익을 줄 수 없다. 바꾸어 말하면 그들에게는 궁극적으로 나와 남을 윤회를 벗어나게 하는 것이 진정하게 은혜를 아는 것이며 은혜를 갚는 방법이다. 생사의 윤회를 벗어나게 하는 길은 오직 깨달음을 얻는 것 이외에는 없다고 생각하였기 때문에 자신의 생명을 버리고 가족을 떠나 출가하는 것도 마다하지 않는다. 그러므로 부처님은 깨달음을 얻고 아버지와 자신의 종족을 제도하였고 돌아가신 어머니까지도 찾아가 제도하였다. 이것이 바로 부처님이 보살로서 직접 보이시고 가르치고 이롭게 하고 기쁘게 하려고 한 진정한 효이다.

부모은중경

이와 같이 나는 들었다.1
한 때 부처님께서 왕사성 기사굴산2에서 큰 보살들과 성문3의 무

1. 원문은 '여시아문'(如是我聞)으로 불경의 처음에 많이 쓰여지는 말이다. 여기서 '아'(我)는 부처님의 제자인 아난인데 그가 부처님의 설법을 가장 많이 들었으므로 경전을 결집할 때 그가 기억해 낸 경전의 내용을 바탕으로 하였다. 이와 같이 하면 혹시 경의 내용에 잘못된 부분이 있더라도 그 책임이 아난에게 가고 부처님께 영향을 주지 않는다는 생각에서 나온 구조로 생각된다.
2. 범어(梵語)로 그르드라쿠타(Ⓢ Gṛdhrakūṭa)라고 하고 중인도 마가다국의 수도 왕사성 동북쪽에 위치한 산으로 부처님께서 대승경전을 설한 곳이다. 기사굴·기사굴다 등으로도 쓰고[音寫], 영취산(靈鷲山)·영축산·취두산·취대(鷲臺)·취봉·영산(靈山) 등으로 한역한다. 이 산의 정상이 독수리 모습과 비슷하고, 또 왕사성 남쪽의 숲에 죽은 사람이 많이 있어서 항상 여러 마리의 독수리가 날아와 쪼아먹고 다시 산 정상으로 돌아가는 것을 보고 당시 사람들이 이것을 취두산이라고 불렀다고 전한다. 이 산의 현재 위치에 대해 영국의 고고학자 커닝햄(A. Cunningham)은 『대당서역기』와 『법현전』의 기록을 근거로 비하르(Behar)주의 라지르(Rajgir) 동남쪽 사일라기리(Saila-giri) 일대라고 추정하였다. 그러나 최근의 조사에 따르면 구왕사성과 신왕사성 사이의 산골짜기의 북쪽에 우뚝 솟은 해발 1,000척(尺)의

리와 비구·비구니4·우바새·우바이5 등과 함께 계셨다. 여러 천
신들·사람들·하늘·용·귀신6 등도 와서 함께 한마음으로 부처님

빼어난 봉우리가 있고, 그 남면(南面)의 중앙부 대략 224m지점에 차따기
리(Chata-giri)라는 암대(巖臺)가 하나 있는데 이곳이 기사굴산이라고 한
다. 이밖에 기사굴산은 자이나교의 성지로서 자이나교의 사원이 세워져 있
기도 하다.
3. 이승(二乘, 성문과 연각) 또는 삼승(三乘, 보살·성문·연각)의 하나로, 의
역하면 제자(弟子)이다. 부처님이 설법하시는 소리를 듣고 깨달음을 얻어
출가한 제자를 가리킨다. 성문은 본래 부처님이 세상에 있었을 때의 모든 제
자를 가리켰는데 후에 연각, 보살과 상대되어 이승 혹은 삼승의 하나가 되었
다. 사제의 이치를 관찰하고 삼십칠도품을 닦아서 미혹을 끊고 네 가지 사문
과[四沙門果]를 깨달아 얻는다. 아함 등 원시경전 가운데에서는 출가와 재
가제자를 함께 가리켰으나 후세에 이르러서는 오로지 불교교단이 확립된 후
의 출가수행승만을 가리키게 되었다.
4. 비구(比丘)는 필추(苾芻)·비호(比呼)라고도 쓰는데, 의역하면 걸사(乞
士), 걸사남, 파번뇌(破煩惱)이다. 오부대중(五部大衆) 혹은 칠부대중의
하나이다. 집을 떠나 도를 얻으려고 구족계를 받은 남자를 가리킨다. 비구니
(比丘尼)는 출가하여 도를 얻으려고 구족계를 받은 여자를 가리킨다.『대지
도론』(大智度論)에는 비구가 가지는 다섯 가지 뜻을 밝히고 있다. 다니면
서 음식을 구걸하여 먹으며 혼자서 살아가는 사람, 번뇌를 깨뜨리는 사람,
출가한 사람, 계를 깨끗하게 지니는 사람, 마귀를 두렵게 하는 사람 등의 의
미를 가진다. 비구와 비구니에게는 받아 지니고 지켜야 할 계(戒)가 있다.
일반적으로 말하는 것은 비구는 250계, 비구니는 348계를 지닌다.
5. 우바새(優婆塞, upāsaka)는 사부(四部)대중의 하나로, 청신사(淸信士)·
근선남(近善男)·근사남(近事男)이라고 한역한다. 여기서 근사는 부처님
을 가까이서 모신다는 뜻이다. 재가제자 중에 삼보에 귀의하고 오계(五戒,
不殺生·不偸盜·不邪婬·不妄語·不飮酒)를 받은 남자신도를 가리킨
다. 우바이(優婆夷, upāsikā)도 사부대중의 하나로, 신녀(信女)·근선녀
(近善女)·근사녀(近事女)라고 한역한다. 우바이는 우바사가(優婆斯迦)
라고도 음사한다. 재가제자 중에 삼보에 귀의하고 오계(五戒)를 받은 여자
신도를 가리킨다.

의 설법을 들으려고 부처님 얼굴을 우러러보면서 잠시도 눈을 떼지
않았다.

如是我聞. 一時 佛在王舍城耆闍崛山中, 與大菩薩摩訶薩, 及
聲聞眷屬俱, 亦與比丘比丘尼 優婆塞優婆夷. 一切諸天人民
及天龍鬼神, 皆來集會, 一心聽佛說法, 瞻仰尊顔, 目不暫捨.

부처님께서 말씀하셨다.

"사람이 세상을 살아갈 때 아버지와 어머니는 가장 가까운 존재이
다. 아버지가 없었더라면 태어날 수가 없었고 어머니가 없었더라면
길러질 수 없었다. 어머니의 몸에 의탁하여 그 뱃속에 있다가 열 달이
다 되면 아이는 어머니에게서 떨어져서 세상에 태어난다. 그 뒤에 아
버지와 어머니는 자식을 키운다. 유모차에 누워 있으면 아버지와 어
머니는 아이를 품에 안아 주며 부드럽게 달래고 말없이 미소를 띤다.
배가 고플 때 어머니가 아니면 먹을 수가 없고, 목이 마를 때 어머니
가 아니면 젖을 먹을 수가 없다. 어머니가 배가 고플 때도 쓴 것은
삼키고 단 것은 뱉아내어 아이에게 먹인다. 아이는 마른 곳으로 밀어

---

6. 이 경우 보통 다른 경전에서는 천룡을 비롯해 사람이 아닌 팔부(八部)의 중생
   이 등장한다. 그들은 천신(天)·용(龍)·야차(夜叉)·아수라(阿修羅)·가
   루라(迦樓羅)·건달바(乾闥婆)·긴나라(緊那羅)·마후라가(摩睺羅迦)
   등이다. 이들은 큰 위력으로 불법을 보호하는 신들이다. 팔부의 무리들은 천
   룡을 우두머리로 하기 때문에 천룡팔부라고 통칭한다.

내고 어머니는 축축한 곳에 눕는다. 이러한 도리가 아니면 어버이라 할 수 없다. 어머니가 아니면 자랄 수가 없으니 자애로운 어머니가 자식을 기른다. 유모차를 떠날 때까지[7] 자식에게 먹이는 젖은 여덟 섬 네 말이다. 어머니의 은혜를 헤아리자면 넓은 하늘이라도 다할 수 없다. 아아! 자애로운 어머니의 은혜를 어찌 갚을 수 있다고 말하겠는가."

佛言. 人生在世, 父母爲親. 非父不生, 非母不育. 是以寄託母, 胎懷身十月, 歲滿月充, 母子俱顯生墮草上. 父母養育, 臥則蘭車. 父母懷抱, 和和弄聲, 含笑未語. 飢時須食, 非母不哺. 渴時須飮, 非母不乳. 母中飢時吞苦吐甘, 推乾就濕. 非義不親. 非母不養, 慈母養兒. 去離蘭車, 十指甲中食子不淨, 應各有八斛四㪷. 計論母恩, 昊天罔極. 嗚呼, 慈母云何可報.

아난[8]이 부처님께 아뢰었다.

---

7. 원문에는 이후에 '십지갑중식자부정'(十指甲中食子不淨)이라는 문장이 있다. 정의행 씨는 이 부분을 '열 손가락으로 움켜잡고 먹은 젖'이라고 해석했지만 정확하지 않고 미진한 구석이 많아 문맥만 통하게 하고 해석은 생략하였다.

8. 부처님의 뛰어난 제자 중의 한 사람이다. 출가 이전에는 부처님의 사촌동생이었고 출가 후에도 항상 부처님의 옆에 있으면서 부처님께서 하시는 말을 가장 많이 들었으므로 다문제일(多聞第一)이라고 불린다. 전하는 바에 의하면 부처님께서 열반에 드실 때까지 깨달음을 얻지 못했다가 제1차 결집 이전에 가섭에 의해 깨달음을 얻고 결집에 참가하였다고 한다. 또 부처님의

"세존9이시여! 어떻게 하면 그 은혜에 보답할 수 있겠습니까? 부디 이것을 설해 주시기를 바랍니다."

阿難白佛言. 世尊, 云何可報其恩, 唯願說之.

부처님께서 아난에게 말씀하셨다.

"너는 똑똑히 듣고 잘 생각하거라. 내가 너를 위하여 이해하기 쉽게 설명하리라. 부모님의 은혜는 넓은 하늘과 같이 다함이 없는데 어찌 갚을 수가 있겠는가? 만약 효성스럽고 착한 자식이라면 부모님을 위하여 선한 일을 행하며 복을 짓고 경을 만든다.10 또한 7월 15일 우란분을 부처님과 승려에게 베풀면 한량없는 과보를 얻어 부모님의 은혜에 보답할 수 있게 된다. 만약 또 어떤 사람이 이 경을 써서 세상에 유포하며 받아 지니고 읽고 외우면 이 사람은 반드시 부모님의

이모이자 양어머니인 마하프라자파티와 부처님의 부인 야수다라가 출가하려고 할 때 아난의 간청으로 여자도 출가할 수 있게 되었다고 전한다.
9. 원문에서 불(佛)과 세존(世尊)은 모두 부처님의 여러 호칭 가운데 하나이다. '불'은 '붓다'의 약칭으로 '깨달은 사람'이라는 뜻의 한역어이고 세존은 '세상에서 가장 존귀한 분'이라는 뜻이다. 이 경전에서 쓰여질 때 어떤 원칙이 있어서 반드시 그 호칭으로 쓰는 것은 아니다. 그러나 일반 서술체 속에서는 부처님(佛)·세존이 함께 쓰이고 호칭으로 부르거나 감탄문에 쓰일 때는 주로 '세존'이 많이 쓰여져 있다. 이 두 가지와 함께 여래(如來)도 자주 쓰이지만 역시 특별한 규정에 따라 쓰이지는 않았다.
10. '경을 만든다'는 것은 원문의 '조경'(造經)으로 본경을 베껴 쓴다는 것이다. 이렇게 하여 자신도 보고 다른 사람에게 보게 할 수 있다.

은혜에 보답할 수 있게 된다는 것을 알라.

佛告阿難. 汝諦聽善思念之. 吾當爲汝分別解說. 父母之恩, 昊
天罔極, 云何可報.[11] 若有孝順慈孝之子, 能爲父母作福造經,
或以七月十五日, 能造佛槃盂蘭盆, 獻佛及僧得果無量, 能報
父母之恩. 若復有人, 書寫此經, 流布世人, 受持讀誦, 當知此
人報父母恩.

부모님의 은혜를 어찌 갚을 수 있겠는가! 아버지와 어머니는 이
마을 저 마을에서 우물을 긷고, 부엌일을 하고, 방아를 찧고 맷돌을
간다. 그러다가 때가 되었는데도 집에 돌아오지 못하면 '내 아이가
집에서 울며 나를 생각할 거야' 하고 곧 집으로 돌아온다. 그러면 그
아이는 멀리서 부모님이 오는 것을 보고 유모차에서 머리를 흔들며
반기거나 배를 땅에 질질 끌고 울면서 어머니를 향해 기어온다.

어머니는 그 자식을 위하여 자신의 몸을 굽혀서 자식을 끌어안고
두 손으로 먼지를 털어 주고 입을 맞추고 앞가슴을 열어 젖을 준다.
어머니는 자식을 보고 기뻐하고 자식은 어머니를 보고 기뻐한다. 이
러한 두 사람의 다정하고 자애로운 마음이 가장 가까운 사랑이니 이
보다 더 큰 자애는 없다.

---

11. 다른 돈황본에는 '가보'(可報)가 없다. 문맥상 있는 것이 타당하여 택했다.

父母云何可報. 但父母至於行來東西隣里井竈碓磨. 不時還家,
我兒家中啼哭憶我, 即來還家. 其兒遙見我來, 或在蘭車搖頭弄
腦, 或復曳腹隨行. 嗚呼向母母爲其子曲身下就長, 舒兩手拂
拭塵土. 嗚和其口開懷出乳, 以乳與之. 母見兒歡, 兒見母喜,
二情恩悲親愛, 慈重莫復過此.[12]

두세 살이 되면 마음대로 걷기 시작한다. 그러나 음식을 먹을 때에
는 어머니가 아니면 아버지도 서툴러서 제대로 먹이는 것을 모르고
어머니가 와야 아이를 자리에 앉히고 먹인다. 어쩌다 떡이나 고기를
얻으면 먹지 못하고 품에 안고 집으로 와서 자식에게 준다. 열 번
중에 아홉 번을 얻을 때는 매우 기뻐하지만 한 번이라도 그냥 지나치
면 버릇없이 울어대거나 거짓으로 우는 척한다. 버릇없는 자식은 효
도하지 않고 반드시 다섯 가지 나쁜 행위[13]를 한다. 그러나 효도하는
자식은 교만하지 않고 반드시 순종한다.

二歲三歲, 弄意始行. 於其食時, 非母不知父 母行來値他座席
或得餅肉 不啖輟味, 懷挾來歸 向家[14]與子 十來九得 恒常歡喜

---

12. 다른 돈황본에는 '과차'(過此)가 있지만 원본에는 없다. 문맥상 있는 것이
    타당하여 택했다.
13. 보통 '오역'(五逆)이라고 하는데 여기서는 오적(五樀)을 쓰고 이것 때문에
    오역죄가 성립한다고 하였다.
14. 다른 돈황본에는 '가'(家)로 되어 있고 원본에는 '기'(其)로 되어 있으나 문맥
    상 '가'가 타당하다.

一過不得, 憍啼伴哭. 憍子不孝 必有五樋 孝子不憍〔懷〕必有
慈順

마침내 자라서 어른이 되면 친구들과 어울리며 머리를 빗거나 쓰다
듬으며 좋은 옷을 입으려고 욕심을 낸다. 옷이 낡고 헤어지면 부모님
은 직접 새롭고 좋은 면과 비단으로 옷을 지어 자식에게 먼저 준다.
자식은 고향을 떠나 공적으로나 사적으로 바쁘기만 한데 부모님의
마음은 자식을 따라 사방으로 기울며 창가에 머리를 얹고 기다린다.

遂至長大, 朋友相隨, 梳頭摩髮, 欲得好衣 覆蓋身體. 弊衣破
故, 父母自著新好綿帛, 先與其子. 至於行來, 官私急疾, 傾心
南北, 遂子東西, 橫上其頭.

그러나 자식은 이미 아내를 맞고 자식을 얻어 부모님은 멀리하며
자기들끼리 집안에서 서로 즐겁게 얘기한다. 부모님이 나이 들고 기
력이 쇠해도 하루 종일 문안도 오지 않는다. 또 아버지나 어머니가
홀로 되어 남의 집에 사는 손님처럼 외롭게 빈 방을 지키고 있어도
늘 다정스런 말이 없다. 또 더위서 땀을 흘리는지 추위에 떠는지 관심
이 없다. 심한 고생과 어려움을 겪어서 해가 갈수록 늙고 얼굴은 주름
져간다. 이나 서캐에게 물려서 온종일 잠을 자지 못하고 길게 한숨을

쉬며 이렇게 탄식한다.

"전생에 무슨 잘못을 저질러서 그 죄로 이런 불효한 자식을 낳았을
까?"

때로는 큰 소리로 자식을 불러서 성난 눈을 하고 크게 화를 내기도
한다. 자기를 보러 온 자식을 꾸짖는데 자식은 도리어 고개를 숙인
채 웃는다.

既索妻婦, 得他子女, 父母轉疏, 私房屋室, 共相語樂. 父母年
高, 氣力衰老, 終朝至暮, 不來借問. 或15復父孤母寡,16 獨守
空房, 猶如客人 寄止他舍, 常無恩愛, 復無濡被寒. 苦辛厄難
遭之, 甚年老色衰, 多饒蟣虱, 夙夜不臥, 長吁17歎息. 何罪宿
愆, 生此不孝之子. 或時喚呼, 瞋目驚怒, 歸兒罵詈, 低頭含笑.

아내도 또한 불효하여 오적부부는 서로 합심하여 다섯 가지 무거운
죄〔五逆罪〕18를 짓는다. 어느 때 부모님이 급히 부르면 열 번 중

---

15. 다른 돈황본에는 '혹'(或)으로 되어 있지만 원본에 '혹'(惑)으로 되어 있다.
   문맥상 이것이 더 타당하여 택했다.
16. 다른 돈황본에 '치'(置)로 되어 있지만 문맥상 이것이 더 타당하다.
17. 다른 돈황본에 한숨쉴 '우'(吁)로 되어 있지만 원본에 숨내쉴 '호'(呼)로 되어
   있다. 문맥상 이것이 더 타당하여 택했다.
18. 오역(五逆)은 다섯 가지 무거운 죄〔五重罪·五逆罪〕로 가장 극악한 잘못이
   나 이치에 크게 거스르는 죄를 가리킨다. 그러나 대승과 소승에서 말하는 오
   역은 다르다. 소승오역은 어머니를 죽이고, 아버지를 해치고, 아라한을 죽이
   고, 나쁜 마음으로 부처님 몸에서 피를 나게 하며, 승가의 화합을 깨는 것이

아홉 번은 이것을 어기고 순종하지 않으며 욕을 하고 성을 내면서
'일찍 죽어 땅에 묻힌 것만 못하다'고 한탄한다. 부모님이 이 소리를
듣고 비통하게 오열한다. 양 볼에 눈물은 하릴없이 흐르고 부은 눈으
로 통곡하며 말한다.

"네가 처음 어렸을 때 내가 없었으면 자라지 못했을 것이다. 이젠
내가 너를 낳은 것이 본래 낳지 않은 것만 못하구나."

妻復不孝子, 復五樐夫婦和合同作五逆. 彼時喚呼, 急疾取使,
十喚九違, 盡不從順, 罵詈瞋恚, 不如早死强在地上. 父母聞
之, 悲哭懊惱, 流淚雙下, 啼哭目腫. 汝初小時, 非吾不長. 但
吾生汝 不如本無

부처님께서 아난에게 말씀하셨다.
"선남선녀[19]가 부모님을 위하려 한다면 『부모은중대승마하반야바

다. 대승오역의 첫번째는 탑을 파괴하고 경전과 불상을 불태우고 삼보의 물
건을 탈취하는 것 또는 다른 사람에게 이런 일을 하게 하고는 마음으로 기뻐
하는 것이다. 두 번째는 성문과 연각 및 대승법을 훼방하는 것이다. 세 번째는
출가인의 수행을 방해하는 것 또는 출가인을 살해하는 것이다. 네 번째는 소
승오역죄의 하나를 범하는 것이고 다섯 번째는 모든 것은 업보가 없다고 주장
하면서 열 가지 선하지 않은 행위를 하는 것 또는 후세의 업보를 두려워하지
않아서 다른 사람에게 열 가지 악행을 하도록 교사하는 것이다. 이밖에 약간
의 내용이 다른 오역이 있지만 대체적인 내용은 비슷하다.
19. 일반적으로 착한 남녀를 말하지만, 여기에서는 주로 불법(佛法)에 귀의한
남녀로 보는 것이 더 타당하다.

라밀경』의 한 구절이나 한 게송을 받아 지니고 읽고 외워서 쓰라.
잠깐이라도 보거나 들은 사람은 모든 오역의 무거운 죄가 남음이 없
이 영원히 다 소멸할 것이다. 또 항상 부처님을 만나 법을 들으면
빨리 해탈[20]할 것이다.”

佛告阿難. 若善男子善女人能爲父母, 受持讀誦書寫, 父母恩
重大乘摩訶般若波羅蜜經 一句一偈. 一逕耳目者, 所有五逆重
罪, 悉得消滅, 永盡無餘. 常得見佛聞法, 速得解脫.

아난은 자리에서 일어나 한쪽 소매를 걷어올려 오른쪽 어깨를 드러
내고[21] 길게 꿇어앉아 합장하고 부처님께 아뢰었다.

---

20. 번뇌의 결박으로부터 해방되어서 미혹되고 괴로운 경지를 뛰어넘은 것을 말
한다. 미혹한 세계를 뛰어넘을 수 있기 때문에 도탈(度脫)이라고도 한다. 또
해탈을 얻은 것이므로 득탈(得脫)이라고도 한다. 넓은 의미에서 말하면 세속
의 어떠한 속박으로부터도 벗어나서 정신적으로 자유를 느끼는 것을 모두
이렇게 말할 수 있다. 그러나 이것은 모두 똑같은 경지는 아니고 여러 가지
번뇌를 끊은 바에 따라서 나누어진다. 특히 열반의 특징은 생사의 원인을 끊
는 것이므로 다시는 업보윤회에 얽매이지 않는다. 불교에서 열반과 해탈은
실천의 궁극적인 경지를 나타낸다.
21. 원문인 '편단우견'(偏袒右肩)은 '편로우견'(偏露右肩), '편단일견'(偏袒一
肩), '편로일박(偏露一膞)이라고도 한다. 약칭하면 편단(偏袒)으로 통견
(通肩)의 상대어가 된다. 가사를 걸칠 때 오른쪽 어깨를 걷어서 드러내고
왼쪽 어깨만을 덮어서 가리는 것이다. 원래 고대 인도에서 존경의 예법을 나
타내는 것이었는데 불교에서 이것을 그대로 받아들였다. 비구들이 부처님을
배견하거나 스승에게 질문을 할 때 곧장 한 팔을 걷고서 자리를 치우고 그
곳을 청소하였다. 그러므로 편단우견은 노역으로 복종함, 시키는 대로 명을

"세존이시여! 이 경은 무엇이라고 이름하며 어떻게 받들어 지녀야 합니까?"

부처님께서 아난에게 말씀하셨다.

"이 경은 『부모은중경』이라고 이름하라. 만약 모든 중생이 부모님을 위하려면 다음과 같이 해야 한다. 곧 복 받을 일을 하고 경을 만들고 향을 사르며 부처님께 예배하고 삼보[22]께 공양하거나 여러 스님들께 음식을 베푼다. 그렇다면 이 사람은 반드시 부모님의 은혜에 보답할 수 있다."

阿難從座而起, 偏袒右肩, 長跪合掌. 前白佛言, 世尊. 此經云何名之, 云何奉持. 佛告阿難, 此經名父母恩重[23]經, 若有一切衆生 能爲父母, 作福造經, 燒香請佛禮拜, 供養三寶, 或飮食衆僧. 當知 是人能報父母其恩.

제석천[24], 범천왕[25] 등 모든 천인과 그 밖의 여러 중생들은 이 경

듣겠다는 뜻이 되고 그 의미가 확대되어 존경과 의례의 표식이 되었다.

22. 삼보(三寶)는 부처님[佛寶], 부처님의 가르침[法寶], 승가[僧寶]를 말한다.

23. 다른 돈황본에는 이 '중'(重)자가 없다. 문맥상 경의 명칭이므로 있는 것이 더 타당하므로 택했다.

24. 제석천은 석가제환 인다라(釋迦提桓 因陀羅)이며 약칭으로 석제환인, 천제석, 천주(天主)라고도 부르는데 본래 인도에서 인드라신으로 불렸으나 불교에 들어온 후 제석천이 되었다. 제석천은 원래 마가다국의 바라문으로 보시를 행하여 도리천에 태어나고 마침내 33번째 하늘의 왕이 되었다고 한다.

의 내용을 듣고 기뻐하며 보살심을 일으켰다. 땅이 진동할 만큼 감동
하여 눈물을 비오듯 흘렸다. 또 온몸을 땅에 던지고 부처님 발에 머리
숙여 예를 올리며 부처님의 가르침을 기뻐하며 받들어 행하였다.

帝釋梵王諸天人民 一切衆生, 聞經歡喜, 發菩薩心. 暉哭動地,
涙下如雨, 五體投地, 信受頂禮佛足, 歡喜奉行.

이러한 기록은 인도의 베다시대로부터 불교시대까지 인드라의 신격을 구상
화하여 이루어진 것이다. 불교에서의 지위는 범천왕과 함께 불교의 법을 수
호하는 주신으로 12천신의 하나이다. 동방을 보호하여 수미산의 정상인 도
리천에 거주한다. 부처님이 깨달음을 얻은 후 제석천은 석가모니 부처님의
수호신이 되었다. 그의 형상은 천인(天人)형으로 나타나는데 흰 코끼리를
타고 오른손으로 삼지창을 잡고 왼손은 사타구니 위에 두고 있다.

25. 범천왕은 색계(色界)의 세 번째 천신인 대범천을 가리킨다. 범천왕은 시기
(尸棄) 또는 사바세계주, 세계천, 범왕이라고 한다. 대범천은 자재하고 독존
하는 존재로 스스로를 중생의 아버지라고 하며 모든 중생은 그의 화생이라고
한다. 그는 모든 경전의 의미를 이미 다 알아서 대천세계를 이끈다. 대범천은
우파니샤드시대부터 신격화되었고 바라문은 바로 대범천을 가장 존귀한 주
신으로 삼는다. 대범천은 실유(實有)·지(知)·묘락(妙樂) 등의 성질을 갖
추고 유일하게 상주하며 독존하는 절대원리이다. 이 절대원리와 개인아인 아
트만이 결합하여 범아일여의 설을 낳았고 이것이 우파니샤드의 중심사상이
된다. 불교에서는 삼계(三界) 안에 이러한 외도의 여러 신들을 욕계와 색계
의 두 세계에 배열하였다. 범천왕은 색계의 첫번째 하늘〔初禪天〕에 위치하
고 보통 이 안에 세 개나 네 개의 천(天)이 속해 있다. 『대비바사론』(大毘婆
沙論)에 의하면 대범천은 신장이 일 유순 반이고 수명은 1겁 반이다. 깊이
정법을 믿어 매번 부처님이 세상에 나올 때 반드시 먼저 와서 부처님에게
설법을 청한다. 부처님의 오른쪽에서 모시고 있으며 손에는 하얀 불진을 가
지고 있다.

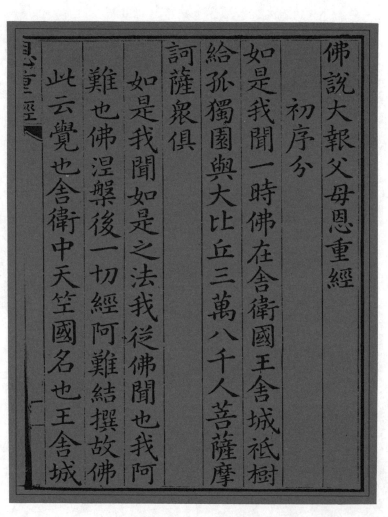

佛說大報父母恩重經

初序分

如是我聞一時佛在舍衛國王舍城祇樹
給孤獨園與大比丘三萬八千人菩薩摩
訶薩眾俱

如是我聞如是之法我從佛聞也我阿
難也佛涅槃後一切經阿難結撰故佛
此云覺也舍衛中天笁國名也王舍城

『불설대보부모은중경』(화산 용주사본)

불설대보부모은중경

이와 같이 나는 들었다.

한 때 부처님께서는 사위국의 왕사성 내에 기수급 고독원에서 큰 비구 3만 8천 명과 보살마하살 대중과 함께 계셨다. 이 당시 세존께서 대중들을 거느리고 남쪽으로 가시다가 한 무더기의 마른 뼈를 보았다. 이 때 여래[1]께서 몸을 땅에 엎드려 마른 뼈에 절을 하였다. 이 일을 아난과 대중들이 부처님께 아뢰었다.

"세존이시여! 여래는 삼계의 큰 스승이며 태어나는 모든 중생의 자비로운 아버지라서 모든 사람이 공경을 드리는 분인데 어째서 마른 뼈에 예를 올리십니까?"

부처님께서 아난에게 말씀하셨다.

"자네가 비록 나의 뛰어난 제자로 출가한 지가 오래되었으나 아직

---

1. 부처님의 여러 가지 호칭 중의 하나로 진실 · 진리에 도달한 사람이라는 뜻이다. 불(佛) · 세존(世尊)과 함께 가장 많이 쓰이는 호칭이지만 특별히 어느 때, 어떤 상황에서 쓰여진다는 규칙이 있는 것은 아니다.

아는 것이 넓지 못하구나. 이 한 무더기의 뼈는 혹시 나의 전세의 조상이거나 여러 대에 걸쳐서 나의 부모님이였을 수 있다. 그래서 내가 지금 예를 올린 것이니라."

부처님께서 다시 아난에게 말씀하셨다.

"네가 이 뼈들을 둘로 나누어 보아라. 만일 남자의 뼈라면 하얗고 무거울 것이고 여자의 뼈라면 검고 가벼울 것이니라."

아난이 부처님께 여쭈었다.

"세존이시여! 살아 있을 때 좋은 옷을 입고 가죽신에 모자를 쓴 외모이면 남자인 줄 알고, 예쁘게 화장을 하고 좋은 향기를 풍기는 외모이면 곧 여자인 줄 압니다. 그러나 죽은 후의 흰 뼈는 남자나 여자나 다름이 없는데 저보고 어떻게 구분하라고 하십니까?"

부처님께서 아난에게 말씀하셨다.

"만약 남자라면 살아 있을 때 절에 들어가서 법회를 듣고 경을 읽으며 삼보에게 예를 행하고 부처님의 명호를 생각하므로 그 뼈가 희고 무겁다. 여자는 살아 있을 때 정이 많고 음탕한 마음이 강해서 아이들을 낳고 키우는데, 한 번 아이를 낳을 때 세 말 세 되의 피를 흘리고 여덟 섬 네 말의 젖을 먹이므로 뼈가 검고 가볍다."

아난이 이 말을 듣고 마음이 저리고 아파서 눈물을 흘리며 부처님께 아뢰었다.

"세존이시여! 어머님의 덕을 어떻게 보답해야 하나이까?"

부처님께서 아난에게 말씀하셨다.

"너는 이제 잘 들어라. 내가 너를 위하여 이해하기 쉽게 잘 설명하리라."

어머니는 임신한 열 달 동안 몹시 고생을 하신다. 임신된 태아는
첫 달에 마치 풀 끝에 맺힌 이슬과 같아 아침에 있다가 저녁에 없어지
고 새벽에 왔다가 오후에 흩어지는 것처럼 사라지기도 한다.

두 달째의 태아는 마치 엉긴 우유와 같은 상태이다.

석 달째의 태아는 피가 엉긴 것과 같은 모습이다.

네 달째의 태아는 점점 사람의 형상을 갖추게 된다.

다섯 달째의 태아는 어머니의 배에서 다섯 부분[五胞]이 갖추어진
다. 다섯 부분은 머리와 두 팔과 두 다리이다.

여섯 달째의 태아는 어머니의 배에서 미세하고 오묘한 여섯 기관
[六精]이 열린다. 이 여섯 기관은 눈·귀·코·입·혀·마음이다.

일곱 달째의 태아는 어머니의 배에서 360개의 뼈마디와 8만 4천
개의 털구멍이 생긴다.

여덟 달째의 태아는 의지와 지혜가 생기고 외부와 통하는 아홉 기
관이 자란다.

아홉 달째의 태아는 어머니의 배에서 먹고 마신다. 복숭아·배와
마늘은 먹지 않지만 오곡을 맛본다. 어머니의 간·심장·비장·폐 등
의 장기는 아래를 향하고, 위·대장·소장·방광 등의 장기는 위를
향해 있는데 그 사이에 산과 같은 것이 있다. 이 산은 세 가지 이름이
있는데 수미산·업산·혈산이다. 이 산이 한 번 무너지면 하나의 엉
긴 피가 되어 아이의 입으로 들어간다.

열 달이 되면 태아는 비로소 태어나는데 만약 효성스럽고 순종하는 자식이면 팔을 위로 올리고 손을 마주한 채 태어나서 어머니를 상하지 않게 한다. 그러나 오역죄를 지을 자식이면 어머니의 태반을 찢고 손으로 어머니의 심장과 간을 꼭잡고 발로 어머니의 골반을 밟고 서서 나오지를 않으려고 한다. 그래서 어머니에게 천 개의 칼로 배를 휘젓고 만 개의 칼로 심장을 찌르는 듯한 고통을 준다. 이와 같이 괴로워하며 이 몸을 낳고도 또 열 가지 은혜가 있으시다.

첫째는 이 몸을 잉태하여 지키고 보호해 주신 은혜이다.
게송에 이렇게 적혀 있다.

여러 겁의 깊은 인연으로
이 생에 어머니의 몸에 의지하였네.
여러 달이 지나 오장이 생기고
세밀한 감각기관도 열리었네.
몸은 산처럼 무거워도
몸가짐은 바람으로 인한
재난〔風災〕도 두려워하네.
비단옷도 입지 못하고
화장하던 거울에는 먼지만 가득하네.

둘째는 출산하실 때 고통받으시는 은혜이다.
게송에 이렇게 적혀 있다.

임신한 지 열 달이 지나니
해산의 어려움이 다가오네.
매일 아침 중병이 걸린 듯하고
날마다 정신이 없는 듯하네.
황당하고 두려운 마음 다할 수 없고
근심이 마음 가득하네.
슬퍼하며 친족들에게
죽을까 두렵다고 말하네.

셋째는 자식을 낳고 근심을 잊으시는 은혜이다.
게송에 이렇게 적혀 있다.

자애로운 어머니가 그대를 낳는 날에
오장이 갈라지듯 괴롭네.
몸과 마음이 모두 기절하였으며
피는 양을 잡은 것만큼 흘렸네.
낳은 아이 건강하다 하니
기쁨이 두 배가 되네.
즐거움이 가라앉자
다시 슬픔이 되살아나고
고통이 마음에 파고드네.

넷째는 쓴 것은 어머니가 삼키고 단 것은 뱉아내어 주신 은혜이다.
게송에 이렇게 적혀 있다.

부모님의 은혜는 깊고 무거우니
언제나 은애하고 어여삐 여기시네.
단 것을 뱉어 드시지 않고
쓴 것을 드시면서도 눈썹도 안 찌푸리네.
깊이 사랑하여 참지 못하시니
그 깊은 은혜에 슬픔이 더하네.
다만 아이를 배부르게 하고
자애로운 어머니는
배고픔도 마다하지 않네.

다섯째는 아이는 마른 곳에 눕히고 어머니는 젖은 곳에 누우신 은
혜이다.

게송에 이렇게 적혀 있다.

어머니는 스스로 축축한 곳에
몸을 두시고 아이를 마른 곳에 두시네.
젖을 먹여 배고픔과 목마름을 채워 주고
소맷자락으로 찬바람을 막아 주시네.
은애하고 아껴서 늘 잠 못 들고
아이 재롱에 항상 기뻐하시네.
다만 아이를 편안하게 하고
자애로운 어머니는 편함을 바라지 않네.

여섯째는 젖을 먹여 길러 주신 은혜이다.
게송에 이렇게 적혀 있다.

자상한 어머니를 대지에 비긴다면
엄한 아버지는 하늘이라네.
하늘이 덮어 주고 땅이 실어 주는
은혜와 같이 부모님의 마음도 그러하시네.
눈이 없다고 미워하지 않으시고
손발이 굽었어도 싫어하지 않네.
배 아파서 낳은 자식이기에
언제나 아끼고 사랑하시네.

일곱째는 자식의 더러운 것을 빨고 씻어 주신 은혜이다.
게송에 이렇게 적혀 있다.

지난날의 모습은 아름다웠고
자태가 빼어나셨네.
눈썹은 비취빛 버드나무와 같고
두 볼은 연분홍빛이셨네.
은혜가 깊어질수록 아름다운 모습은
여위고 곱던 손은 빨래로 거칠어졌네.
오직 자식을 위하느라
자애로운 어머니의 모습이 바뀌셨네.

여덟째는 자식이 멀리 가면 걱정해 주신 은혜이다.
게송에 이렇게 적혀 있다.

죽어서 헤어지는 것도 잊기 어렵지만
살아서 이별하는 것이 더 마음 아프네.
자식이 집 떠나 먼 곳으로 가면
어머니의 마음도 그곳에 있네.
밤낮으로 마음은 자식을 쫓아다니니
흐르는 눈물은 천 리를 가네.
원숭이가 자식을 사랑하여 우는 것처럼
자식 생각에 간장이 끊어질 듯하네.

아홉째는 자식을 위해 마음 고생하시는 은혜이다.
게송에 이렇게 적혀 있다.

부모님의 은혜는 강산보다 무거우니
진실로 보답하기 어렵네.
자식의 고통도 대신 하고자 하시고
자식이 힘들면 어머니는 근심하시네.
멀리 길 떠난다고 하면 돌아다니며
밤에 잠자리가 추울까 마음 쓰시네.
자식들이 잠시 괴로움을 겪어도
어머니의 마음은 오랫동안 쓰리네.

열째는 끝없이 사랑하고 근심하시는 은혜이다.

게송에 이렇게 적혀 있다.

부모님의 은혜는 깊고 무거우니
언제나 은애하고 어여삐 여기시네.
앉으나 서나
멀리 있으나 가까이 있으나
항상 마음으로 함께 하시네.
늙은 어머니는 백세가 되어도
팔십된 자식을 항상 걱정하시네.
이 생명 다한 후에야
그 은혜가 그칠 줄을 알아야 하네.

부처님께서 아난에게 말씀하셨다.

"내가 중생을 보니 비록 사람의 품성을 이어받았으나 행동이 어리
석어서 부모님의 크신 은혜를 생각하지 않고 공경하지 않는다. 또한
그 은혜를 저버리며 부모님에게 어질지 못하고 효성스럽거나 의롭지
못하다.

어머니는 임신한 열 달 동안 앉으나 서나 불안해 하는 것이 귀중한
짐을 받들고 있는 것과 같았다. 음식을 먹지 못하여 오랫동안 병든
사람과 같았고 달이 차서 낳을 때 여러 가지 모진 고통을 받았다.
잠깐 사이에 잘못하여 허무하게 죽을까 근심하였고 돼지나 양을 잡는
것처럼 피가 땅을 적셨다. 이와 같은 고통을 겪고 이 몸을 낳으시고도

쓴 것은 삼키고 단 것은 아이에게 먹이시며 싸안고 길러 주셨다. 더러운 것을 빨아 주시며 수고로움도 마다하지 않으셨고, 덥고 추운 것을 참아가며 괴로움도 마음에 두지 않으셨다. 마른 곳에 아이를 눕히고 축축한 곳에 어머니가 주무셨다. 삼 년 동안 어머니의 젖을 먹고 어린 아이는 자라며 어른이 될 때까지 예의를 가르치신다. 또 결혼시키고 벼슬하도록 가르치며 생계도 준비해 주신다. 온갖 괴로움을 떠맡아 고생이 끝났더라도 은혜가 끊어졌다고 말할 수 없다. 자식이 병이 들면 부모님도 병이 나고 자식이 나아야 어머니의 병도 낫게 된다. 이렇게 자식을 키우며 빨리 어른이 되기를 바란다.

그러나 자식은 성장하면 도리어 불효한다. 부모님과 말을 할 때 불손하게 응대하고 눈을 흘기고 눈을 부릅뜬다. 친척 어른들도 속이고 능멸하며 형제를 때리고 욕한다. 골육을 비방하고 모욕하니 예의가 없다. 스승의 가르침을 따르지 않으며 부모님의 가르침과 분부에 순종하지 않는다. 형제들과 말을 할 때도 서로 눈을 흘린다. 문 밖에 출입할 때도 어른에게 아뢰지 않으며 말과 행동이 버릇이 없어 자기 뜻대로 일을 한다. 그럴 때 아버지와 어머니가 타이르고 나무라며 다른 어른들도 잘못되었다고 말해야 하지만 어리다고 가엾게 여겨 덮어 두기만 한다. 그러므로 자랄수록 어긋나고 삐뚤어져서 잘못된 일임에도 굴복하지 않고 오히려 성내고 원망한다. 여러 친한 벗을 버리고 나쁜 사람들과 한패가 되고 습관이 이미 그 사람의 성품이 된다. 드디어 허튼 계획을 세우고 다른 사람들의 꼬임에 빠져 타향으로 달아나서 부모님을 배반한다. 집을 나가 타향에서 장사를 하거나 전쟁에 나갔다가 거기서 우물쭈물 눌러 지낸다. 그러다가 갑자기 결혼이라도 하게 되면 여기에 얽매이게 되어 오랫동안 집으로 돌아오지 않는다. 타향에 있을 때 조심하지 않아서 다른 사람의 꾀임에 빠져 갑작스럽게 끌려가서 뜻밖의 형을 받아 감옥에 갇히기도 한다. 또 병이 들거나 액난에 얽혀 괴롭고 배고플 때 아무도 시중들지 않으며 다른 사람의 미움과 천대를 받아서 거리에 버려진다. 이 때문에 죽게 되어도 구제하여 치료해 주는 사람이 없다. 그래서 창자는 부풀고 살이 썩어 문드러지면 햇빛을 받고 바람에 날려 백골만 뒹굴게 된다. 이렇게 타향의 땅에 묻히게 되어 친족과 함께 만남의 기쁨을 누릴 기회는 영영 없게 된다.

부모님의 마음은 자식을 따라다니며 끝없이 근심하고 그리워한다. 피를 토하며 울다가 눈이 어두워지기도 하고 슬픔에 젖어 지내다가 기가 막혀 병이 되기도 한다. 자식을 생각하다가 쇠약해져서 죽어 귀신이 되어도 자식 생각하는 마음은 끊지 못한다. 또한 자식은 효도와 의리를 받들지 않고, 이단의 무리와 패거리가 되어 버릇없고 거칠며 나쁜 행동을 한다거나, 좋은 습관은 이익이 없다 하며 도적질하고 마을에서 범죄를 저지른다거나, 술 마시고 노름하며 나쁜 짓을 하여 형제들에게 폐를 끼치고 부모님을 근심케 한다. 자식이 아침 일찍 나갔다가 저녁에 돌아와서 부모님이 걱정하여도 자식은 부모님이 거동하는지 추워하시는지 더워하시는지 알지 못하며, 초하루와 보름에도 문안하여 찾아뵙거나 옆에서 모시려고 생각하지 않는다. 부모님이 연로하여 모습이 노쇠해지면 남이 볼까 부끄러워하며 큰 소리로 나무라고 구박을 한다. 어쩌다 부모님 중 한 분이 돌아가시고 홀로 되어 외롭게 빈 방을 지키고 있어도 마치 손님이 다른 사람의 집에 머물러 사는 것처럼 자식은 생각한다. 침상과 자리에 먼지가 있어도 털거나 닦는 때가 없다. 안부를 묻는 것도 이 때부터 완전히 끊고 추운지 더운지 배고픈지 목마른지 물으려고 하거나 알려고도 하지 않는다. 그러므로 부모님은 밤낮으로 항상 스스로 한숨쉬고 탄식한다. 마땅히 맛있는 음식을 가져와 부모님을 공경해야 하는 것인데 다른 사람들이 비웃는다고 하며 매번 속이며 부끄럽게 여긴다. 그러다가 제철에 나는 음식이라도 생겨서 아내와 아이들에게 가져다 주는 것이 추잡하고 졸렬한 짓이라는 것을 부끄러워할 줄 모른다. 아내나 첩과 약속하면 무슨 일이든 들어주고 부모님이 화를 내는 것은 전혀 두려워할 줄 모른다.

딸도 다른 사람과 짝이 되어 시집가기 전에는 모두 효도하며 순종하다가 혼인을 하면 점점 효성스럽지 못하게 된다. 부모님이 조금만 화를 내도 곧 원한을 품지만 남편이 때리고 욕하는 것은 달게 받는다. 시집사람에게는 점점 정을 쏟지만 자신의 친척과는 도리어 소원해진다. 남편을 따라 멀리 다른 곳에 가게 되어서 부모님과 이별하게 되어도 그리워하는 마음이 없고 소식도 끊어진다. 소식도 없어 부모님은 오장육부가 거꾸로 매달린 듯 애타게 늘 딸 자식을 보고 싶어하는 마음이 목마를 때 물을 생각하듯 그침이 없다. 부모님의 은덕은 한량없고 끝이 없으며 불효한 허물은 이루 말할 수 없고 부모님의 은혜는 보답하기 어렵다."

이 때 대중들이 부처님이 부모님의 은혜와 덕에 대해 말씀하시는 것을 듣고 몸을 땅에 던지며 스스로 몸을 부딪치자 온몸의 털구멍에서 피가 흘렀다. 기절하여 땅에 쓰러졌다가 한참만에 다시 깨어나서 소리 높여 말했다.

"마음이 괴롭고 아프옵니다. 저희들은 무거운 죄가 있는 사람인데 지금까지 깨닫지 못하여 어두운 밤에 헤매는 것과 같았습니다. 이제 잘못을 알게 되니 마음이 모두 부서지는 듯합니다. 세존께서 가엾게 여기서서 구제해 주십시오. 어떻게 해야 부모님의 깊은 은혜에 보답할 수 있겠습니까?"

이 때 여래가 곧 여덟 가지 깊고 깊은 청정한 음성으로 모든 대중에게 말씀하셨다.

"너희들은 알아야만 한다. 내가 이제 너희를 위하여 이해하기 쉽도록 잘 설명하겠다. 설사 어떤 사람이 아버지를 왼쪽 어깨에 메고 어머니를 오른쪽 어깨에 메고 살갗이 닳아 뼈가 드러나고 다시 골수가 보이게 되도록 수미산을 수천 번 돌더라도 부모님의 깊은 은혜에 보답할 수 없다. 설사 어떤 사람이 흉년에 부모님을 위해 자신의 몸을 베고 뼈를 부수어 먼지와 같이 하여 백천 겁을 하더라도 부모님의 깊은 은혜에 보답할 수 없다. 설사 어떤 사람이 예리한 칼을 잡고 부모님을 위하여 자신의 눈동자를 파내서 여래에게 바치기를 백천 겁을 하여도 부모님의 깊은 은혜에 보답할 수 없다. 설사 어떤 사람이 부모님을 위하여 예리한 칼로 심장과 간을 베어 피가 땅에 흘러도 그 괴로움을 달게 받으며 백천 겁을 하여도 부모님의 깊은 은혜에 보답할 수 없다. 어떤 사람이 부모님을 위하여 수천 개의 칼로 자신의 몸을 좌우로 찌르기를 백천 겁이 지나도록 하여도 부모님의 깊은 은혜에 보답할 수 없다. 가령 어떤 사람이 부모님을 위하여 몸에 등불을 밝혀 여래를 공양하는 것을 백천 겁이 지나도록 하여도 부모님의 깊은 은혜에 보답할 수 없다. 설령 어떤 사람이 부모님을 위하여 뼈를 부수어 골수를 뽑아내며 수천 개의 칼과 창으로 한번에 자신의 몸을 찌르기를 백천 겁이 지나도록 하여도 부모님의 깊은 은혜에 보답할 수 없다. 설사 어떤 사람이 부모님을 위하여 뜨거운 쇠구슬을 삼키기를 백천 겁이 지나도록 하여 온몸이 타고 문드러져도 부모님의 깊은 은혜에 보답할 수 없다."

이 때 대중들이 부처님이 설하는 부모님의 은혜를 듣고 비통하게 울며 부처님께 아뢰었다.

"세존이시여! 저희들은 지금 죄인입니다. 어떻게 해야 부모님의 깊은 은혜에 보답할 수 있겠습니까?"

부처님께서 제자들에게 말씀하셨다.

"부모님의 은혜에 보답하려면 부모님을 위하여 이 경을 베껴 쓰고 부모님을 위하여 이 경을 읽고 외우라. 부모님을 위하여 잘못을 깊이 뉘우치고, 부모님을 위하여 삼보께 공양하라. 부모님을 위하여 계율을 받들어 지니고, 부모님을 위하여 보시를 하고 복을 닦으라. 이와 같이 하면 효도하고 순종하는 자식이라고 할 수 있으나, 이렇게 하지 않으면 지옥에 떨어질 것이다."

부처님께서 아난에게 말씀하셨다.

"불효한 사람은 죽으면 아비무간지옥에 떨어지게 된다. 이 지옥은

넓이가 팔만 유순[2]이고, 사면이 쇠로 된 성으로 주변에 그물이 쳐져 있다. 그 땅은 붉은 무쇠로 되어 있는데 뜨거운 불길이 타오르고 맹렬한 불꽃은 천둥이 치고 벼락이 부서지는 것과 같다. 여기서 끓는 쇳물을 죄인에게 부어 넣고, 쇠로 된 뱀과 구리로 된 개는 입에서 불을 토하여 죄인을 태우고 지지고 볶고 구우며 기름에 태운다. 고통스럽고 서러우며 그 고통을 감당하여 참기도 어렵다. 쇠몽둥이, 쇠꼬챙이, 쇠망치, 쇠창 등과 칼과 칼날이 비구름처럼 공중에서 떨어져 찌르거나 베이면서 죄인에게 고통스러운 형벌을 준다. 이러한 고통을 몇 겁이 지나도록 조금도 쉬지 않고 받는다. 다시 또 다른 지옥에 들어가서 머리에 불그릇을 이고 쇠수레에 사지가 찢어지고 배와 뼈와 살이 불타고 문드러진다. 하루 동안에 수없이 죽고 다시 태어나며 이와 같은 고통을 받는다. 이것은 모두 전생에 다섯 가지 악행과 불효를 저질렀기 때문에 이런 죄를 받는 것이다."

이 때 대중들이 부처님이 부모님의 은혜와 덕을 설하시는 것을 듣고 눈물을 흘리고 비통해 하며 여래에게 아뢰었다.

"저희들이 이제 어떻게 해야 부모님의 깊은 은혜에 보답할 수 있겠습니까?"

부처님께서 제자들에게 말씀하셨다.

"부모님의 은혜에 보답하려면 부모님을 위하여 경전을 거듭 펴내도

---

2. 유순(由旬)은 인도의 거리 단위로 요자나([S] yojana)의 번역어이다. 범어의 본뜻은 소에 멍에를 씌우고 하루 동안을 가는 거리이다. 1유순을 현재의 거리로 환산하면 약 98km이다.

록 해라. 그것이 진실로 부모님의 은혜에 보답하는 것이다. 한 권을 만든다면 한 분의 부처님을 만날 수 있고 열 권을 만든다면 열 분의 부처님을 만날 수 있다. 백 권을 만든다면 백 분의 부처님을 만날 수 있고 천 권을 만든다면 천 분의 부처님을 만날 수 있다. 만 권을 만든다면 만 분의 부처님을 만날 수 있게 되니 이러한 사람들이 경을 지은 업력(業力)으로 여러 부처님들이 항상 보호하여 그 부모님도 천상에 태어나 모든 즐거움을 받고 영원히 지옥의 고통에서 벗어나게 한다."

이 때 대중 가운데 있던 아수라3 · 가루라4 · 긴나라5 · 마후라가6 등 사람과 비슷하지만 사람이 아닌 존재들과 천신 · 용 · 야차 · 건달바7 · 모든 작은 나라의 왕 · 전륜성왕8 등이 부처님의 말씀을 듣고 각기 서원9을 세우며 말했다.

---

3. 인도에서 가장 오래된 신의 하나로 팔부의 하나이다. 십계(界)의 하나로서의 아수라(阿修羅)는 싸움을 좋아하는 투쟁신이지만, 팔부의 하나로서는 음악과 관련이 있다. 아수라는 남에게 어떤 곡을 듣게 하려고 마음먹기만 하면 저절로 울리는 거문고가 있다. 이 거문고를 가지고 부처님의 덕을 칭송하는 기악을 울리므로 팔부의 하나가 되었다.
4. 가루라(迦樓羅)는 팔부에 속하는 전설상의 새이다.
5. 긴나라는 팔부의 하나로 사람인지 새인지 분명하지 않으나 노래하고 춤추는 신이다.
6. 마후라가는 팔부에 속하는 음악신으로 몸은 사람이고 머리는 뱀의 모습이라고 한다.
7. 건달바는 팔부의 하나로 제석천이 있는 곳에서 음악을 담당한 신이다.
8. 전륜성왕은 온 세상을 다스리는 왕으로 부처님과 같이 몸에 서른두 가지 좋은 상호를 갖추고 있다. 하늘로부터 윤보(輪寶)를 얻어 이것으로 사방을 굴복시키므로 전륜왕이라 한다.

"저희들은 미래 세상에까지도 차라리 이 몸을 부셔서 먼지와 같이 하여 백천 겁을 지날지라도 여래의 가르침을 어기지 않겠나이다. 또한 백천 겁 동안 혀를 백 유순의 길이로 뽑아내어 쇠쟁기로 그 위를 갈아서 피가 강을 이룰지라도 여래의 가르침을 어기지 않겠나이다. 수많은 칼로 저의 몸을 좌우에서 찌를지라도 여래의 가르침을 어기지 않겠나이다. 쇠그물로 온몸을 얽어맨 채 백천 겁을 지날지라도 여래의 가르침을 어기지 않겠나이다. 작두와 방아로 몸을 자르고 부수어 수천만 조각을 내며 온몸의 살과 뼈가 사라지게 된 채 백천 겁을 지날지라도 끝내 여래의 가르침을 어기지 않겠나이다."

이 때 아난이 부처님께 아뢰었다.

"세존이시여! 이 경의 이름을 무엇이라고 하며 어떻게 받들어 지닐까요?"

부처님께서 아난에게 말씀하셨다.

"이 경은 대보부모은중경이라고 하고 이 이름으로 너희들은 마땅히 받들어 지니라."

이 때 대중 가운데 있던 천인과 사람과 아수라 등이 부처님의 말씀을 듣고 모두 크게 기뻐하며 믿고 받았다. 그리고 가르침을 받들어 지니고서 예를 올리고 물러갔다.

---

9. 서원(誓願)은 반드시 목표하는 것을 이루겠다고 맹세하는 것을 말한다. 예를 들면 부처님과 보살은 모든 중생을 성불(成佛)하게 하려는 서원을 세운다.

大方便佛報恩經卷第一

失譯人名❸在後漢錄

序品第一

如是我聞。一時佛住王舍城耆闍崛山中。
與大比丘眾二萬八千人俱。皆所作已辦。
梵行已立。不受後有。如摩訶那伽心得自
在。其名曰摩訶迦葉。須菩提。憍陳如。離
越多訶多。富樓那彌多羅尼子。畢陵伽婆
蹉。舍利弗。摩訶迦旃延。阿難。羅睺羅等。
眾所知識。菩薩摩訶薩三萬八千人俱。此
諸菩薩久❹殖德本。於無量百千萬億諸佛

『대방편불보은경』(『대정신수대장경』본)

대방편불보은경

1. 경을 설하게 된 인연[序品]

이와 같이 나는 들었다. 한때 부처님께서 왕사성의 기사굴산에서
큰 비구 대중 2만 8천 명과 함께 계셨다. 그 비구들은 모두 해야 할
일을 다하고 청정한 행[梵行]¹을 다 이루었으며 미래의 과보[後
有]²를 받지 않는 마치 큰 용과 같이 마음이 자재한 자들이었다. 그

---

1. 출가자(出家者)와 재가자(在家者), 두 대중이 닦는 청정한 행위를 말한다.
   음욕을 끊고 벗어났기 때문에 범행이라고 한다. 바라문은 일생을 4주기로
   나누는데 그 중 첫번째가 범행기(梵行期)이다. 이 기간에 음욕을 끊는 생활
   을 하고 바라문의 경전인 베다와 제사의식 등을 배운다. 불교에서도 이것을
   받아들여 삿된 음욕에 관련된 여러 계를 받아 지니는 것을 범행이라고 한다.
2. 후유의 범어는 뿌나바와([S] punar-bhava)로 미래의 과보 또는 후세의 심

들은 마하가섭 · 수보리 · 교진여 · 이월다가다 · 부루나미다라니자 · 필릉가바차 · 사리불3 · 마하가전연 · 아난 · 나후라 등 잘 알려진 이들이었다.

또 3만 8천 명의 보살마하살이 함께 하였는데 이 보살들은 오랫동안 덕의 근본을 심고 한량없이 많은 여러 부처님 처소에서 항상 청정한 행을 닦아 큰 서원을 원만하게 이루었다. 또한 모두 백천 가지 선정4과 다라니문5에 통달하고 큰 자비심을 버리지 않았으며, 여러 중생의 근기를 따라서 이롭게 하고 부처님 · 법 · 승가의 삼보(三寶)를 이어받고 높여서 끊어지지 않게 하였다. 법의 깃발을 세우고 여러 중생들을 위하여 청하지 않아도 벗이 되었으며 큰 지혜에 도달하여 그 이름이 널리 알려졌다.

그들은 관세음보살 · 득대세보살 · 상정진보살 · 묘덕보살 · 묘음

신(心身)을 말한다. 곧 아직 열반하지 않은 중생이 미래에 받는 과보를 말한다. '유'(有)는 과보의 존재라는 뜻을 함유하고 있다. 그러나 최후의 몸을 후유라고 하기도 한다.
3. 부처님의 열 명의 뛰어난 제자 가운데에서 가장 지혜가 뛰어난 제자였다.
4. 참된 이치를 사유하고 생각을 고요히 하여 흐트러지지 않게 하는 것이다. 즉, 마음을 한곳에 모아 고요한 경지에 들어가고, 조용히 앉아 선악을 생각지 않고 시비에 관계하지 않으며 마음이 자재하고 편안한 경지에서 노니는 것으로 삼매(三昧)와 같다.
5. 다라니(陀羅尼)는 한량없는 불법을 모두 지니고 기억하여서 잊어버리지 않는 일종의 기억술이다. 문(門)은 법상(法相)과 의미 등의 제목을 구별하는 분류용어[空門, 有門 등]로 쓰인다. 불교의 교화는 대상의 근기에 따르므로 여러 가지 차별이 있지만 모든 사람을 이끌어서 깨달음으로 들어가게 하는 입구가 된다. 그러므로 법문이라고 한다.

보살· 뢰광보살· 보평보살· 덕수보살· 수미왕보살· 향상보살
· 대향상보살· 지세보살· 월삼계보살· 상비보살· 보장보살· 지광
영보살· 염치묘보살· 보월보살· 대력보살· 무량혜보살· 발타화보
살· 사자후보살· 사자작보살· 사자분신보살· 만원보살· 보적보살
· 미륵보살· 문수사리법왕자 등으로 백천 명의 권속과 함께 있었다.

또 수없이 많은 욕계6의 여러 천자들도 각기 그의 권속들과 함께
여러 가지 천상의 미묘한 향과 꽃을 바치고 천상의 기악을 울리며
허공 중에 머물러 있었다. 그리고 여러 천신·용·야차·건달바·아
수라·가루라·긴나라·마후라가 등 사람과 사람 아닌 존재7 등도
각각 수많은 권속들과 함께 부처님의 발에 예를 올리고 물러나서 한
쪽에 앉아 있었다.

그 때8 여래는 대중들에게 둘러싸여 공경과 공양·존중과 찬탄을

---

6. 욕계의 범어는 까마다투([S][P] kāma-dhātu)로 생명이 있는 존재의 생존상
   태의 일종을 나타내거나 이 존재가 머무는 세계를 말한다. 욕계(欲界), 색
   계(色界), 무색계(無色界)를 삼계라고 한다. 욕계는 지옥·아귀·축생·
   아수라·인간·천상계를 합해서 말한다. 이 세계의 중생은 식욕·음욕·수
   면욕 등의 욕망이 있기 때문에 욕계라고 부른다.
7. '사람과 사람 아닌 존재'에 해당하는 원문은 '인비인'(人非人)인데 두 가지
   뜻이 있다. 첫째는 사람과 사람이 아닌 것의 병칭이다. 둘째는 음악신의 이
   름으로 팔부(八部) 가운데 하나인 긴나라의 별명이다. 모습은 사람과 비슷
   하지만 실제로는 사람이 아니라고 한다. 여기서는 첫번째의 뜻으로 풀이하
   였다.
8. 앞부분과 뒷부분은 문장으로 보건대 다른 시공간일 것으로 추정된다. 이
   경 자체가 곳곳에 교묘하게 봉합된 구조이므로 전체 문장을 상하지 않게
   하기 위하여, 같은 '이시'(爾時)를 '이 때, 그 때, 한 때' 등으로 바꾸어 해석
   했다. 또 시간성을 강조하며 지나치게 여러 번 반복되는 경우에는 생략하

받았다. 이 때 아난이 부처님의 위신력을 받아 새벽에 왕사성으로 들어가 차례대로 걸식을 하였다. 그 왕사성 안에는 한 바라문9의 아들이 있었다. 효도로 부모를 봉양하였으나 집안의 가세가 기울어 재산이 다 없어지자 늙은 어머니를 업고 또한 차례대로 걸식을 하러 다녔다. 좋은 음식이나 향기롭고 맛있는 과일을 얻으면 어머니에게 받들어 올렸고, 나쁜 음식이나 시든 채소 · 딱딱한 마른 과일을 얻으면 자신이 먹었다. 아난이 이것을 보고 기뻐하는 마음이 우러나서 이 사람을 찬탄하는 게송을 읊었다.

"착하고 착하도다, 선남자여. 부모를 공양함이 매우 뛰어나 다른 사람이 미치기 어렵구나."

그 때 육사외도10의 무리인 한 바라문이 있었다. 그 사람은 총명하

기로 한다.

9. 바라문의 범어는 브라마나([S] Brāmaṇa)로 첫째는 바라문 · 범사(梵士)라고 음역한다. 정행자(淨行者) · 정행범지라고도 부른다. 바라문은 더러움이 없고 청정한 곳에 머물며 깨끗한 하늘나라인 범천에 태어나기를 구하기 때문에 이렇게 부른다. 그들은 범천왕의 입에서 태어나 네 계급 가운데 가장 뛰어나기 때문에 범(梵)이라는 호칭을 얻었다고 주장한다. 둘째는 모든 외도의 출가자를 통털어서 부르는 말이다. 셋째는 집을 떠난 수행자인 니건(尼乾)에 상대하여 재가(在家)의 바라문을 부르는 말이다. 즉 재가의 외도를 범지라고 하고 출가의 외도를 니건이라고 부른다. 그러나 경에 따라서는 반대로 재가의 외도를 니건이라고 하고 출가의 외도를 범지라고도 한다.

10. 고대 인도의 불타시대의 중인도(갠지스 강 중류일대)에서 비교적 세력이 컸던 여섯 부류의 외도를 말한다. 외도란 불교의 입장에서 말하는 것으로 사실은 당시 바라문 사상에 반대했던 자유사상가를 말한다. 일반 민중 사회에서 유행했던 사상체계의 지도자들이다. 대표적인 사람들은 다음과 같다. 산자야 벨라티푸따(Sanjaya Belaṭṭhiputta)는 회의론자로 불가지론을 주장하였다. 아지타 께사감발라(Ajita Kesakambala)는 유물론자이면서 쾌락

고 말재주가 뛰어나며 네 가지의 베다11·역수·계산·길흉을 점치
는 것·음양의 변화에 두루 통달하였고 다른 사람의 마음을 미리 알
수 있었다. 또한 이 사람은 대중을 이끄는 스승으로 많은 사람들이
우러러 받들었다. 그러나 삿된 이론에 집착하며 이익과 양생을 얻으
려고 하고 바른 법을 없애려고 하며 질투하는 마음을 품고 부처님·
법·승가 대중을 험담하며 아난에게 말했다.

"너의 스승인 구담12과 여러 석가족의 제자는 스스로 착하고 좋으

주의자로 인과론을 부정하였다. 마칼리 고사라(Makkhali Gosāla)는 숙명
론자로 고통과 즐거움은 원인이 없이 자연적으로 생기는 것이라고 주장하였
다. 뿌라나 까싸빠(Puraṇa Kassapa)는 무도덕론자로 선악의 업보를 부인
하였다. 빠구다 까짜아야나(Pakudha Kaccāyana)는 원인이 없음을 주장
하는 감각론자로 지(地)·수(水)·화(火)·풍(風)·공(空)·고(苦)·락
(樂)·영혼(靈魂)의 칠요소설을 주장하였다. 니간타나따푸다(Nigaṇtha
Nātap utta)는 자이나교의 창시자이다.

11. 베다의 범어는 베다(Ⓢ Veda)로 고대 인도의 바라문교가 근본으로 삼았던
경전의 총칭이다. 원래는 지식, 곧 바라문교의 기본 문헌이 담겨 있는 신성한
지식의 보고(寶庫)라는 뜻이다. 제사의식과 긴밀한 관계가 있는 종교문헌이
다. 성립연대에 관해서는 여러 가지 설이 있다. 일반적으로 아리아인이 서북
쪽에서 침입해 들어와서 인도 하류 유역의 오하 지방[Pañjab]에 정착할 때
부터 갠지스 강 유역으로 옮겨 살 때까지 완성되었다고 추정한다. 원래 리그
베다(Rg-Veda), 사마 베다(Sāma-Veda), 야주르 베다(Yajur-Veda) 등
세 가지가 있었다. 여기에 아타르바 베다(Atharva-Veda)를 합하여 네 종
류의 베다가 완성되었다.

12. 구담의 범어는 가우타마(Ⓢ Gautama)로 인도에서 왕족에 속하는 성씨(姓
氏)의 하나이다. 구담선인(瞿曇仙人)의 후예로 원칙적으로 이 말은 부처님
이 속한 종족 전체를 가리키는 말로, 부처님만을 가리키는 것은 아니지만 일
반적으로 부처님을 가리키는 말로 사용하는 경우가 많다.『번역명의집』권1
(『대정장』54, 1059쪽)에서는 부처님의 성을 구담·감자(甘蔗)·일종(日
種)·석가(釋迦)·사이(舍夷) 등 다섯 가지로 부른다고 하였다. 남방불교

며 큰 공적이 있다고 말하지만 단지 헛된 명성만 있고 진실한 행동이 없다. 너의 스승 구담은 진실로 악한 사람이다. 세상에 태어난 지 7일 만에 어머니를 돌아가시게 하였으니 어찌 악인이 아닌가! 궁성의 담을 뛰어넘어 출가하자 부왕은 괴로워하며 미칠 듯한 마음으로 정신을 잃고 쓰러졌다. 얼굴에 물을 뿌려 7일만에야 깨어나서 '어찌하여 오늘 내 자식을 잃었는가?'라고 하며 또다시 큰소리로 통곡하고 슬피 울면서 말했다. '이 나라는 네 것이고 나에게는 오직 너 하나만 있을 뿐인데 어째서 나를 버리고 깊은 산으로 들어간단 말이냐?' 그러나 너의 스승 구담은 조금도 은혜라는 것은 모르고 마음에 새기거나 돌아보지 않고 그냥 가버렸다. 그러므로 그는 불효하는 사람임을 알아야 한다. 부왕이 궁전을 세워 주고 구이(瞿夷)13에게 장가들게 하였으나 부부의 예를 행하지 않아 근심하게 만들었다. 그러므로 그는 은혜를 모르는 사람임을 알아야 한다."

아난이 이 말을 듣고 나서 부끄러운 생각이 들었다. 걸식을 마치고 부처님 처소에 돌아와서 머리 숙여 부처님 발에 예를 올리고 한쪽에 물러서서 합장을 하고 부처님께 아뢰었다.

"세존이시여! 부처님의 가르침 안에도 부모님을 효도로 받들고 봉양하는 것이 있습니까?"

에서는 보통 부처님을 구담불이라고 한다. 부처님 재세시 외도들은 부처님을 사문 구담이라고 하였다.
13. 야수다라의 범어는 야소다라(⑤ Yaśodharā)이다. 실달태자의 정부인으로, 구이라고도 한다. 라후라의 어머니이다. 석존이 성도한 지 5년 후 석존의 이모인 마하파제파티와 다른 5백 명의 석가족 여인과 함께 비구니가 되었다.

부처님께서 아난에게 말씀하셨다.

"누가 너에게 그런 의문이 생기게 하였느냐? 여러 천신이냐? 사람이냐? 사람이 아닌 존재이냐? 아니면 네가 스스로 생각해서 여래에게 묻는 것이냐?"

아난이 답했다.

"여러 천신·용·귀신·사람·사람 아닌 존재가 가르침을 청한 것이 아닙니다. 조금 전에 걸식을 하다가 길에서 육사외도의 무리인 살차니건을 만났습니다. 그가 야단치고 꾸짖고 모욕을 주었습니다."

아난은 곧 위에 있었던 일을 여래에게 말했다.

이 때 세존께서 환하게 기쁨의 미소를 짓고 입에서 오색의 광채를 내뿜으시니 동쪽으로 한없는 백천만억의 부처님의 세계를 지나갔다. 그곳에 상승(上勝)이라는 이름의 세계가 있는데 그곳의 부처님은 희왕(喜王)여래[14]이고 국토는 엄성(嚴盛)이라고 부른다. 그곳은 땅

14. 원문에는 여래(如來)·응공(應供)·정변지(正遍知)·명행족(明行足)·선서(善逝)·세간해(世間解)·무상사(無上士)·조어장부(調御丈夫)·천인사(天人師)·불세존(佛世尊)이라는 여래의 십호(十號)가 모두 실려 있다. 여래십호는 석가모니불과 여러 부처님에게 통용되는 열 가지 호칭이다. 구체적인 내용은 다음과 같다. 여래(如來)는 언제나 진실하게 와 있다는 뜻이며 부처님이 실상과 같은 도를 타고 와서 참된 깨달음을 완성한 존재라는 뜻이다. 응공(應供)은 아라한이라고 음역한다. 인간과 천신의 공양을 받을 수 있다는 뜻이다. 정변지는 모든 법을 빠짐없이 두루 안다는 뜻이다. 명행족은 천안(천신의 시력을 지님)·숙명(자신의 운명을 암)·누진(지난 세상에서의 업을 꿰뚫어 암)의 삼명(三明)을 갖추고 몸과 입으로 짓는 행위가 원만하고 구족하다는 뜻이다. 선서는 일체지(一切智)를 큰 수레로 삼고 팔정도를 행하여 열반으로 들어간다는 뜻이다. 세간해는 중생과 비중생 둘을 완전히

이 평평하고 반듯한 유리로 되어 있고 황금으로 띠를 둘러서 경계를 삼은 길가에 칠보로 된 가로수가 있다. 그 나무는 모두 높이가 1전도15이고 꽃·열매·가지·잎이 차례대로 꾸며져 있는데 미풍이 불면 미묘한 소리를 내고 중생들은 그 소리를 좋아하여 싫증을 내지 않는다. 곳곳마다 흐르는 샘과 목욕할 수 있는 연못이 있다. 그 연못은 깨끗한 금모래가 바닥에 깔려 있고 여덟 가지 공덕이 있는 물이 그 안에 가득 채워져 있다. 그 연못의 네 변에는 묘한 향기가 있으며 수레바퀴만한 크기의 여러 가지 연꽃인 홍련화·청련화·백련화·황련화·수련화가 연못을 덮고 있다.

또 여러 종류의 새들이 서로 화답하여 지저귀며 미묘한 소리를 내는데 매우 사랑스럽고 즐길 만하다. 그리고 칠보로 된 배가 그 안에 있어서 여러 중생들이 마음대로 놀 수 있다. 그 나무 사이에 사자좌16

알기 때문에 세간의 멸함과 출세간의 도를 안다는 뜻이다. 무상사는 모든 법 가운데 열반보다 위에 있는 것이 없는 것과 같이 모든 중생 가운데 부처님보다 위에 있는 사람이 없다는 뜻이다. 조어장부는 부처님은 대자대비로 부드러운 말을 하기도 하고 간절한 말이나 잡된 말 등을 하면서 가지가지의 방편으로 수행자를 다스려서 열반으로 가게 한다는 뜻이다. 천인사는 중생을 번뇌에서 벗어나게 할 수 있는 스승이라는 뜻이다. 불은 스스로 깨닫고〔自覺〕, 남을 깨닫게 하고〔覺他〕, 깨달음과 행위가 원만〔覺行圓滿〕하여 삼세(三世)의 모든 법을 알고 본다는 뜻이다. 세존은 모든 덕을 갖추어 세상 사람들이 존중하고 공경하는 분이라는 뜻이다. 여래십호라고 말하지만 열거할 때는 일반적으로 위의 11가지 명호를 배열한다. 이후에도 계속 반복되어 나오므로 부르기에 편하도록 생략하여 여래·불·세존 가운데 하나만을 쓰기로 한다.
15. 전도(箭道)는 인도의 거리 단위로 1㎞에 해당한다. 그러나 아주 가까운 거리를 나타내는 뜻으로 바뀌어 전한다.
16. 사자좌(獅子座)는 원래 석가모니가 앉는 자리를 가리킨다. 부처는 사람 가운

가 펼쳐져 있는데 높이가 1유순이고 역시 칠보로 꾸며져 있다. 또한 하늘 옷이 여러 겹 그 위에 펼쳐져 있다. 하늘의 보배 향을 피우고 여러 하늘의 보배 꽃이 그 땅에 넓게 깔려 있다. 희왕여래는 그 위에 앉아서 결가부좌를 하고 있다.

그 국토의 수없는 천억의 보살이 앞뒤에서 둘러싸고 난 후 한쪽에 물러서서 합장하고 여래를 향하여 함께 같은 소리로 말했다.

"세존이시여! 불쌍하고 가엾게 여기시옵소서. 무슨 인연으로 이러한 광명이 있습니까? 비유할 수 없이 선명한 파랗고 노랗고 붉고 흰 광명이 서쪽으로부터 와서 이곳의 대중을 비추며 이 빛을 쪼인 사람은 마음이 태연해집니까? 세존이시여! 제발 저희들의 의심을 끊어 주십시오."

부처님께서 말씀하셨다.

"여러 선남자여! 부디 잘 듣고 깊이 생각하라. 내가 너희를 위하여 이해하도록 잘 설명하리라. 서쪽으로 이 한없이 먼 여러 부처님의 세상을 지나가면 사바(娑婆)라고 하는 세계가 있다. 그곳의 석가모니불이 대중들에게 둘러싸여 지금 그들을 위하여 『대방편대보은경』을 설하려고 한다. 이것은 모든 중생을 크게 유익하게 하며 모든 중생의 삿된 의심의 독화살을 뽑기 위한 것이다. 또 처음 발심한 보살이 보리

데 사자라고 여겨서 부처님이 앉는 자리(침상, 땅을 포함)를 총칭하여 사자 좌라고 부른다. 또 이 자리에 앉아서 사자가 포효하듯 법을 설하므로 사자좌 라고 한다. 이후에는 절에서 부처님과 보살을 받치고 있는 대좌나 고승이 설 법할 때의 높은 좌석을 널리 가리키게 되었다.

심17을 견고하게 하여 물러남이 없게 하고, 모든 성문과 벽지불이 일승18의 도를 구하여 다하게 하고, 여러 큰 보살이 빨리 깨달음을 이루어 부처님의 은혜에 보답하게 하기 위한 것이다. 또 모든 중생들이 깊은 은혜를 생각하게 하고 고통의 바다를 뛰어넘게 하고 부모님을 효도로 봉양하게 하기 위한 것이다. 이러한 인연으로 이 광명을 발하셨다."

이 때 대중 가운데 만 명의 보살이 있었는데 각각의 보살이 모두 대중을 이끄는 스승이었다. 자리에서 일어나 한쪽을 걷어 올려 오른쪽 어깨를 드러내고 오른쪽 무릎을 땅에 대고 손을 겹쳐 합장을 하면서 부처님께 아뢰었다.

"세존이시여! 부처님의 위신력을 입고 저희들이 사바세계에 가서 석가모니여래를 가까이서 공양하고 대방편불보은이라는 미묘한 경전

---

17. 아뇩다라삼막삼보리심(阿耨多羅三藐三菩提心)을 줄여서 말하는 것으로 부처가 되는 깨달음을 얻겠다고 마음을 일으키는 것이다.(이후 원문의 아뇩다라삼막삼보리심은 모두 보리심으로 통일한다) 보리심(菩提心)은 모든 부처님이 될 씨앗이며 청정한 법을 키우는 좋은 밭이 된다. 만약 이 마음을 일으켜 부지런히 정진하면 빨리 위 없는 깨달음〔無上菩提〕을 얻을 수 있다. 그러므로 보리심을 아는 것이 바로 모든 바른 서원의 시작이며 깨달음의 근본이므로 보살이 배워 의지하는 것이다. 대승의 보살은 반드시 처음에 이 마음을 발해서 일으켜야 하므로 발보리심(發菩提心)이라고 하고, 특히 최초에 발하는 마음이라서 초발심(初發心)이라고도 한다.
18. 승(乘)은 실어 나른다는 뜻이고 여기서 일승(一乘)은 불승(佛乘)을 가리킨다. 부처님이 일승을 설한 까닭은 중생들이 이 수행에 의하여 생사고해를 벗어나 열반에 이르게 하려고 하신 것이다. 『법화경』에서는 중생의 근기가 성숙하기 전까지는 일승을 나누어서 삼승(성문승·연각승·보살승)을 설하고 근기가 성숙해진 뒤에는 삼승을 모아 일승으로 돌아가게 한다고 하였다.

을 듣게 해주십시오."

이 때 희왕불이 여러 보살에게 말씀하셨다.

"선남자여! 너희는 사바세계로 가서 석가모니불을 만나면 마땅히
공양하고 공경하며 만나기 어려운 분을 만났다는 생각을 해야 한다.
왜냐하면 석가여래는 한없는 천백만억아승기겁[19] 동안에 행하기 어
려운 고행을 하고 큰 자비의 서원을 세웠다. '나는 산골짜기 · 언덕 ·
기와부스러기 · 가시가 있는 더럽고 거친 국토에서 성불하리라. 그곳
의 중생들은 번뇌와 다섯 가지 무거운 죄[五逆罪]와 열 가지 악함[20]
을 갖추고 있으리라. 그곳에서 성불하여 그들을 이롭게 하여 모든 괴
로움을 끊고 모든 즐거움을 얻게 하며 법신[21]을 성취하여 남음이 없

---

19. 겁의 범어는 칼파([S] kalpa)로 분별시분(分別時分) · 분별시절(分別時節)
 · 장시(長時) · 시(時)라고 의역한다. 겁(劫)은 원래 고대 인도 바라문교의
 가장 큰 시간의 한계를 나타내는 단위였다. 불교도 이것을 따라서 헤아릴 수
 없는 큰 세월이라고 보았다. 일반적으로 영원한 시간 · 무한한 시간 등을 뜻
 하며, 세상이 이루어지고, 유지되며, 파괴되고, 없어지는 상태[成 · 住 ·
 壞 · 空] 등이 반복되는 헤아릴 수 없이 긴 시간을 말한다. 이러한 네 가지
 우주의 변화를 각각 성겁(成劫) · 주겁(住劫) · 괴겁(壞劫) · 공겁(空劫)이
 라고 하며 이것이 사겁(四劫)이다. 아승기의 범어는 아상카야(asamkhya)
 로 인도의 숫자의 하나이다. 한량없는 수 또는 아주 큰 수라는 뜻으로 1아승
 기는 1052에 해당한다. 상상을 할 수 없는 숫자이므로 불가산계(不可算計)
 또는 무량수(無量數)라고 의역하기도 한다. 따라서 아승기, 겁, 아승기겁은
 모두 상상할 수 없을 만큼 긴 시간을 강조해서 말하는 것이다.
20. 열 가지 악함[十惡]은 살생, 도적질, 사음(邪淫), 망령된 말, 이간질하는
 말, 악한 말, 욕하는 말, 아첨하는 말, 탐욕, 성냄, 어리석음을 말한다.
21. 법신의 범어는 다르마카야([S] dharma-kāya)로 법불(法佛) · 리불(理佛)
 · 자성신(自性身) · 법신불(法身佛)이라고도 한다. 법신은 번뇌없고 무위
 하며[無漏無爲] 태어남도 없고 소멸함도 없다[無生無滅]. 소승에서는 부처

게 하리라.' 석가모니불 본래의 서원이 이와 같았다. 너희들은 이제 마땅히 부처님이 가는 것처럼 가고 부처님이 머무르는 것처럼 머물러야 한다."

여러 보살 대중이 함께 소리를 내어 "부처님의 칙명대로 하겠습니다"라고 하고 각각의 보살이 모두 각기 한량없이 많은 여러 보살 대중을 이끌고 그 권속에게 앞뒤로 둘러싸여 사바세계로 갔다. 그들이 지나가는 국토는 여섯 가지로 진동하였으며 밝은 빛이 널리 퍼졌다. 허공의 천신은 만다라화22와 큰 만다라화를 뿌리며 밝은 광명을 내뿜었고 그들의 자재한 신통력은 갠지스 강[恒河]의 모래와 같은 세계를 감동시켰다. 또 수없이 많은 여러 하늘 기악이 허공 가운데서 두드리지 않아도 저절로 울렸다. 이 여러 보살 등이 기사굴산에 가서 여래가 있는 곳에 이르러 머리 숙여 부처님 발에 예를 올리고 부처님을 세 바퀴 돌고 한쪽으로 물러섰다.

이 때 여래가 다시 한 줄기 빛을 곧바로 남쪽으로 비추니 헤아릴 수 없이 먼 여러 부처님 국토를 지나갔다. 그곳에 광덕(光德)이라는 이름의 세계가 있는데 부처님은 사유상(思惟相)여래이고 국토는 선

님이 말한 바른 법과 부처님이 얻은 번뇌없는 법을 법신이라고 하고, 대승에서는 부처님의 자성(自性)과 참되고 깨끗한 법계(法界)와 여래장(如來藏)을 법신이라고 한다. 즉 소승에서는 부처님이라는 존재를 떠나서 부처님이설한 법(가르침)만을 법신이라고 보고, 대승에서는 부처님이 지닌 근본 성품을 법신이라고 보는 것이다.

22. 만다라화(曼陀羅花)는 천계(天界)의 하늘 꽃으로 붉고 아름다우며 보는 사람의 마음을 즐겁게 한다고 한다.

정(善淨)이라고 부른다. 그곳은 땅이 평평하고 반듯한 유리로 되어 있고 황금으로 띠를 둘러서 경계를 삼은 길가에 칠보로 된 가로수가 있다. 그 나무는 모두 높이가 1전도이고 꽃·열매·가지·잎이 차례 대로 장엄하게 꾸며져 있다. 미풍이 불면 미묘한 소리를 내는데 중생들이 그 소리를 좋아하여 싫증을 내지 않는다.

또 곳곳마다 흐르는 샘과 목욕할 수 있는 연못이 있다. 그 연못은 깨끗한 금모래가 바닥에 깔려 있고 여덟 가지 공덕이 있는 물이 그 안에 가득 채워져 있다. 그 연못의 네 변에는 묘한 향기가 있으며 수레바퀴만한 크기의 여러 가지 연꽃인 홍련화·청련화·백련화·황련화·수련화가 연못을 덮고 있다.

또 여러 종류의 새들이 서로 화답하여 지저귀며 미묘한 소리를 내서 매우 사랑스럽고 즐길 만하다. 또 칠보로 된 배가 연못 안에 있어서 여러 중생들이 마음대로 놀 수 있다. 나무 사이에는 사자좌가 펼쳐져 있는데 높이가 1유순이고 역시 칠보로 꾸며져 있다. 또 하늘 옷이 여러 겹 그 위에 펼쳐져 있다. 하늘의 보배 향을 피우고 여러 하늘의 보배 꽃이 그 땅에 넓게 깔려 있다. 사유상여래는 그 위에 앉아서 결가부좌를 하고 있다.

그 국토의 수없는 천억의 보살이 앞뒤에서 둘러싸고 난 후 한쪽에 물러서서 합장하고 여래를 향하여 함께 같은 소리로 말했다.

"세존이시여! 불쌍하고 가엾게 여기시옵소서. 무슨 인연으로 이러한 광명이 있습니까? 비유할 수 없이 선명한 파랗고 노랗고 붉고 흰 광명이 서쪽으로부터 와서 이곳의 대중을 비추며 이 빛을 쪼인 사람

은 마음이 태연해집니까? 세존이시여! 제발 저희들의 의심을 끊어 주십시오."

부처님께서 말씀하셨다.

"여러 선남자여! 부디 잘 듣고 깊이 생각하라. 내가 너희를 위하여 이해하도록 잘 설명하리라. 북쪽으로 한량없는 백천의 여러 부처님의 세상을 지나가면 사바라고 하는 세계가 있다. 그곳의 석가모니불이 대중들에게 둘러싸여 지금 그들을 위하여 『대방편대보은경』을 설하려고 한다. 이것은 모든 중생을 크게 유익하게 하며 모든 중생의 삿된 의심의 독화살을 뽑기 위한 것이다. 또 처음 발심한 보살이 보리심을 견고하게 하여 물러남이 없게 하고, 모든 성문과 벽지불이 일승의 도를 구하여 다하게 하고, 여러 큰 보살이 빨리 깨달음을 이루어 부처님의 은혜에 보답하게 하기 위한 것이다. 또 모든 중생들이 깊은 은혜를 생각하게 하고, 고통의 바다를 뛰어넘게 하고, 부모님을 효도로 봉양하게 하기 위한 것이다. 이러한 인연으로 이 광명을 발하셨다."

이 때 대중 가운데는 만 명의 보살이 있었는데 각각의 보살이 모두 대중을 앞에서 이끄는 스승이었다. 자리에서 일어나 한쪽을 걷어 올려 오른쪽 어깨를 드러내고 오른쪽 무릎을 땅에 대고 손을 겹쳐 합장을 하면서 부처님께 아뢰었다.

"세존이시여! 부처님의 위신력을 입어 우리들이 사바세계에 가서 석가모니여래를 가까이서 공양하고 대방편불보은이라는 미묘한 경전을 듣게 해주십시오."

이 때 사유상불이 여러 보살에게 말씀하셨다.

"선남자여! 너희는 사바세계로 가서 석가모니불을 만나면 마땅히 공양하고 공경하며 만나기 어려운 분을 만났다는 생각을 해야 한다. 왜냐하면 석가여래는 한량없는 천백만억아승기겁 동안에 행하기 어려운 고행을 하고 큰 자비의 서원을 세웠다. '나는 산골짜기·언덕·기와부스러기·가시가 있는 더럽고 거친 국토에서 성불하리라. 그곳의 중생들은 번뇌와 다섯 가지 무거운 죄와 열 가지 악함을 갖추고 있으리라. 그곳에서 성불하여 그들을 이롭게 하여 모든 괴로움을 끊고 모든 즐거움을 얻게 하며 법신을 성취하여 남음이 없게 하리라.' 석가모니불 본래의 서원이 이와 같았다. 너희들은 이제 마땅히 부처님이 가는 것처럼 가고 부처님이 머무르는 것처럼 머물러야 한다."

여러 보살 대중이 함께 소리를 내어 "부처님의 칙명대로 하겠습니다"라고 하고 각각의 보살이 모두 각기 한량없는 백천만억의 여러 보살대중을 이끌고 그 권속에게 앞뒤로 둘러싸여 사바세계로 나아갔다. 그들이 지나가는 국토는 모두 여섯 가지로 진동하였으며 밝은 빛이 널리 퍼졌다. 허공의 천신은 만다라화와 큰 만다라화를 뿌리며 밝은 광명을 내뿜었고 그들의 자재한 신통력은 갠지스 강의 모래와 같은 세계를 감동시켰다. 또 한량없는 백천만억 가지의 여러 하늘 기악이 허공 가운데서 두드리지 않아도 저절로 울렸다. 이 여러 보살 등이 기사굴산에 가서 여래가 있는 곳에 이르러 머리 숙여 부처님 발에 예를 올리고 부처님을 세 바퀴 돌고 한쪽으로 물러섰다.

이 때 여래가 다시 밝은 광명을 곧바로 서쪽으로 비추시니 한량없는 백천만억의 여러 부처님 국토를 지나갔다. 그곳에 정주(淨住)라는 이름의 세계가 있는데 부처님은 일월등광(日月燈光)여래이고 국토는 묘희(妙喜)라고 부른다. 그곳은 땅이 평평하고 반듯한 유리로 되어 있고 황금으로 띠를 둘러서 경계를 삼은 길가에 칠보로 된 가로수가 있다. 그 나무는 모두 높이가 1전도이고 꽃·열매·가지·잎이 차례대로 꾸며져 있는데 미풍이 불면 미묘한 소리를 내고 중생들이 그 소리를 좋아하여 싫증을 내지 않는다. 곳곳마다 흐르는 샘과 목욕할 수 있는 연못이 있다. 그 연못은 깨끗한 금모래가 바닥에 깔려 있고 여덟 가지 공덕이 있는 물이 그 안에 가득 채워져 있다. 그 연못의 네 변에는 묘한 향기가 있으며 수레바퀴만한 크기의 여러 가지 연꽃인 홍련화·청련화·백련화·황련화·수련화가 연못을 덮고 있다.

또 여러 종류의 새들이 서로 화답하여 지저귀며 미묘한 소리를 내서 매우 사랑스럽고 즐길 만하다. 또한 칠보로 된 배가 그 안에 있어서 여러 중생들이 마음대로 놀 수 있다. 그 나무 사이에 사자좌가 펼쳐져 있는데 높이가 1유순이고 역시 칠보로 꾸며져 있다. 또한 하늘 옷이 여러 겹 그 위에 펼쳐져 있다. 하늘의 보배 향을 피우고 여러 하늘의 보배 꽃이 그 땅에 넓게 깔려 있다. 일월등광여래가 그 위에 앉아서 결가부좌를 하고 있다.

그 국토의 수없는 천억의 보살이 앞뒤에서 둘러싸고 난 후 한쪽에 물러서서 합장하고 여래를 향하여 함께 같은 소리로 말했다.

"세존이시여! 불쌍하고 가엾게 여기시옵소서. 무슨 인연으로 이러한 광명이 있습니까? 비유할 수 없이 선명한 파랗고 노랗고 붉고 흰 광명이 서쪽으로부터 와서 이곳의 대중을 비추며 이 빛을 쪼인 사람

은 마음이 태연해집니까? 세존이시여! 제발 저희들의 의심을 끊어 주십시오."

부처님께서 말씀하셨다.

"여러 선남자여! 부디 잘 듣고 깊이 생각하라. 내가 너희를 위하여 이해하도록 잘 설명하리라. 동쪽으로 이 한량없는 백천의 여러 부처님의 세상을 지나가면 사바라고 하는 세계가 있다. 그곳의 석가모니불이 대중들에게 둘러싸여 지금 그들을 위하여 『대방편대보은경』을 설하려고 한다. 이것은 모든 중생을 크게 유익하게 하며 모든 중생의 삿된 의심의 독화살을 뽑기 위한 것이다. 또 처음 발심한 보살이 보리심을 견고하게 하여 물러남이 없게 하고, 모든 성문과 벽지불이 일승의 도를 구하여 다하게 하고, 여러 큰 보살이 빨리 깨달음을 이루어 부처님의 은혜에 보답하게 하기 위한 것이다. 또 모든 중생들이 깊은 은혜를 생각하게 하고, 고통의 바다를 뛰어넘게 하고, 부모님을 효도로 봉양하게 하기 위한 것이다. 이러한 인연으로 이 광명을 발하셨다."

이 때 대중 가운데는 만 명의 보살이 있었는데 각각의 보살이 모두 대중을 앞에서 이끄는 스승이었다. 자리에서 일어나 한쪽을 걷어올려 오른쪽 어깨를 드러내고 오른쪽 무릎을 땅에 대고 손을 겹쳐 합장을 하면서 부처님께 아뢰었다.

"오직 원하오니 세존이시여! 부처님의 위신력을 입어 우리들이 사바세계에 가서 석가모니여래를 가까이서 공양하고 대방편불보은이라는 미묘한 경전을 듣게 해주십시오."

이 때 일월등광불이 여러 보살에게 말씀하셨다.

"선남자여! 너희는 사바세계로 가서 석가모니불을 만나면 마땅히 공양하고 공경하며 만나기 어려운 분을 만났다는 생각을 해야 한다. 왜냐하면 석가여래는 끝없는 천백만억아승기겁 동안에 행하기 어려운 고행을 하고 큰 자비의 서원을 세웠다. '나는 산골짜기·언덕·기와부스러기·가시가 있는 더럽고 거친 국토에서 성불하리라. 그곳의 중생들은 번뇌와 다섯 가지 무거운 죄와 열 가지 악함을 갖추고 있으리라. 그곳에서 성불하여 그들을 이롭게 하여 모든 괴로움을 끊고 모든 즐거움을 얻게 하며 법신을 성취하여 남음이 없게 하리라.' 석가모니불 본래의 서원이 이와 같았다. 너희들은 이제 마땅히 부처님이 가는 것처럼 가고 부처님이 머무르는 것처럼 머물러야 한다."

여러 보살 대중이 함께 소리를 내어 "부처님의 칙명대로 하겠습니다"라고 하고 각각의 보살이 모두 각기 수없는 백천만억의 여러 보살 대중을 이끌고 그 권속에게 앞뒤로 둘러싸여 사바세계로 나아갔다. 그들이 지나가는 국토는 모두 여섯 가지로 진동하였으며 밝은 빛이 널리 퍼졌다. 허공의 천신은 만다라화와 큰 만다라화를 뿌리며 밝은 광명을 내뿜었고 그들의 자재한 신통력은 갠지스 강의 모래와 같은 세계를 감동시켰다. 또 한량없는 백천만억 가지의 여러 하늘 기악이 허공 가운데서 두드리지 않아도 저절로 울렸다. 이 여러 보살 등이 기사굴산에 가서 여래가 있는 곳에 이르러 머리 숙여 부처님 발에 예를 올리고 부처님을 세 바퀴 돌고 한쪽으로 물러섰다.

이 때 석가여래가 오색의 광명을 북쪽으로 비추시니 헤아릴 수 없을 만큼 먼 여러 부처님 국토를 지나갔다. 그곳에 자재칭왕(自在稱

王)이라는 이름의 세계가 있는데 부처님은 홍련화광(紅蓮華光)여래이고 국토는 이구(離垢)라고 부른다. 그곳은 땅이 평평하고 반듯한 유리로 되어 있고 황금으로 띠를 둘러서 경계를 삼은 길가에 칠보로 된 가로수가 있다. 그 나무는 모두 높이가 1전도이고 꽃·열매·가지·잎이 차례대로 장엄하다. 미풍이 불면 미묘한 소리를 내는데 중생들이 그 소리를 좋아하여 싫증을 내지 않는다. 곳곳마다 흐르는 샘과 목욕할 수 있는 연못이 있다. 그 연못은 깨끗한 금모래가 바닥에 깔려 있고 여덟 가지 공덕이 있는 물이 그 안에 가득 채워져 있다. 그 연못의 네 변에는 묘한 향기가 있으며 수레바퀴만한 크기의 여러 가지 연꽃인 홍련화·청련화·백련화·황련화·수련화가 연못을 덮고 있다. 그 연못에는 다른 종류의 여러 새들이 서로 화답하여 지저귀며 미묘한 소리를 내서 매우 사랑스럽고 즐길 만하다. 또한 칠보로 된 배가 그 안에 있어서 여러 중생들이 마음대로 놀 수 있다. 그 나무 사이에 사자좌가 펼쳐져 있는데 높이가 1유순이고 역시 칠보로 꾸며져 있다. 또한 하늘 옷이 여러 겹 그 위에 펼쳐져 있다. 하늘의 보배 향을 피우고 여러 하늘의 보배 꽃이 그 땅에 넓게 깔려 있다. 홍련화광여래는 그 위에 앉아서 결가부좌를 하고 있다.

그 국토의 한량없는 천억의 보살이 앞뒤에서 둘러싸고 난 후 한쪽에 물러서서 합장하고 여래를 향하여 함께 같은 소리로 말했다.

"세존이시여! 불쌍하고 가엾게 여기시옵소서. 무슨 인연으로 이러한 광명이 있습니까? 비유할 수 없이 선명한 파랗고 노랗고 붉고 흰 광명이 서쪽으로부터 와서 이곳의 대중을 비추며 이 빛을 쪼인 사람

은 마음이 태연해집니까? 세존이시여! 제발 저희들의 의심을 끊어 주십시오."

부처님께서 말씀하셨다.

"여러 선남자여! 부디 잘 듣고 깊이 생각하라. 내가 너희를 위하여 이해하도록 잘 설명하리라. 남쪽으로 이 한량없는 백천의 여러 부처님의 세상을 지나가면 사바라고 하는 세계가 있다. 그곳의 석가모니불이 대중들에게 둘러싸여 지금 그들을 위하여 『대방편대보은경』을 설하려고 한다. 이것은 모든 중생을 크게 유익하게 하며 모든 중생의 삿된 의심의 독화살을 뽑기 위한 것이다. 또 처음 발심한 보살이 보리심을 견고하게 하여 물러남이 없게 하고, 모든 성문과 벽지불이 일승도를 구하여 다하게 하고, 여러 큰 보살이 빨리 깨달음을 이루어 부처님의 은혜에 보답하게 하기 위한 것이다. 또 모든 중생들이 깊은 은혜를 생각하게 하고, 고통의 바다를 뛰어넘게 하고, 부모님을 효도로 봉양하게 하기 위한 것이다. 이러한 인연으로 이 광명을 발하셨다."

이 때 대중 가운데는 만 명의 보살이 있었는데 각각의 보살이 모두 대중을 앞에서 이끄는 스승이었다. 자리에서 일어나 한쪽을 걷어 올려 오른쪽 어깨를 드러내고 오른쪽 무릎을 땅에 대고 손을 겹쳐 합장을 하면서 부처님께 아뢰었다.

"오직 원하오니 세존이시여! 부처님의 위신력을 입어 우리들이 사바세계에 가서 석가모니여래를 가까이서 공양하고 대방편불보은이라는 미묘한 경전을 듣게 해주십시오."

이 때 홍련화광불이 여러 보살에게 말씀하셨다.

"선남자여! 너희는 사바세계로 가서 석가모니불을 만나면 마땅히 공양하고 공경하며 만나기 어려운 분을 만났다는 생각을 해야 한다. 왜냐하면 석가여래는 한없는 천백만억아승기겁 동안에 행하기 어려운 고행을 하고 큰 자비의 서원을 세웠다. '나는 산골짜기·언덕·기와부스러기·가시가 있는 더럽고 거친 국토에서 성불하리라. 그곳의 중생들은 번뇌와 다섯 가지 무거운 죄와 열 가지 악함을 갖추고 있으리라. 그곳에서 성불하여 그들을 이롭게 하여 모든 괴로움을 끊고 모든 즐거움을 얻게 하며 법신을 성취하여 남음이 없게 하리라.' 석가모니불 본래의 서원이 이와 같았다. 너희들은 이제 마땅히 부처님이 가는 것처럼 가고 부처님이 머무르는 것처럼 머물러야 한다."

여러 보살 대중이 함께 소리를 내어 "부처님의 칙명대로 하겠습니다"라고 하고 각각의 보살이 모두 각기 한량없는 백천만억의 여러 보살대중을 이끌고 그 권속에게 앞뒤로 둘러싸여 사바세계로 나아갔다. 그들이 지나가는 국토는 모두 여섯 가지로 진동하였으며 밝은 빛이 널리 퍼졌다. 허공의 천신은 만다라화와 큰 만다라화를 뿌리며 밝은 광명을 내뿜었고 그들의 자재한 신통력은 갠지스 강의 모래와 같은 세계를 감동시켰다. 또 한없는 백천만억 가지의 여러 하늘 기악이 허공 가운데서 두드리지 않아도 저절로 울렸다. 이 여러 보살 등이 기사굴산에 가서 여래가 있는 곳에 이르러 머리 숙여 부처님 발에 예를 올리고 부처님을 세 바퀴 돌고 한쪽으로 물러섰다.

이어서 사유23와 상·하의 열 방향에서 큰 보살마하살 대중이 모두 각각 수많은 권속과 함께 여래가 계신 곳에 이르러 공양과 공경·

존중과 찬탄을 하였다. 같은 소리로 각각 백천의 게송으로 부처님을 찬탄하고 난 후 한쪽에 물러서 있었다. 이 때 사바세계는 곧 청정하게 변하고 여러 산의 크고 작음과 숲·여러 강·하천·계곡·연못·시내 등의 차이도 없어졌다. 그 안에 있는 중생은 빛을 찾아서 부처님을 보고 기뻐하며 합장하고 머리 숙여 예로써 공경하면서 그리워하는 마음을 품고 잠시도 눈을 떼지 않았다.

　이 때 세존이 곧 광명을 거두시니 몸을 일곱 번 돌고 다시 정수리로 들어갔다. 존자아난이 여러 중생의 마음을 관찰하니 역시 모두 의아해 하고 있었다. 그래서 아난은 여래 방편의 비밀한 행을 드러내고 아울러 미래의 모든 중생의 혜안을 열게 하고, 모든 중생을 갈애의 바다에서 구제하여 피안에 이르러 영원히 안락함을 얻게 하며, 또 중생에게 부모님과 스승의 두터운 은혜를 알게 하려고 곧 자리에서 일어났다. 의복을 단정히 하고 난 후 한쪽을 걷어올려 오른쪽 어깨를 드러내고 길게 꿇어앉아 합장을 하며 부처님께 아뢰었다.

　"세존이시여! 아난이 부처님을 모신 이래로 아직까지 부처님이 웃으시는 것을 본 적이 없습니다. 웃으신 것은 반드시 무슨 뜻이 있을 것입니다. 부처님께서 이것을 보이시고 설명하여서 이와 같은 대중의 의심을 끊어 주시길 바랍니다."

---

23. 사유(四維)는 동서남북의 사이 방향, 즉 동남·서남·서북·동북을 말한다.

2. 효도로 부모를 봉양한 이야기[孝養品]

이 때 대중 가운데에서 칠보로 된 연꽃이 땅으로부터 갑자기 생겨났는데1 줄기는 백은이고 잎사귀는 황금으로 되어 있으며 견숙가보를 받침대로 하고 진주그물로 차례대로 꾸며 놓았다. 그 때 석가여래가 자리에서 일어나 꽃대의 가운데로 올라가 결가부좌를 하자 곧 깨끗한 몸을 드러냈다.

그 몸 가운데에서 다섯 갈래의 몸을 드러내고 다시 각각의 몸에 만팔천 가지 같은 형상이 있었다. 그 하나 하나의 같은 형상 속에 백천 가지의 몸을 드러내고 또 각각의 몸 안에 다시 한량없는 갠지스 강의 모래2와 같은 수의 몸이 있었다. 네 항하의 모래와 같은 하나 하나의 몸 안에 다시 사천하 대지의 티끌3과 같은 수의 몸을 드러냈다. 하나

1. 이 구절의 원문은 '화생'(化生)인데, 이것은 사생의 하나로 의탁하는 것 없이 갑자기 있게 되는 것이다. 모든 천신·지옥·중유(中有)의 유정들은 모두 과거의 업력에 의해 변화하여 태어나는 것이다.
2. 항하(恒河)는 인도의 갠지스 강을 말하며 '항하의 모래'는 헤아릴 수 없을 만큼 많은 수를 뜻한다.
3. 티끌에 해당하는 원문은 '미진'(微塵)인데, 미진은 눈으로 볼 수 있는 가장 미세한 물질단위이다. 가장 작음을 비유하기도 하고 가장 많은 수를 비유하

의 티끌 만한 몸 안에 다시 삼천대천세계4의 티끌과 같은 수의 몸을 드러냈다. 하나의 티끌만큼 작은 몸 가운데에 다시 시방 각각의 백천 억 여러 부처님 세계의 티끌만큼 많은 수의 몸과 허공법계의 이루 헤아릴 수 없을 만큼 많은 중생과 같은 수의 몸을 드러냈다.

이 때 여래가 이와 같은 수의 몸을 다 드러내고 나서 아난과 시방의 여러 곳에서 온 큰 보살마하살과 모든 대중 가운데의 여러 선남자 등에게 말씀하셨다.

"여래는 지금 바르게 두루 다 통하는 지혜를 써서 진실한 말을 한다. 법은 말로 할 수 없는 것이지만 여래는 미묘한 방편으로 명칭과 형상이 없는 법을 명칭과 형상으로 설할 수 있다. 여래가 본래 삶과 죽음의 굴레 안에 있을 때 이처럼 티끌 같은 수의 수많은 형상을 한 모든 중생의 몸을 받았다. 몸을 받았기 때문에 여러 중생은 또한 일찍이 여래의 부모가 될 수 있었고, 여래도 일찍이 모든 중생의 부모가

기도 한다. 과학에서 말하는 원자로 풀이하는 사람도 있다.
4. 삼천대천세계(三千大千世界)는 고대 인도 사람의 우주관이다. 수미산을 중심으로 주변을 사대주(四大洲)와 구산(九山) 팔해(八海)가 둘러싸고 있는 것이 하나의 소(小)세계이다. 이 하나의 소세계 천개를 모아서 하나의 소천 (小千)세계가 된다. 천 개의 소천세계가 모여 중천(中千)세계가 되고 다시 천 개의 중천세계가 모여 하나의 대천(大千)세계가 이루어진다. 이 대천세계는 소중대 세 종류의 천세계로 이루어져 있기 때문에 삼천대천세계라고 부른다. 그러나 정확한 추정에 의하면 삼천세계는 사실 10억 개의 소세계이므로 삼천대천세계는 실제로 천백억 개의 소세계이다. 따라서 일반적으로 무한한 세계·우주 전체라는 모호한 개념으로 광범위하게 부른다. 그런데 불교경전의 우주관 안에서 삼천대천세계는 어떤 한 부처님의 나라[一佛國]를 칭하는 것이다.

될 수 있었다.

여래는 모든 부모를 위하여 항상 행하기 어려운 고행을 하고 버리기 어려운 것을 버릴 수 있었다. 곧 머리·눈·골수·뇌·나라·처자·코끼리·말·일곱 가지 진귀한 수레·가마·의복·음식·잠자리 도구·의약 등 모든 것을 주었다. 부지런히 정진하며 계를 지키고 보시하며 많이 듣고 선정을 행하고 지혜를 닦았다. 또 온갖 수행을 하며 잠시도 쉬지 않고 조금도 피곤해 하지 않고 부모님을 효도로 봉양하여 그 은혜를 알고 은혜를 갚았기 때문에 이제 깨달음을 빨리 성취하였다. 그러므로 모든 중생이 바로 여래가 본래 서원했던 깨달음을 빨리 이루도록 해줄 수 있었다.

그러므로 모든 중생은 부처님에게 깊은 은혜가 있음을 알아야 한다. 깊은 은혜가 있기 때문에 여래는 중생을 버리지 않는다. 여래는 큰 자비심으로 항상 방편을 닦고 익혀 모든 삼계 이십오유5의 여러 중생을 위하지만 자기의 공을 생각하지 않는다. 평등한 자비를 닦고

---

5. 이십오유(二十五有)는 삶과 죽음의 윤회 안에 있는 미혹한 중생 25종류를 말한다. 원인이 있으므로 반드시 결과를 얻으며 원인과 결과가 없어지지 않기 때문에 유(有)라고 부른다. 이십오유는 삼계에 있는 모든 생명이 있는 존재가 과보로 받는 형태(몸)를 말한다. ①지옥유, ②축생유, ③아귀유, ④아수라유, 이 넷은 육취(六趣) 가운데 사취이다. ⑤불파제유, ⑥구야니유, ⑦울단월유, ⑧염부제유, 이 넷은 인간이 사는 사주(四洲)에 있는 존재이다. ⑨4천처유, ⑩33천처유, ⑪염마천유, ⑫도솔천유, ⑬화락천유, ⑭타화자재천유, ⑮초선유, ⑯대범천유, ⑰이선유, ⑱삼선유, ⑲사선유, ⑳무상유, ㉑정거아나함유, ㉒공처유, ㉓식처유, ㉔불용처유, ㉕비상비비상처유가 있다. 삼계로 나누어 보면 욕계에 14종류(①~⑭), 색계에 7종류(⑮~㉑), 무색계에 4종류(㉒~㉕)가 있다.

항상 버림을 행하는 방편[捨行方便]을 닦아서 또한 모든 중생이 공하고 법이 공하고 다섯 가지 감각기관[五陰]이 공함을 밝게 비춘다. 이와 같이 공함을 비추는 데서 물러나지 않고 없어지지도 않으며 공함[空]과 있음[有]에 빠지지도 않는다. 진실한 모습의 방편[實相方便]을 닦기 때문에 성문과 벽지불을 소승이라고 하면서 버리지 않고 두루 방편을 닦고 배운다. 이와 같이 깊고 미묘한 방편을 닦기 때문에 법의 모습을 밝게 비출 수 있다.

그러므로 불법은 처음부터 끝까지 결코 하나가 아니다. 그러나 미래의 혼탁하고 미친 것 같은 상태의 세상에는 갈애에 뒤덮히고 괴로움의 바다에 빠져 다음과 같은 네 가지 뒤집어진 견해[顚倒]가 있다.

유루법6 가운데에서 망녕된 생각으로 보아 내가 없는 것[無我]을 내가 있는 것[我]으로 본다. 영원함이 없는 것[無常]을 영원한 것[常]으로 본다. 괴로움[無樂]을 즐거움[樂]으로 보며 깨끗하지 않은 것[不淨]을 깨끗한 것[淨]으로 본다. 이렇게 뒤집어진 견해를 옳다고 여기고 생노병사를 따라 옮겨다니며 소멸한다.

생각 생각마다 무상하지만 다섯 가지 근본 번뇌[五蓋]7와 열 가지

---

6. 유루법(有漏法)은 여러 가지 번뇌가 인연 있는 것끼리 서로 따르고 더욱 커져가는 법이다. 사제법 가운데 고제(苦諦)·집제(集諦)의 법을 가리킨다. 루(漏)는 누설이라는 뜻으로 모든 번뇌를 가리킨다.
7. 심성을 덮고 가려 착한 법을 일으키지 못하도록 하는 다섯 가지 번뇌를 말한다. 첫번째는 음욕개(淫慾蓋)로, 오욕의 대상에 집착하고 탐내어 그칠 줄을 모르는 것이다. 두 번째는 진에개(瞋恚蓋)로, 자기 마음에 어긋나는 경우를 만났을 때에 분노하는 것이다. 세 번째는 혼면개(昏眠蓋) 혹은 수면개(睡眠蓋)라고 하며, 적극적인 심성활동을 방해하는 몽롱함과 졸음을 말한다.

번뇌로 인한 속박[十纏]8에 덮히고 가리워져 지옥·아귀·축생의
세계를 윤회한다. 돌고 도는 것처럼 나고 죽음을 반복하는 것이 시작
도 끝도 없다.

그러므로 여래의 가르침은 마땅함을 따라 삼장 구부9에서 십이부

네 번째는 도거악작개(掉擧惡作蓋)로, 마음을 안달하게 하고 근심하게 하
여 심성을 가리는 것이다. 다섯 번째는 의개(疑蓋)로 법에 대해서 우유부단
하게 결단을 내리지 못하여 심성을 가리는 것이다.

8. 중생의 번뇌를 얽어매는 열 가지로, 탐욕 등의 근본적인 번뇌를 따라서 일어
나 물들은 마음과 맞물려서 여러 가지 악행을 짓는다. 첫번째는 무참(無慚)
으로, 여러 공덕과 덕 있는 사람에 대해서 존경하지 않고 꺼리면서 스스로
염치를 모르는 것이다. 두 번째는 무괴(無愧)로, 잘못을 해서 다른 사람에
게 알려져도 스스로 부끄러워하지 않는 것이다. 세 번째는 질(嫉)로 남이
잘되는 것을 기뻐하지 않는 것이다. 네 번째는 견(慳)으로, 세상에 재산을
베풀거나 출세간에서 법재를 베푸는 데에 아끼는 것이다. 다섯 번째는 회
(悔)로, 이미 지은 잘못을 계속 후회하며 마음을 편하지 않게 하는 것이다.
여섯 번째는 면(眠)으로, 정신을 몽롱하게 하여 잘 살펴볼 여력이 없는 것이
다. 일곱 번째는 도거(掉擧)로, 마음을 고요하지 않게 하여 여러 가지 선관
(禪觀)을 성취할 수 없는 것이다. 여덟 번째는 혼침(昏沈)으로, 정신이 혼
미하여 선법(善法)에 대해서 몸과 마음을 지탱할 힘이 없는 것이다. 아홉
번째는 분(忿)으로, 자기 뜻을 어길 경우에 화를 내며 바른 생각을 잊어버리
는 것이다. 열 번째는 복(覆)으로, 자신의 죄를 감추는 것이다.

9. 구부(九部)는 초기 불교에서 전승된 가르침의 형태를 그 형식과 내용에 따
라 아홉 가지로 분류한 것이다. 구부법(九部法)·구분교(九分敎)·구분경
(九分經) 등과 같은 말이다. 남·북전에서 전하는 여러 설이 각각 다르다.
첫째, 팔리문『선견율비바사서』(善見律毘婆沙序)·남본『대반열반경』권3
등에 따르면, 구부는 수다라(修多羅:경)·기야(祇夜:고기송)·가타(伽
陀:중송)·바가라나(和伽羅那:受記)·우다나(優陀那:무문자설)·이제
목타가(伊帝日陀伽:如是語)·자타카(闍陀伽:本生)·비불략(毘佛略:方
廣)·아부타달마(阿浮陀達磨:未曾有) 등이라고 하였다.『대명삼장법수』
(大明三藏法數) 권33·34에 따르면, 이 구부의 원래 명칭은 대승 구부로

경까지 나누어서 교화하고 믿음이 깊고 얕음에 따라 여러 경전을 설하였다. 그러나 인연법을 다르게 분별하고 그릇된 논의의 말에 붙들리는 자들은 이미 할 일을 다했다고 생각하고 급한 마음에 혼자서 이미 열반에 들었다.

십이부경 가운데서 니다나(尼陀那 : 緣起·因緣)·아바다나(阿波陀那 : 譬喩)·우바제사(優波提舍 : 論議) 등 삼부를 빼고 이루어진 것이라고 한다. 둘째,『법화경』「방편품」(方便品)에 따르면, 구부는 수다라·기야·가타·본사·본생·미증유·인연·비유·논의로, 십이부경에 관련된 것 가운데 비불략·바가라나[受記]·우다나[無問自說] 등의 삼부를 빼고 이루어진 것을 소승 구부라고 하였다. 셋째,『대집법문』권상에 따르면, 구부는 계경·기야·기별·가타·본사·본생·연기·방광·희법으로, 대승 구부와 관계된 것 가운데 우다나를 빼고 달리 연기를 더하여 이루어져 있다. 이상에서 밝힌 십이부의 내용을 간략하게 서술하면 다음과 같다. ①경은 사상적으로 그 뜻을 완전히 갖춘 산문체의 경전이다. ②고기송은 본문과는 관계없이 산문체로 된 경전의 1절이나 끝에 아름다운 싯구로써 묘한 뜻을 읊어 놓은 운문이다. ③중송은 고기송과는 달리 운을 붙이지 않은 시체(詩體)의 형식을 취하면서 그 앞의 산문으로 된 본문의 뜻을 거듭 설명하는 부분이다. ④무문자설은 부처님께서 어느 누구의 질문에 의하지 않고 스스로 종교적 체험을 그대로 말하는 부분이다. ⑤미증유는 보통 사람들은 경험하지 못하는 성자(聖者) 특유의 마음 상태나 정신적 기적 같은 불가사의한 일을 말하는 부분이다. ⑥여시어는 대부분의 경전 첫머리에 '여시아문'(如是我聞)으로 시작되는데 이러한 글귀가 적혀 있는 경문이다. ⑦인연은 어떤 경전을 말하게 된 사정이나 동기 등을 서술한 부분이다. ⑧비유는 경전 가운데 비유나 우화로써 교리를 설명한 부분이다. ⑨본생은 부처님의 전생(前生)의 수행을 말한 부분이다. ⑩수기는 부처님께서 제자들에게 다음 세상에 성불(成佛)하리라는 것을 예언한 부분이다. ⑪논의는 부처님께서 논의하고 문답하며 법의 내용을 명백히 말한 연구논문 형식의 경문이다. ⑫방광은 부처님의 설법이 문답을 추구하는 형식으로 전개되면서 논리적으로 깊고 넓게 의미를 확대하고 심화하는 경문이다.

따라서 여래는 자비로운 본래의 서원으로 대방편을 드러내어 시방
의 모든 인연 있는 존재를 오게 하고 인연 있는 존재가 다 모이자
이 대중에게 이 묘한 경전을 널리 펴서 연설한다. 그리고 천년 동안
그 가르침을 전하여 상법10시대에 널리 펴서 모든 중생에게 항상 큰
평안을 얻게 한다.

그러므로 여래는 중생의 근기에 따라 움직여 교화하니 때에 응하여
서 생기고 때에 응하여서 없어진다. 어떤 때는 다른 세상에서 노사나
(盧舍那)여래라고 불리고 도솔천에 올라 여러 천신의 스승이 되기도
한다. 어떤 때는 도솔천으로부터 아래로 내려와 염부제11에 나타나
80년을 사는 모습을 보인다.

그러므로 여래는 불가사의이며 세계는 불가사의이며 업보는 불가
사의이며 중생은 불가사의이고 선정도 불가사의이며 용왕도 불가사

---

10. 상법(像法)은 정(正)·상(像)·말(末) 삼시(三時)의 두 번째 시기이다. 정
    법 때의 교법과 비슷하므로 상(像)이라고 하였다. 불타가 입멸한 후 그의
    교법이 움직이는 상황에 따라 세 시기로 구분한다. 부처님 열반 후 천년을
    정법시대, 그 후 천년을 상법시대, 다시 그 후부터를 말법시대라고 한다.
    정법시기는 수행자들이 부처님의 가르침을 따라서 깨달음의 과보〔證果〕가
    있는 시기이다. 상법시기에는 단지 교설과 수행자만 있고 깨달음의 과보가
    없는 때이고 말법시대는 가르침도 깨달음의 과보도 없어진 때이다. 일반적
    으로는 이와 같이 분류하지만 정확한 시기구분에 대해서는 여러 가지 설명이
    있다.
11. 염부제의 범어는 잠부드비파(Ⓢ Jambu-dvīpa)로 염부(閻浮)는 나무의 이
    름이고 제(提)는 섬〔洲〕이라는 뜻이다. 이 섬이 수미산의 사해(四海) 가운
    데 남쪽에 있으므로 남염부제라고도 부른다. 원래는 인도의 지역이었으나 후
    에는 널리 인간세계를 지칭하게 되었다.

의임을 알아야 한다. 이것이 바로 부처님의 불가사의이다.

부처님께서 모든 중생에게 부처님의 마음을 알게 하려고 하면 근기가 낮은 중생까지 모두 알게 한다. 모든 중생에게 보게 하려면 곧 보게 하지만 보게 하지 않으려면 설사 눈앞에 있어도 볼 수 없다. 성문과 연각이 천안통[12]이 있어도 볼 수 없지만 부처님께서 밝은 광명을 놓으면 아래로는 아비지옥에서 위로는 유정천(有頂天)까지 제도해야 할 사람은 모두 볼 수 있게 하고 제도되지 못할 사람은 눈앞에 있어도 보지 못한다.

여래가 어느 때는 허가하고 어느 때는 침묵을 지키기도 하니 모든 부처님의 불가사의는 헤아릴 수 없고 알기 어려움을 알아야 한다. 네가 이제 어떻게 여래가 이와 같은 깊고 미묘하고 어려운 고행을 했는가 물었느냐? 네가 이러한 질문을 하는 것은 진실로 대비심으로 중생을 가엾게 여겨 지옥·아귀·축생으로 태어나는 것을 막고 인간과 천상계로 통하게 하는 것이다. 아난아, 잘 들어라. 내가 마땅히 너를 위하여 효도로 부모님을 봉양하며 고행했던 인연을 간단하게 말해 주겠다."

이 때 세존께서 아난과 여러 큰 보살마하살과 모든 대중에게 다음과 같이 말씀하셨다.

헤아릴 수 없고 끝도 없는 아주 먼 옛날에 파라나(波羅奈)라

---

12. 천안통(天眼通)은 신통력의 하나로 색계와 무색계를 관통하여 비추어 볼 수 있는 능력을 말한다.

는 나라가 있었고 그곳에 비바시(毘婆尸)여래가 태어나셨다. 그 부처님의 수명은 12소겁이고 정법 20소겁이 지나고 상법도 20소겁이 지났다.

상법시대에 라사(羅闍)라는 왕이 있었다. 그에게는 2만 명의 부인이 있었고 4천 명의 대신이 있었으며 5백 마리의 건장한 코끼리가 있었다. 또 60개의 작은 나라와 8백 개의 마을을 다스렸다. 왕에게는 세 명의 태자가 있었는데 모두 변방의 작은 나라의 왕이었다.

파라나대왕은 현명하고 인자하며 항상 정법으로 나라를 다스려 백성들에게 잘못을 행하지 않았다. 오직 왕의 복과 덕의 힘 때문에 때에 맞게 비가 내리고 바람이 불어 오곡이 풍성하게 잘 익으며 백성들은 땅을 잘 경작하였다.

이 때 파라나대왕이 아끼는 라후(羅睺)라는 신하가 있었다. 라후대신이 반역의 마음을 품고 코끼리 부대·수레 부대·기병대·보병대의 네 군대를 일으켜 파라나국을 정벌하고 대왕을 시해하였다. 그후 다시 네 부대의 병사를 이끌고 변방에 있는 나라로 가서 첫째 태자를 살해하고 다시 둘째 태자를 사로잡았다. 그리고 셋째 태자가 있는 변방의 작은 나라로 갔다.

그 작은 나라의 왕은 모습이 아름답고 매우 단정하며 뛰어나게 미묘하였다. 어진 성품으로 백성을 다스리고 부드러운 말을 쓰며 항상 웃음을 머금고 있었다. 이로운 말을 하여 다른 사람의 뜻을 해치지 않았으며 항상 정법으로 나라를 다스려 백성들에게 잘못을 행하지 않았다. 그러므로 국토는 풍요롭고 안락하여 백성들이 왕성하며 많은 이익과 재보가 집안에 넘쳐흘렀다. 그 나라의 백성은 왕을 찬미하여 선무량(善無量)이라고 불렀고 허공의 여러 하늘 신과 땅 신도 모두 공경하며 사랑하였다.

그 왕에게 한 명의 태자가 있었다. 이름은 수사제(須闍提)로 총명하고 인자하며 보시하는 것을 좋아하였다. 수사제태자는 몸이 황금색이며 몸의 일곱 군데[13]가 평평하고 원만하여 사람의 상호를 모두 갖추었다. 일곱 살 때부터는 아버지가 사랑하여 잠시도 마음에서 떼어두지를 않았다.

이 때 궁전을 지키는 신이 대왕에게 말하였다.

"대왕은 아십니까, 모르십니까? 라후대신이 지금 반역의 마음을 품고 나라의 왕위를 찬탈하려고 모의를 했습니다. 부왕을 살해하고 나서 또 네 부대의 병사들을 일으켜서 두 형을 잡아 죽였습니다. 군대의 말발굽이 머지 않아 대왕에게 이를 것입니다. 지금 어찌하여 목숨을 보존하기 위해 피하지 않습니까?"

대왕이 이 말을 듣고 나서 너무 놀라서 털이 다 곤두서고 몸이 부들부들 떨렸다. 근심과 분노와 번민으로 스스로를 자제할 수 없었다. 탄식하며 괴로워하는데 심장과 간이 벌렁거려 뒹굴다가 땅에 쓰러져 한참동안 정신을 잃었다. 정신이 들자 아주 작은 음성으로 허공을 향해 말했다.

"경은 누구인데 단지 목소리만 들리고 모습은 보이지 않는가? 조금 전에 말한 것이 사실인가?"

곧 허공에서 왕의 말에 답하였다.

"나는 궁전을 지키는 신입니다. 왕은 총명하고 복과 덕으로 백

---

13. 몸의 일곱 군데란 양발바닥, 양손, 양어깨, 목을 말한다. 부처님은 이 일곱 군데가 반듯하고 평평하며 원만하여 부드럽고 미묘한 상을 갖춘다.

성에게 잘못하지 않고 정법으로 나라를 다스리기 때문에 이것을 미리 알려주었습니다. 대왕이여. 지금이 적당한 때이니 빨리 달아나십시오. 고뇌와 재화가 멀지 않았으니 곧 원수가 당도할 것입니다."

이 때 대왕이 곧 궁전으로 들어가 생각하였다.

'나는 이제 다른 나라에 투항해야겠다. 예전에 이웃나라로 가는 두 갈래 길을 보았다. 한 길은 7일이면 그 나라에 도착하리라. 다른 한 길은 14일이 걸려야 가능할 것이다.'

곧바로 일주일 동안 길을 가는 데 필요한 식량을 가득 채우고 가볍게 옷을 입고 나가 성 밖에까지 이르렀다. 그러나 갑자기 다시 환궁하여 수사제태자를 불러 껴안고 무릎 위에 올려놓은 채 잠시도 눈을 떼지 않았다. 그러다가 다시 화들짝 놀라 일어섰다가 다시 자리에 앉았다.

이 때 부인이 대왕이 불안해 하며 공포에 질린 듯한 모습을 보고 물었다.

"대왕이여. 지금 두려워하는 듯한 모습은 무슨 일이십니까? 앉아 있는 것이 편안하지 않고 몸은 티끌을 뒤집어쓰고 머리는 흐트러지고 시선이 똑바르지 않습니다. 호흡도 고르지 않으니 마치 나라를 잃은 것 같고, 은인과 사랑하는 사람과 헤어진 것 같고, 원수가 오려고 하는 것과 같습니다. 이것은 상서롭지 않은 모습입니다. 말해 주세요. 무슨 일입니까?"

왕이 말했다.

"내게 무슨 일이 있으나 당신은 알 일이 아니오."

부인이 왕에게 다시 물었다.

"저는 왕과 한몸으로 새의 양날개와 같고 몸의 두 다리와 같으며 얼굴의 두 눈과 같습니다. 대왕이여. 어떻게 상관하지 말라고 하십니까?"

왕이 부인에게 말했다.

"당신은 모르시오? 라후대신이 지금 반역의 마음을 품고 아버지를 시해하고 두 형도 잡아 역시 목숨을 끊었소. 이제 병사의 말발굽이 다음에는 나에게로 이를 것이요. 그래서 이제 내가 목숨을 구하여 달아나려고 하는 것이오."

그리고 곧 수사제태자를 안고 길을 나섰다.

이 때 부인도 뒤따라가니 왕의 마음이 혼란스럽고 정신이 없어서 14일이 걸리는 길로 잘못 들어섰다. 그 길은 험난하고 물과 풀이 없었다. 앞으로 나아간 지 몇 일만에 양식이 다 떨어졌다. 본래 7일 동안 길을 가며 한 사람이 먹을 몫의 식량이었는데 지금 세 사람이 함께 먹었고 게다가 14일 가는 길로 잘못 들어서서 몇 일을 갔으니 양식은 다 떨어졌고 앞길은 아직 멀었다.

이 때 대왕과 부인은 큰소리로 통곡하며 말했다.

"기이하고 기이하다. 괴롭고 괴롭구나. 태어나서 지금까지 아직 이와 같은 괴로움이 있다는 것을 들어보지 못했다. 어째서 오늘날 몸소 이런 괴로움을 받는단 말인가? 오늘 곤궁함과 재화가 이미 이르렀구나."

또 손으로 머리를 치고 흙먼지를 뒤집어쓰며 몸을 땅에 던지고 스스로 후회하고 자책하며 말했다.

"우리들이 지난 세상에 무슨 악행을 지었는가? 부모님이나 아라한을 죽였는가? 정법을 비방하고 화합하는 승려를 헐뜯었는가? 사냥과 수렵을 일삼고 저울의 눈금을 속여서 다른 사람의 물건을 함부로 빼앗았는가? 스님의 물건을 끌어다가 썼는가? 어째서 오늘 이런 재앙을 맞이하게 되었는가? 잠시만 쉬려고 해도 원수가 이를 것이 두렵다. 만약 원수가 오면 반드시 죽겠지만 앞으로 가려도 해도 배고프고 목이 말라 목숨이 깔딱깔딱 넘어갈 지경이구나."

대왕과 부인은 이 괴로움을 생각하고 큰 소리로 통곡을 하였다. 왕은 슬픔과 괴로움으로 정신을 잃고 땅에 쓰러졌다가 한참 만에 깨어나서 다시 혼자 생각하였다.

'방법을 세우지 않으면 세 사람이 이 죽을 고비에서 벗어날 수 없을 것이다. 내가 이제 어떻게 부인을 죽이지 않고서 나를 살리고 아들의 목숨을 이을 수 있겠는가.'

생각을 마치자 갑자기 칼을 들어 부인을 죽이려고 하였다.

아들 수사제가 아버지가 얼굴빛이 달라져서 오른손에 칼을 들고 어머니를 죽이려는 것을 보고 왕의 손을 잡고 부왕에게 말했다.

"무슨 일을 하려고 하십니까?"

이 때 부왕은 슬퍼하며 두 눈에 눈물을 가득 담고 아들에게 작은 소리로 말하였다.

"너의 어머니를 죽여서 그 피와 살을 얻어서 나를 살리고 너의 목숨을 이으려고 하는 것이다. 내가 죽이지 않아도 저절로 죽을 것이다. 내 몸이 죽고 사는 것은 상관이 없으나 이제 너의 목숨을 위해 너의 어머니를 죽이려고 한다."

수사제는 곧 아버지에게 말하였다.

"왕이 만약 어머니를 죽여도 저는 먹지 않을 것입니다. 어머니고기를 먹는 자식이 어디에 있겠습니까? 이제 고기를 먹지 않으면 저도 함께 죽을 것입니다. 부왕이시여, 어째서 저를 죽여서 부모님의 목숨을 구제하지 않으십니까?"

왕은 아들이 말하는 것을 듣고 곧 정신을 잃고 뒹굴며 쓰러졌다가 깨어나 작은 소리로 아들에게 말하였다.

"너는 내 눈과 같다. 누가 자신의 눈을 빼서 먹을 수 있겠느냐? 차라리 내가 죽을지언정 너를 죽여서 그 살을 먹을 수는 없다."

수사제가 부왕에게 간청하며 말했다.

"부왕이시여, 이제 만약 저의 생명이 끊어지면 피와 살은 썩어 문드러져 몇 일 가지 못할 것입니다. 그러니 부모님께서는 저를 죽이지 말고 한 가지 소원을 들어주십시오. 만약 들어주시지 않으면 자애로운 부모님이 아니십니다."

부왕이 태자에게 말하였다.

"네가 원하는 것은 무엇이든지 들어줄 테니 어서 빨리 말하거라."

수사제가 말했다.

"부모님은 저를 가엾게 여기시어 매일 칼로 저의 몸에서 세 근의 살을 잘라서 세 몫으로 나누십시오. 두 몫은 부모님께 바치고 한 몫은 제가 먹고 생명을 이을 것입니다."

그러자 부모는 곧 태자의 말대로 하여 세 근의 살을 세 몫으로 나누어 두 몫은 부모가 먹고 나머지는 태자에게 먹이며 생명을 유지하였다. 그러나 이틀을 남겨두고 몸의 살이 다 없어졌다. 신체는 사지와 뼈마디가 간신히 서로 이어져 있을 뿐이지만 목숨은 아직 끊어지지 않은 채 땅에 쓰러졌다.

이 때 부모는 아들을 껴안고 큰 소리로 통곡을 하며 말했다.

"우리들은 할 말이 없구나. 어떻게 너의 살을 먹어서 너를 고통스럽게 했단 말인가. 앞길은 아직 멀고 도착하지도 않았는데 너의 살은 이미 다 없어졌으니 이제 나란히 죽어서 시신을 거두어 한 곳에 묻히겠구나."

이 때 수사제가 작은 소리로 간청하였다.

"이미 저의 살을 먹고 여기까지 왔습니다. 앞길을 헤아려 보니 하루만 더 가면 될 것입니다. 저의 몸은 이제 움직일 수가 없으니 여기서 목숨을 마칠까 합니다. 그러나 부모님은 이제 보통 사람과 같이 나란히 한 곳에서 명을 마치지 마십시오. 우러러 한 말씀 아뢰니 가엾게 여기시고 거절하지 말아 주십시오. 몸의 모든 마디 사이에서 깨끗한 살을 발라내어 부모님께서 가시는 곳까지 식량으로 사용하십시오."

부모는 곧 그 말에 따라서 몸의 사지 마디에서 살조각을 얻어 세 몫으로 나누어서 한 몫은 아들에게 주고 두 몫은 자신들이 먹었다. 다 먹고 나서 부모가 이별하고 갈 때 수사제는 서서 부모를 보고 있었다.

부모는 큰 소리로 통곡을 하면서 길을 따라서 갔다. 부모가 멀어져서 보이지 않아도 수사제태자는 부모를 그리워하며 잠시도 눈을 떼지 않았으나 얼마 지나지 않아 땅에 쓰러졌다. 몸에서 신선한 피와 살냄새가 나자 시방에 있던 모기와 등에가 그 냄새를 맡고 몸으로 올라와 온몸을 빨아 먹으니 그 극심한 고통은 이루 말할 수가 없었다.

남은 생명이 아직 끊어지지 않았을 때 태자가 소리내어 서원을 세웠다.

"지난 세상에서의 악행은 이제 모두 없어졌으니 이제부터 다시는 짓지 않으리라. 지금 나는 나의 이 몸을 부모님에게 공양하여 목숨을 건지게 하였다. 나의 부모님이 후생에도 전해질 수 있는 복을 항상 얻으며 잠자거나 깨어 있거나 평안하여 악몽을 꾸지 않기를 바라노라. 또한 하늘이 보호하고 사람들이 사랑하며 벼슬아치와 도적들의 음모가 없어지며 부딪치는 일마다 길하고 상서롭기를 바라노라. 남은 살과 피는 이 여러 모기와 등에 등에게 보시하여 모두 배부르게 하고 나는 내세에 부처가 되리라. 내가 부처가 되면 법의 음식으로 너희들의 배고픔과 기갈과 생사의 중병을 없애기를 서원하노라."

이 서원을 말할 때에 하늘과 땅이 여섯 가지로 진동하고 해가 밝은 빛을 잃었으며 여러 짐승들이 놀라서 사방으로 흩어져 달아났다. 큰 바다에 파도가 일고 수미산은 솟아올랐다가 낮은 곳으로 펄쩍 가라앉았고 도리천의 여러 천신들도 모두 감동하였다. 이 때 제석천이 욕계의 여러 천신을 염부제로 내려보내어 수사제 태자를 겁주려고 하였다. 사자와 호랑이와 이리 등으로 변화하여 큰 눈으로 흘겨보면서 땅을 울리게 크게 포효하며 펄쩍펄쩍 뛰면서 발로 치고 물어뜯으려고 하였다.

수사제는 여러 맹수들이 크게 위세를 부리는 것을 보고 작은 소리로 말했다.

"너희가 나를 먹고 싶으면 마음대로 먹어라. 무엇 때문에 겁을 주는 거냐?"

이 때 하늘의 왕인 제석천이 말했다.

"나는 사자나 호랑이나 이리가 아니다. 하늘의 제석천이 너를 시험하려고 온 것이다."

태자는 하늘의 왕 제석천을 보고 한량없이 기뻐하였다.

제석천이 태자에게 말했다.

"너는 버리기 어려운 것을 버려서 몸의 피와 살을 부모님에게 공양하였다. 이와 같은 공덕으로 하늘에 태어나 마왕·범왕·천신왕·사람의 왕·전륜성왕이 되리라."

수사제는 제석천에게 말했다.

"나는 하늘에 태어나 마왕·범왕·천신왕·사람의 왕·전륜성왕이 되기를 원하지 않습니다. 위 없이 바르고 참된 길을 구하여 모든 중생을 괴로움에서 벗어나게 하고자 합니다."

제석천이 말했다.

"너는 아주 어리석구나. 깨달음은 오랫동안 부지런히 고행을 한 후에야 이룰 수 있다. 네가 어떻게 이 괴로움을 받을 수 있겠는가?"

수사제가 제석천에게 말했다.

"설사 뜨거운 쇠 수레바퀴가 나의 머리 위를 돈다 해도 끝까지 이 괴로움을 받아서 위 없는 도에서 물러나지 않겠습니다."

제석천이 말했다.

"네가 단지 빈말을 하는 것이니 누가 너를 믿겠는가?"

수사제가 곧 서원을 세웠다.

"만약 내가 제석천을 속였다면 내 몸의 상처가 결코 아물지 않으리라. 만약 그렇지 않다면 나의 몸이 바르게 회복되어 본래와 같아지고 피는 흰 젖이 되리라."

그러자 몸은 곧 회복되어 원래대로 되었고 피는 곧 하얗게 변하여 젖이 되었다. 단정한 몸의 모습은 평상시보다 배나 되었는데 일어나서 제석천에게 머리 숙여 발에 예를 올렸다.

이 때 제석천이 곧 찬탄하며 말했다.

"거룩하고 거룩하다. 나는 그대에게 미칠 수가 없다. 그대는 정진과 용맹으로 머지 않아 깨달음을 얻을 것이다. 만약 깨달음을 얻으면 먼저 나를 제도하여 주시오."

그리고 나서 제석천은 허공으로 사라져 보이지 않았다.

그 때 왕과 부인은 이웃 나라에 도착하였다. 그 나라 왕은 멀리까지 나와서 맞이하고 필요한 것을 공급해 주며 뜻대로 해주었다. 이 때 대왕은 그 나라의 왕에게 앞에 있었던 일을 말하고 "내 아들이 자기 몸의 살로 부모님을 효도로 봉양한 것이 이와 같습니다" 라고 하였다.

이웃 나라의 왕이 이 말을 다 듣고 나서 수사제태자가 버리기 어려운 것을 버리며 자기 몸의 살과 피로 이와 같이 부모를 효도로 봉양한 것에 감동하였다. 그들의 자애와 효도에 감동하였기 때문에 곧 네 부대의 병사를 규합하여 왕에게 주며 라후대신을 정벌하게 하였다.

대왕은 곧 네 부대를 이끌고 길을 따라 돌아오다가 수사제태자와 이별한 곳에 이르러 혼자 생각하였다.

'내 아들은 죽었을 테니 이제 그 시신의 뼈를 거두어 본국으로 돌아가야겠다.'

슬프게 통곡을 하며 길을 따라서 시체를 찾다가 멀리서 그 아들의 몸이 본래대로 회복되었고 이전보다 두 배로 단정하게 된

것을 보았다. 곧 슬픔과 기쁨이 교차하는 마음으로 부둥켜안고
"네가 아직 살아있다니!" 하고 태자에게 말했다. 수사제가 앞에
있었던 일을 부모에게 모두 말하였다. 부모가 기뻐하면서 큰 코
끼리에 태우고 본국으로 돌아와 수사제의 복과 덕의 힘으로 본국
을 다시 얻을 수 있었다. 곧 수사제태자는 왕위에 올랐다.

부처님께서 아난에게 말씀하셨다.
"이 때 부왕은 지금의 나의 아버지 슈도다나이고 어머니는 지금의
나의 어머니 마야부인이다. 수사제태자가 지금의 나 바로 석가여래이
고 이 때 제석천은 아야교진여(阿若憍陳如)이다."
이와 같이 부모님을 효도로 봉양한 내용을 설할 때 대중 가운데
20억 보살이 모두 요설변재14를 얻어 모든 중생을 이롭게 하였다.
또 12만억 보살이 모두 무생법인15을 얻었으며 시방의 여러 곳에서
온 작은 티끌과 같이 많은 보살도 모두 다라니문을 얻었다. 또 갠지스
강의 모래같은 수의 여러 성문과 연각은 성문이나 연각에 만족하는

---

14. 요설변재(樂說辯才)는 사무애변(四無碍辯)의 하나로 모든 중생이 듣기 좋
   아하는 것을 따라서 설법하는 데 장애가 없는 변재를 말한다. 변재는 뛰어난
   언변술을 지니고 설법의 뜻을 교묘하게 잘 해설하는 재능을 말한다. 그러므
   로 '사무애변'은 걸림없이 법을 잘 설하는 네 가지 언변을 뜻한다.
15. 무생법인(無生法忍)은 여러 존재가 본래 생함도 없고 멸함도 없다는 이치에
   관하여 진실하게 알아 마음을 안주하고 움직이지 않는 것이다. 그러나 성문
   과 보살에게는 그 의미가 다르다. 성문에게 무생법인은 도를 보는 자리에 들
   어가 사제(四諦:고·집·멸·도)의 이치를 보는 것이고, 보살에게는 초지에
   들어가 모든 존재가 나고 없어짐이 없는 도리를 진실하게 깨달아 알고 머무름
   이 없는 지위에 머무는 것이다.

마음을 버리고 부처가 되기를 원하였다. 또 티끌 수와 같은 우바새와 우바이도 초과16나 제2과에 이르렀다. 또 모든 천신·용·귀신·건달바·아수라·가루라·긴나라·마후라가 등 사람과 사람 아닌 존재들도 보리심을 발하거나 성문이나 연각에 되려는 마음을 내었다.

부처님이 아난에게 말씀하셨다.

"보살은 이와 같이 모든 중생을 위하기 때문에 행하기 어려운 고행을 한다. 부모님을 효도로 봉양하여 몸의 피와 살을 부모님에게 공양한 것이 이와 같았다."

모든 대중들이 부처님이 말씀하시는 것을 듣고 각각 뛰어난 이로움을 얻어 기뻐하며 예를 올리고 오른쪽으로 돌고서 물러갔다.

---

16. 소승 성문이 수행하여 얻은 증과(證果)는 네 가지가 있다. 차례대로 예류과(預流果:수다원과, 초과라고도 한다)·일래과(一來果:사다함과, 제2과라고도 한다)·불환과(不還果:아나함과, 제3과라고도 한다)·아라한과(阿羅漢果:응공, 제4과라고도 한다)이다.

3. 모든 중생을 평등하게 대하는 마음[對治品]

한 때 세존이 대중들 사이에 있는 모습이 마치 햇빛이 밝게 빛나서 여러 별을 가리는 것과 같았다. 비유하면 큰 용이 난초와 참죽나무 둘레를 재빨리 왔다갔다 하면 선명하고 찬란하여 이것을 보고 눈이 아찔하고 마음이 어지러운 것과 같았다. 그 빛이 황홀하여 다른 색과 비유할 수 없는 것은 마치 햇빛이 나오자 반딧불이 나타나지 못하는 것과 같았다.

해와 달이 비록 아주 밝으나 제석천에 비하면 어둠을 모은 것과 같다. 제석천이 비록 밝고 깨끗하며 미묘한 광명이 있으나 대범천왕이 지닌 야광 마니보주의 광명에 비하면 기와부스러기와 같다. 대범천왕의 구슬이 비록 맑고 미묘한 광명이 있으나 여래가 지닌 광명에 비하면 또한 어둠을 모은 것과 같다.

어째서 그런가? 여래의 원만한 광명은 7척으로 시방 세계를 멀리 비출 수 있다. 그 가운데 사는 중생이 이 빛을 쪼이면 맹인은 볼 수 있고 곱추는 등이 펴지며 곰배팔이는 팔이 펴지고 앉은뱅이는 서게 되며, 삿되고 미혹한 중생은 참된 말을 들을 수 있게 된다. 요점을 말하자면 뜻대로 되지 않는 모든 일이 바라던 대로 된다.

이 때 모임 가운데 있는 70명의 큰 보살마하살이 곧 자리에서 일어나 고개 숙여 부처님께 예를 올렸다. 그리고 여러 번을 돌고 나서 한쪽에 서서 같은 소리로 수많은 게송을 읊으며 여래를 찬탄하였다.

그 보살들은 다음과 같다. 부사의보살 · 이각음보살 · 유념안보살 · 이구칭보살 · 무량음보살 · 대명문보살 · 명보계보살 · 견사자보살 · 독보서보살 · 사소념보살 · 급지적보살 · 의선주보살 · 무극상보살 · 혜광요보살 · 소강의보살 · 능용호보살 · 지성영보살 · 연화계보살 · 중제안보살 · 성혜업보살 · 장공훈보살 · 무사의보살 · 정범시보살 · 보사업소살 · 처대화보살 · 선사유보살 · 무한법보살 · 명문의보살 · 이변적보살 · 자재문보살 · 십종력보살 · 유십력보살 · 대성민보살 · 무소월보살 · 유적연보살 · 재어피보살 · 무수천보살 · 수미광보살 · 극중장보살 · 인초월보살 · 이독보보살 · 위신승보살 · 대부계보살 · 이산호보살 · 지삼세보살 · 유공훈보살 · 선명칭보살 · 일광명보살 · 사자영보살 · 시절왕보살 · 사자장보살 · 시현유보살 · 광원조보살 · 산사자보살 · 유취시보살 · 막능승보살 · 위최당보살 · 희열칭보살 · 견정진보살 · 무손감보살 · 유명칭보살 · 무공포보살 · 무착천보살 · 대명등보살 · 세광요보살 · 미묘음보살 · 집공훈보살 · 제암명보살 · 무등륜보살 등이다. 이 보살들이 각각 부처님 앞에서 서원을 말하였다.

"우리들은 세존께서 멸도하신 후에 불법을 지켜 시방계에 널리 유포하여 끊어지지 않게 하겠습니다. 왜냐하면 우리들은 지금 여래의 헤아릴 수 없는 묘한 광명을 보고 그 광명 안에서 모두 헤아릴 수 없는 불법을 들었습니다. 이미 법을 듣고 마음의 장애를 떠나 번뇌가 영원히 없어졌고 몸과 마음이 깨끗해져서 하늘의 금이 온갖 것들을 비추는 것과 같이 밝습니다. 저희들은 이와 같은 공덕과 이익을 생각하기 때문에 여래에 대해서 큰 스승이라는 생각을 하고 자애로운 아버지라는 생각을 합니다. 또 항상 부처님의 은혜를 생각하고 부처님의 은혜를 갚아야 한다고 생각합니다. 왜냐하면 이미 바른 법을 들었기에 머지않아 도량에 앉아 바른 법을 설하여 모든 중생을 제도하여 해탈하게 하려는 것 때문이니, 모두 법을 들었기 때문에 깨달음을 얻게 하겠습니다."

이 때 석가여래가 모든 대중에게 말씀하셨다.

"이 70명의 큰 보살마하살은 상상할 수 없을 만큼 아주 오랜 동안 이미 한량없이 많은 세계에서 티끌 수만큼 많은 부처님을 공양하였다. 여러 부처님 계신 곳에서 항상 청정한 행을 닦고 여러 부처님을 공양하며 피로하거나 나태한 마음을 내지 않았다. 자비로 몸을 닦고 불법을 잘 보호하며 큰 자비심을 버리지 않고 항상 시방에서 모든 중생을 이롭게 하였다.

만약 어떤 중생이 목숨을 마치려고 할 때 한 보살의 이름을 부르거나 둘셋 혹은 70보살의 이름을 부르면서 귀의하고 목숨을 마치면 곧 부처님의 나라에 왕생한다. 연꽃 위에 변화하여 태어나며 음욕을 멀리 떠나 다른 중생의 태에 들지 않으며 모든 더럽고 냄새나는 것에서 떠난다.

그 몸이 청정하고 항상 묘한 향기가 있어서 대중들이 공경하고 사랑한다. 사람들의 공경과 사랑을 받기 때문에 기뻐하며 그 마음으로 곧 보리심을 발할 수 있다. 보리심을 발하여서 모든 중생에 대해 자비심을 일으킨다. 자비심을 일으키고 나면 다음에 또 중생을 이익되게 하려는 마음을 일으킨다.

중생을 이익되게 하려는 마음이 생기면 다시 중생을 버리지 않으려는 마음·중생을 이익되게 하려는 마음·스스로를 이롭게 하며 다른 사람을 이롭게 하려는 마음·장애를 없애려는 마음·번뇌를 고요하게 하려는 마음을 일으킨다. 또 착한 벗을 가까이하여 항상 공경하는 마음·온 마음으로 법을 듣는 마음·미묘한 뜻을 생각하여 잊지 않는 마음·적게 듣고 많이 이해하려는 마음·많이 듣고서 뜻을 이해하지 못하기를 바라지 않는 마음을 일으킨다.

그 다음에는 진여를 믿는 마음을 내고, 진여를 믿는 마음을 낸 다음에는 말한 것과 같이 수행하려는 마음을 일으킨다. 말한 것과 같이 수행하려는 마음을 내고 난 다음에는 물러나지 않는 마음을 일으킨다. 물러나지 않는 마음을 내고 난 다음에는 모든 중생에 대해서 동등하게 대하는 마음을 일으킨다.

내가 죽음을 좋아하지 않는 것과 같이 모든 삼계 이십오유의 유형·무형·네 발 달린 짐승·발이 많은 곤충·개미 등에 이르기까지 수명이 있는 것은 모두 이와 같다. 그러므로 보살은 자신의 몸과 생명을 손상하게 되더라도 끝내 다른 생명을 함부로 빼앗지 않는다.

나의 돈 · 곡식 · 비단옷 · 음식 · 코끼리 · 말 · 수레 · 나라 ·

성·처자·신체의 수족·공양·옹호를 다른 사람이 함부로 침해하는 것을 좋아하지 않는 것과 같이 모든 중생도 그러하다. 그러므로 보살은 자신의 몸과 생명을 손상하게 되더라도 끝내 여러 중생의 옷·재산·음식을 빼앗으려는 마음을 내지 않는다.

다른 사람이 나의 아름다운 누이와 아내·첩을 속이고 능멸하는 것을 좋아하지 않는 것과 같이 모든 중생도 이와 같다. 그러므로 보살은 자신의 몸을 손상하고 목숨을 잃을지라도 다른 아름다운 용모의 사람에 대해 삿된 생각과 더러운 마음을 일으키지 않는다. 하물며 간악한 짓을 행하겠는가!

내가 체면이 손상되고 욕먹고 이간질당하는 것을 좋아하지 않는 것과 같이 모든 중생도 이와 같다. 그러므로 보살은 자신의 몸과 생명을 잃을지라도 끝내 망령된 말과 이간질하는 말로 이쪽과 저쪽을 다투게 하여 혼란되게 하지 않는다.

내가 막대기·돌·채찍 등으로 심하게 맞는 것을 좋아하지 않는 것과 같이 모든 중생도 이와 같다. 그러므로 보살은 자신의 몸과 생명을 잃을지라도 끝내 막대기나 돌로 중생을 심하게 때리지 않는다.

내가 쇠고랑·형칼·쇠사슬·족쇄 등에 묶이고 갇혀 여러 가지 괴로움을 받는 것을 좋아하지 않는 것과 같이 모든 중생도 이와 같다. 그러므로 보살은 자신의 몸과 생명을 잃을지라도 끝내 형칼이나 쇠사슬로 중생을 묶거나 가두지 않는다.

다른 사람이 나를 힘으로 능멸하거나 위협으로 윽박지르며 성내고 핍박하거나, 강제로 복종하게 하여 면전에서는 정당한 말을 하지 못하게 하고 자기만 깨끗한 체하는 사람을 내가 좋아하지 않는 것과 같이 모든 중생도 그러하다. 그러므로 보살은 자신의 몸과 생명을 잃을지라도 끝내 중생에게 도리가 아닌 것을 억지로 행하지 않는다.

다른 사람이 나를 공경하고 존중하며 찬탄하여 기쁘게 하는 것처럼 나도 중생에게 의복·음식·잠자리·의약 등 일체의 안락도구를 보시해야 한다. 만약 내가 불사·법사·승사와 같은 큰일을 하려고 하는데 힘과 지혜에 한계가 있어서 그 일을 완성할 수 없으면 걱정하고 근심할 것이다. 이 때 어떤 지혜있는 사람이 마치 자신이 이와 같이 걱정하고 번민하며 그 일을 해결하지 못하는 것처럼 여기고 '선남자야. 걱정하지 말아라. 내가 반드시 뜻하고 바라는 대로 네가 그 일을 처리할 수 있도록 함께 도와주겠다'라고 말하면 나는 그 말을 듣고 기뻐할 것이다. 이와 같이 나도 항상 중생을 타이르고 교화하여 중생들을 이롭게 한다.

내가 왕에게 강탈당하거나 수재와 화재를 당하거나 벼슬아치에게 몰려 감옥에 갇히거나 쇠고랑을 차면 마음에 근심과 번뇌가 있을 것이다. 이 때 다시 어떤 지혜있는 사람이 자신이 이와 같은 여러 가지 고난에 부닥친 것과 같이 여기고 곧 내가 있는 곳에 와서 좋은 말로 타이르며 '근심하지 말라. 내가 너를 위하여 왕과 여러 대신에게 간청하여 재산을 나누어 주거나 여러 가지 방편을 베풀어서 너를 괴로움에서 벗어나게 하여 쇠약함과 번뇌가 없게 하리라'라고 말하면 나는 이 말을 듣고 기뻐할 것이다.

그러므로 보살은 항상 부지런히 음악 연주·노래·역술·산수·

주술·선약 다루기와 같은 기예를 닦는다. 또 코끼리나 말을 타고 창이나 방패·활을 다루며 전쟁에 나가 큰 무공을 세운다.

내가 이와 같은 여러 가지 묘한 기예가 있다고 하면 왕이나 대신까지도 감히 나의 뜻을 어기지 않으리라. 아울러 나는 또한 의복·재산·음식·구슬목걸이·비녀와 팔지·금은·유리·마노·산호·호박·자거·진주·붉은옥·마니보주·코끼리·말·수레·마차·노예·일꾼·궁인·미녀·흐르는 샘물·목욕할 수 있는 연못·경치를 볼 수 있는 칠보정자 등 여러 가지 미묘한 것이 수없이 많이 있다.

그러나 보살은 비록 이와 같이 뜻대로 기예를 부리고 수많은 보배 창고와 코끼리·말·수레·한량없는 미녀·뛰어나고 미묘한 정자·흐르는 샘이 있는 목욕지 등 모든 다섯 가지 욕망[五欲]을 즐길 수 있는 도구를 가지고 있지만 집착하는 마음이 없다. 그러므로 항상 욕심을 적게 가지고 만족할 줄을 안다. 한가롭고 조용한 것을 좋아하여 산림의 나무 아래에서 편안하게 선정하며 침묵한다.

비록 대중들과 함께 말을 많이 하는 곳에 있어도 마음은 항상 평등하게 대하는 문 안으로 들어간다. 비록 중생과 함께 빛을 감추고 세속에 묻혀 있으면서 재산을 증식하고 생업을 하는 일로 이자를 주고받더라도 끝내 악하게 하지 않고 중생을 이익되게 한다. 만약 곤궁하고 여러 가지 번뇌가 있는 사람이 있으면 보살이 가서 필요한 것을 찾아서 뜻대로 마음에 맞게 준다.

보살이 만약 어떤 중생이 불법을 사랑하고 좋아하여 와서 공양하고 받들어 섬기며 발을 씻고 안마를 하고 빨래하고 말리며 버드나무 가지를 물에 씻어 침대보를 털고 이불과 베개를 잘 접어 두며 초저녁과 한밤중에는 등불을 밝혀 주고 하루 두 번의 식사 중 먼저 먹을 때와 나중 먹을 때 부드러운 음식·딱딱한 음식·후식을 먹고 여러 가지 마실 것인 여리사 시럽·복륵사과 시럽·포도 시럽·검은 석굴 시럽 등을 마시게 하여 이렇게 17일에서 90일 정도 섬기면서 보살에게 청하여 불법을 들으려 하면 보살은 그 때 그 사람이 주는 것들을 보고 기뻐하지 않는다.

왜냐하면 보살은 과거 한량없는 아승기겁 동안에 불법을 구했기 때문이다. 또한 모든 중생을 위하여 더하는 마음도 덜하는 마음도 없기 때문이다. 자비심 때문이며 평등한 마음에 머무르기 때문이다."

그리고 보살이 전륜성왕이 되었을 때의 이야기를 말씀하셨다.[1]

"어떤 때는 전륜성왕이 되어 항상 열 가지 선으로 모든 중생을 이끌어 교화하지만 자신의 뜻을 위하는 것이기 때문에 기뻐하며 받들어 행한다. 그래서 생명을 마친 후 인간계와 천계에 태어나 미묘한 오욕의 즐거움을 누리며 존엄함과 부귀함을 갖추고 마음대로 할 수 있다. 궁전에 들어가서 자고 일어나며 수레를 타고 말을 부린다. 동산에서 놀고 기악을 하며 스스로 즐거워하고 먹고 마시는 것을 기뻐한다.

그러나 무상하게 어느 날 갑자기 늙거나 병에 걸리거나 죽는다. 가족들은 근심과 번뇌로 큰 소리로 통곡을 하면서 손으로 가슴을 친

---

1. 이 문장은 원문에 없으나 뒷부분이 하나의 이야기이므로 내용상 구분하는 것이 문맥상 부드러우므로 번역상 편의를 위하여 넣었다.

다. 어떤 때는 머리카락을 뽑고 잿가루를 먹거나 기절하여 땅에 쓰러지기도 한다. 결국 깃발을 잡고 죽은 자를 수레에 태우고 통곡하면서 떠나보낸다. 염과 매장이 끝나면 가족들은 서로 부축한 채 본가로 돌아온다. 근심이 깊어서 정신을 잃고 오랫동안 쓰러져 있다. 어떤 때는 병이 들고 어떤 때는 미치거나 죽을 때도 있으니 산 자에게도 큰 손해이고 죽은 자에게도 이익이 없다."

어느 날 전륜성왕이 앞뒤에서 인도하며 따르게 하고 영토를 순행하다가 여러 중생들이 이렇게 고통받는 것을 보고 불쌍히 여기며 말했다.

"무릇 왕이란 국토를 다스리고 여러 중생을 싸안는 것인데 비록 열 가지 선으로 이끌고 교화하여 이와 같은 미묘한 오욕을 얻게 할지라도 생노병사의 무상함과 소멸됨은 면할 수 없구나. 내가 비록 정법으로 나라를 다스렸으나 만물에게 이익을 주지 못했다는 것을 알겠구나. 만약 만물에게 이익을 주지 못했다면 어떻게 대전륜왕이라고 불리겠는가? 어떻게 대자비의 아버지라고 불리겠는가? 어떻게 대의왕이라고 불리겠는가? 어떻게 대도사라고 불리겠는가? 대도사란 바른 길로 인도하여 열반의 지름길을 보여주고 무위를 얻어서 안락하게 해야 한다. 그런데 우리들은 지금 이름이 행동에 걸맞지 않구나. 마치 어떤 사람이 목이 말라 숨이 끊어질 지경이 되어 이리저리 뛰어다니며 찬물을 구하려다 멀리서 빈 우물을 보고 기뻐하는 것과 같다. 그 사람은 '이제 다시 살았구나'라고 생각한다. 왜냐하면 만약 물을 얻지 못하면 머지 않아 숨이 끊어질 것이기 때문이다. 이제 좋은 우물을 보고 반드시 맑고 깨끗한 찬물을 얻을 수 있으리라고 기대한다. '갈증으로 숨이 넘어갈 생명을 구했구나'라고 생각하고 우물이 있는 곳으로 정신없이 달려가 우물 위에서 옷을 벗어 한곳에 두고 우물 속에 들어가 물을 찾는다.

그러나 오직 독사와 문을 지키는 독전갈 등의 무리·기와부스러기·가시나무·여러 잡풀들만 보았다. 이 때 목마른 사람은 본래의 바램을 이루지 못하고 물도 얻지 못한 채 여러 독충들에게 몸을 쏘이게 되자 우물에서 벗어나려고 생각했다. 그 우물은 오래되었기 때문에 험한 바위가 굴러 떨어지면서 깊이가 1전도나 되었는데 사다리나 새끼줄 또는 작대기도 없었다. 비록 다시 몸을 솟구쳐 올라가려고 해도 위세가 그 높이까지 이르지 못하고 기력이 다하여 지쳐서 다시 우물 아래로 떨어졌다. 여러 독사들한테 물려서 목숨이 얼마 남지 않았을 때 '내가 만약 이 우물에 물이 없는 것을 미리 알았거나 차라리 눈이 없었다면 어찌 가서 뜨려고 했겠는가? 오늘의 이 지독한 괴로움은 우물이라고 잘못 알았기 때문이구나라고 하였다."

그래서 전륜성왕은 여러 백성과 집안의 남녀가 은혜로운 어른과 사랑하는 사람과 헤어져 괴로워할 때 이런 말을 하였다.

"지금의 내 몸은 마치 빈 우물과 같다. 우물이라는 이름은 있어도 물이 없다. 다다를 수는 있지만 얻을 것이 없어 몸과 생명을 잃고 괴로워하는 것이 이와 같다. 내가 지금 비록 전륜성왕의 지위에 있어서 칠보를 갖추고 열 가지 선으로 이끌어 교화하며 정법으로 나라를 다스려서 여러 중생들을 인간계와 천계에 태어나게 하며 미묘한 다섯 가지의 쾌락을 얻게 한다 하여도 아직 생노병사를 면하게 할 수 없다.

그들은 은혜로운 부모님과 사랑하는 가족과 헤어지며 미워하고 원망하는 사람과 만나야 하고 근심·슬픔·괴로움으로 서로 통곡하며 운다. 그러나 이것은 나의 잘못이지 중생의 허물이 아니다. 왜냐하면 내가 출세간법으로 모든 중생을 이익되게 하지 못했기 때문이다. 비록 나에게 선한 법을 자문받아 편안하고 즐겁기를 바라서 얻는다 해도 실제로 괴로움에서 벗어날 수 없기 때문이다."

이 때 전륜성왕은 '나는 어리석은 시주와 같다'고 생각했다.

한 때 가뭄이 들어 7년 동안 비가 내리지 않아서 풀과 나무는 타들었다. 이 때 세간에서는 기근 때문에 곡식의 가격이 귀하게 뛰어오르자 사람들은 배가 고파서 서로 잡아먹었다. 피를 마시고 살을 씹어먹고 서로 잔혹하게 해치며 무고한 사람을 함부로 죽였다. 아버지가 아들을 먹기도 하고 자식이 아버지를 먹기도 하여 부모형제와 아내·아들과 딸이 서로 잡아먹었다.

이 때 큰 시주가 돌아다니며 여러 중생이 배고픔에 초췌한 채 벌벌 떨며 기력이 없고 안색은 파리하며 머리는 산발하고 몸은 마르고 피부가 검어진 모습으로 어깨 위에 완전히 죽은 사람을 걸메고 있는 것을 보았다. 그것은 곧 죽은 사람의 머리·손마디의 팔뚝·팔의 관절·척추·갈빗대·어깨·정강이·발가락·간·쓸개·창자·위등 등 이었다.

이 때 큰 시주가 조그마한 소리로 "당신이 들쳐 메고 있는 것은 무엇인가?"라고 묻자 "내가 들쳐 메고 있는 것은 죽은 사람의 머리와 손과 팔, 팔꿈치 마디입니다"라고 대답했다. 그러자 시주가 다시 "당신이 들쳐 메고 있는 죽은 사람의 팔과 팔꿈치의 관절을 어디에 쓰려고 하는가?"라고 묻자 "당신은 모르십니까? 날이 가물어 세상은 기근이 들었고 곡식은 값이 뛰어올라 사람들은 배고픔에 허덕이며 서로를 잡아먹는 지경입니다. 내가 들쳐 메고 있는 것은 나의 음식입니다"라고 대답했다.

이 때 시주는 이 말을 듣고 나서 놀라서 털이 곤두서고 괴로워하다 정신을 잃고 땅에 쓰러졌다. 찬물을 뿌린 후 얼마 있다가 깨어나서는 "그렇다면 당신의 이 음식은 누구의 고기입니까?"라고 물었다.

이 때 허기진 사람은 이 말을 듣고 큰 소리로 통곡하며 괴로워하고 화를 내다가 시주에게 "말할 수 없습니다. 슬프고 슬프구나. 괴이하고 괴이하다. 큰 시주여. 내가 이제 사실을 말하겠습니다. 내가 들고 있는 것은 나의 아버지이거나 나의 어머니·나의 아내·나의 형제·종친의 골육입니다"라고 대답했다.

이 때 모든 배고픈 사람이 각각 사실대로 자기의 사연을 말하며 "큰 시주여. 다른 일이 아닙니다. 우리들은 배고픔 때문에 서로 잡아먹는 것입니다"라고 했다.

이 때 큰 시주는 이 말을 듣고 기가 막혀 탄식을 하며 여러 사람에게 말했다.

"당신들은 이제 더 이상 서로의 인육을 먹지 마시오. 만약 당신들이 필요한 의복과 음식·여러 가지 탕약과 필요한 물건이 있으면 7일 후에 모두 우리집에 모이시오. 내가 당신들이 필요한 대로 의복·음식·탕약을 뜻대로 주겠소."

여러 사람이 그 말을 듣고 기뻐서 찬탄하며 말했다.

"거룩하고 거룩하다. 이전에 없던 일이구나."

이 때 시주는 자기 집에 돌아와서 부인과 자식·노예·일꾼들을 불러 모았다. 그리고 환하고 즐거운 낯빛을 띠고 부드러운 목소리로 아내와 모든 일꾼에게 말했다.

"그대들은 온 마음을 기울여 내 말을 들어야 한다. 그대들은 아는 가, 모르는가? 날이 가물어서 세상은 기아로 흉흉하니 굶어 죽는 백성이 무수하다. 우리집은 창고에 수많은 곡식이 가득 차 있으니 때맞춰 함께 복을 심을 수 있으리라."

아내가 이 말을 듣고 말했다.

"장하고 장하십니다. 한없이 즐겁고 좋은 일입니다. 저희들은 몸과 목숨이라도 바쳐서 시주의 말에 따르겠거늘 하물며 큰 창고의 돈·재산·음식 등은 말할 것이 있겠습니까!"

이 때 시주가 기뻐하며 말했다.

"그대들은 이제 진실로 나의 더할 바 없는 도반[2]이다. 착하고 착하다. 그대들 모두 각각 자기가 할만큼 일을 하여 마땅히 해야 할 것을 하라. 마땅히 지어야 할 것을 짓고 마땅히 해야 할 것을 빨리 하여 7일 후에 반드시 완성해야 한다."

이 때 시주가 하나 하나 처분을 마치고 곧 스스로 바깥으로 나가 둘러보며 어떤 평지가 넓고 안전하여 단을 설치하기에 적당할까 생각

---

2. 승가에서는 벗을 도반이라고 부른다. 도를 닦는 같은 길을 가는 짝이라는 뜻이다.

하였다. 그리고 곧 깨끗한 곳에 편안히 정착하여 모래·소금기·나무 그루터기·가시덤불 등을 제거하자 그 땅이 더욱 깨끗해졌다. 편안하게 자리를 마련하고 털융단을 깔았다. 이렇게 대중들에게 베풀 자리를 다 마련하고 나서 오백 마리의 코끼리에 음식을 실어 나르게 하고 단을 만들었다. 음식은 산처럼 쌓이고 우유는 연못처럼 많았다. 기름·부침·육포 등 가지가지 맛있는 음식이 갖추어져 있었다.

또한 여러 가지 의복·구슬 목걸이·팔지·코끼리말·칠보 등 여러 가지로 장식을 다 갖추었다. 7일 후 약속한 날이 밝으니 이른 아침에 북을 치고 종을 울리고 큰 나팔을 불며 큰 소리로 "모든 대중들이여! 모두 와서 큰 시주의 보시를 받으라"라고 했다.

이 때 여러 사람들이 이 부름을 듣고 현자와 성인의 은혜를 입은 것과 같이 기뻐하였다. 소리가 들리는 곳을 찾아 큰 보시의 회장으로 가서 마음대로 가졌다. 의복·음식·구슬 목걸이·비녀·팔찌·온갖 약·코끼리·말·칠보 등 좋아하는 것을 마음대로 골라서 가졌다.

이 때 시주가 나누어 준 물건을 여러 사람이 다 가지고 가자 시주는 매우 기뻐하며 곧 집에 돌아왔다. 아내와 자식과 함께 즐거워하면서 다섯 가지 즐거움을 스스로 누렸다.

그러나 7일 후에 외부 사람들이 말하는 것을 들었는데, 지난번에 나누어 준 의복·음식을 받은 자들이 모두 약기운이 퍼져 죽었고 아직 죽지 않은 자는 모두 이러한 말을 한다고 하였다.

"괴이하고 괴이하다. 큰 시주가 모름지기 자비와 연민의 마음으로 필요한 의복과 음식을 나누어 주었을 것이고, 당시에는 분명히 배고

품을 해소하고 목마른 자의 생명을 구제했다. 그런데 몇 일 뒤에 약기운이 퍼져서 목숨을 잃는구나."

이 때 큰 시주가 근심하고 괴로워하며 그의 아내에게 물었다.

"그대들은 어떻게 음식을 만들었는가? 극악한 독약을 음식 속에 넣었는가?"

아내가 여러 노예들을 시켜서 물으니 모두 아니라고 답하였다.

"만약 그렇지 않다면 이것이 어떻게 된 것인가?"

아내가 알 수 없다고 말했다.

이 때 시주가 다시 스스로 단속하려고 집안을 차례로 살피다가 뚜껑이 덮여 있는 한 우물을 보고 여러 사람들에게 물었다.

"이것은 무슨 우물이냐?"

그러자 집안 사람이 대답했다.

"이 우물은 시주가 어렸을 때 세 마리 독사를 키우던 곳입니다. 이 우물을 파서 그 안에 독사를 두었으니 이 우물은 그 독사들이 사는 곳입니다. 물도 독이 있어서 먹는 자는 죽습니다."

시주가 이것을 보고 일꾼에게 물었다.

"너희들이 지난번에 음식을 만들 때 이 우물의 물을 써서 음식을 만들지 않았는가?"

일꾼이 말했다.

"음식이 너무 많아서 당시에 급하게 융통하여 이 물을 끌어다가 음식을 만들었습니다."

큰 시주가 말했다.

"괴이하고 괴이하다. 내가 어리석고 지혜가 없었구나. 어떻게 독사를 기르려고 이런 독우물을 만들었단 말인가!"

아내와 자식에게 빨리 가서 우물을 메우고 그 안의 세 마리 독사는 자신이 태워 죽이겠다고 말하였다. 이 때 일꾼들이 빨리 가서 없애 버렸다.

시주가 독우물을 처리하고 나서 바깥으로 나가 돌아다니며 보시를 받은 자들이 약기운이 퍼져서 죽는 것을 보았다. 그들은 모두 같은 소리로 말했다.

"여기 앉아 있는 이 시주가 나에게 독 음식을 주어서 나를 내 명보다 빨리 죽게 만들었다. 내가 만약 먼저 이 음식에 독이 있는 것을 알았다면 결코 먹지 않았을 것이다."

시주가 이 말을 듣고 괴로워하였다.

그러므로 저 전륜성왕이 비록 열 가지 선으로 교화하여 모든 중생을 인간계와 천상계에 태어나 미묘한 다섯 가지 즐거움과 쾌락을 얻게 하였으나 생노병사를 면하게 할 수 없었던 것과 같았다.

이 때 전륜성왕이 곧 서원을 세우며 말했다.

"나는 이제 마땅히 위 없는 부처님의 법인 불법(佛法)과 출세간을 구하여 모든 중생에게 기꺼이 배우고 익히고 외우게 하여 생사를 멀리 떠나 열반을 얻게 하리라."

이 때 전륜성왕이 불법을 구하기 위하여 염부제에 두루 명을 내려 "누가 불법을 알고 있는가? 대전륜성왕이 기꺼이 배우려고 하노라"라고 하며 곳곳에 명을 내렸으나 아무도 말하지 않았다. 그러다가 한 변방의 작은 나라에 이르렀는데 불법을 알고 있는 바라문이 있었다.

이 때 사자(使者)를 바라문이 있는 곳에 보내어 물었다.

"대덕은 불법을 아십니까?"

그가 안다고 답했다. 그러자 사자가 고개 숙여 발에 예를 올리며 말했다.

"대사여! 대전륜성왕이 간절히 당부하셨습니다. 오직 대사께서 신령한 덕을 굽히시어 전륜성왕이 계신 곳으로 가주시기를 바랍니다."

그리하여 전륜왕은 멀리 나가 그를 맞아들였다. 고개 숙여 발에 예를 올리고 일어나 앉으며 "먼 길 오시는데 피곤하지 않으셨습니까?"라고 하고 곧 궁전으로 들어가기를 청하여 의식을 행하는 정전(正殿) 위에 왕의 자리를 펴고 대사를 청하여 이 자리에 앉게 하였다. 이 때 바라문이 곧 미묘한 자리에 올라가 결가부좌를 하고 앉았다.

이 때 대왕은 대사가 단정하게 앉아서 선정에 든 것을 보고 필요한 것을 모두 공급해 주며 합장하고 바라문을 향해 말했다.

"대사여! 불법을 아십니까?"

바라문이 답했다.

"나는 부처님의 법을 알고 있습니다."

이 때 대왕이 다시 말했다.

"대사여! 나를 위하여 깨우치도록 말해주십시오."

바라문이 말했다.

"왕은 아주 어리석군요. 내가 불법을 배우느라 오랫동안 부지런히 고행을 해서 겨우 얻을 수 있었습니다. 지금 대왕은 어떻게 그냥 들어서 알려고 하십니까?"

대왕이 대사에게 말했다.

"무엇이 필요하십니까?"

바라문이 말했다.

"나에게 공양을 하십시오."

왕이 다시 말했다.

"필요한 공양이 무엇입니까? 의복이나 음식입니까? 금은의 진귀한 보배입니까?"

바라문이 말했다.

"나는 이와 같은 공양은 필요로 하지 않습니다."

왕이 말했다.

"만약 이와 같은 공양물이 필요하지 않다면 코끼리·말·수레입니까? 국가·성·아내입니까? 음악이나 기악으로 연주하는 것입니까?"

바라문이 말했다.

"나는 이러한 공양물도 필요없습니다. 만약 왕의 몸에서 천 개의 상처를 베어내고 기름을 가득 채워 등촉을 밝혀 등촉이 잘 타면 내가 당신을 위하여 부처님의 법을 설하지요. 만약 그렇게 할 수 없다면 나는 가겠습니다."

그리고 나서 바라문은 왕이 대답도 하기 전에 곧 높은 자리에서 내려왔다. 이 때 대왕이 곧 그를 부둥켜안고 말했다.

"대사여! 잠시만 멈추십시오. 지금 저의 지혜가 얕고 공덕이 적어서 그러니 조금 후에 스스로 생각해보고 공양을 올리겠습니다."

이 때 전륜성왕이 곧 스스로 깊이 사유하며 이런 생각을 했다. '내가 시작도 알 수 없는 오랜 옛날부터 지금까지 수도 없이 몸을 잃었지만 아직 법을 얻지 못했다. 지금 나의 이 몸이 죽어 썩어도 법을 얻지 못할 것이다. 오늘이 바로 그 때이다.' 그러고 나서 대사를 우러러보며 필요한 공양을 속히 마련하겠다고 말했다.

대왕은 곧 궁전으로 들어가서 여러 부인들에게 말했다.

"나는 이제 그대들과 헤어지려고 하오."

이 때 여러 부인이 이 말을 듣고 놀라서 털이 곤두서고 무슨 이유인지를 몰라 하며 작은 소리로 왕에게 물었다.

"왕은 어디로 가시려고 합니까?"

왕이 말했다.

"오늘 내 살을 베어내어 천 개의 등촉을 만들어 대사에게 공양하려고 하오."

이 때 여러 부인이 왕의 말을 듣고 뒹굴며 정신을 잃고 쓰러졌다가 큰 소리로 통곡을 하였다. 정신을 잃었다가 토하고 얼마 있다가 다시 깨어나서 대왕에게 말했다.

"세상에서 가장 귀한 것은 자기의 몸입니다. 공경하고 존중하며 때에 따라 길러 주고 두려운 곳에는 가지 않는 것인데 오늘 어째서 몸을 해치고 버리려고 하십니까? 왕은 지혜로운 분이신데 오늘은 정신이 돌거나 귀신에게 붙들린 것 같습니다."

왕이 그렇지 않다고 하자 부인들이 말했다.

"만약 그렇지 않다면 무엇 때문에 이와 같은 괴로움을 받는단 말입니까? 이 바라문을 공양하여 무엇하려고 하십니까?"

왕이 부인들에게 말했다.

"모든 중생을 위하여 부처님의 법을 구하고자 하는 것이오. 만약 모든 중생을 위하려고 한다면 오늘 어떻게 이 공양을 저버리겠소."

왕은 또 여러 부인에게 말했다.

"세상에 사랑하는 모든 사람은 이별하오. 그러므로 내가 지금 이 몸을 공양하여 당신들과 모든 중생을 위하고자 하는 것이오. 어두운 방에 큰 지혜의 등불을 밝혀서 당신들의 생사와 무명(無明)의 어두움을 비추어서 모든 번뇌와 생사의 괴로움을 끊게 하고자 하오. 중생을 제도하여 얻기 어려운 열반에 이르게 하고자 하니 그대들이 이제 어떻게 나의 뜻을 어기겠소?"

이 때 부인들이 왕의 말을 듣고 묵연히 대답하지 못하였다. 마음은 슬프지만 소리내지 못하고 오열하다가 큰 소리로 통곡하였다. 스스로 머리를 풀어헤치고 손으로 자신의 얼굴을 할퀴고 후려치며 다시 소리내어 말했다.

"우리들은 박복한 상이라서 살아서 남편이 죽는구나."

전륜성왕에게는 오백 명의 태자가 있었다. 모두 단정하고 총명하며 지혜로워서 아버지가 자신의 눈처럼 사랑하고 생각하였다. 이 때 대왕이 여러 아들에게 말했다.

"내가 오늘 공양을 하려고 하는데 아마 목숨을 건지지 못하고 너희들과 헤어질 것이다. 국토와 백성·모든 왕법은 나이 많은 사람을 따라서 다스려라."

이 때 여러 태자들이 이 말을 듣고 몸의 뼈마디·관절·힘줄이 빠지고 끊어지는 것 같았다. 마치 사람이 목에 걸린 것을 삼킬 수도 없고 밖으로 토해낼 수도 없는 것과 같은 상태로 작은 소리로 부왕에게 물었다.

"오늘 어째서 저희들을 영원히 버리고 혼자서 돌아가시려고 하십니까?"

이 때 여러 태자가 앞으로 가서 왕의 목을 껴안기도 하고 팔과 다리를 잡기도 하면서 비통하게 소리 높여 울며 "괴이하고 괴이하십니다. 오늘 어째서 영원히 아버님을 잃게 하십니까?"라고 말했다.

이 때 대왕이 여러 아들을 깨우치며 말했다.

"세상에 있는 모든 사랑하는 사람들이 헤어진다는 것을 널리 알리기 위한 것이다."

여러 아들이 답했다.

"비록 부왕이 말한 것과 같다 해도 연모하는 마음은 버릴 수가 없습니다. 대왕은 오늘 한 가지 소원을 들어 주십시오. 저희 아들들이 이 생명을 대왕에게 바쳐서 왕을 위하여 바라문스승을 공양하겠습니다." 왕이 말했다.

"너희들은 아직 어리고 아는 것이 없어서 이와 같은 공양은 감당할 수 없다. 내가 이제 대사를 멀리서 초청하여 공양할 것을 허락하였으니 어기지 않을 것이다. 무릇 효자는 아버지의 뜻을 어기지 않는데 너희가 이제 어떻게 나의 뜻을 거역하려고 하느냐?"

여러 태자들이 이 말을 듣고 나서 크게 소리를 지르자 하늘과 땅의 귀신이 놀랐고 몸을 땅에 내던지니 마치 큰 산이 무너지는 것과 같았다.

이 때 대왕은 또 여러 작은 왕들과 작별을 하고 정전에 있는 대사의 처소로 갔다. 몸에 걸고 있던 보배구슬들과 좋은 옷을 벗고 한쪽에 단정히 앉아서 여러 대신과 작은 나라의 왕·오백 명의 태자·이만 명의 부인에게 말했다.

"그대들 가운데 이제 누가 나를 위하여 몸에서 천 개의 상처를 베겠는가?"

부인과 태자·여러 신하들 모두 한마음으로 이렇게 말하였다.

"우리들은 이제 차라리 날카로운 칼로 스스로 두 눈을 도려낼지언정 결코 이 손으로 왕의 몸을 벨 수 없습니다."

이 때 대왕이 근심하며 생각하였다. '내가 지금 혼자 외로이 몸을 드러내고 있는데 무리들 중에서 한 사람도 나를 도와주지 않는구나.'

이 때 대왕에게 한 전다라3가 있었는데, 그는 성격이 포악하여 사람들이 두려워하였다. 갑자기 소리나는 곳으로 나아가며 여러 태자에게 말했다.

---

3. 전다라(旃陀羅)의 범어는 찬달라(Ｓcaṇḍāla)로 인도의 계급제도에서 제4 계급인 수다라 아래에 있는 최하위의 종족이다. 그들은 옥졸, 판매, 도살, 수렵, 사냥 등에 종사했다. 마누법전에 의하면 아버지가 수다라이고 어머니가 바라문이면 그 자식이 전다라가 된다. 그만큼 엄격하게 다른 계급과의 혼인을 금했고 특히 바라문이 다른 종성과 혼인하는 것을 엄하게 단속했음을 알 수 있다.

"걱정하고 괴로워하지 마십시오. 저에게 방법이 있으니 대왕이 일을 이루지 못하도록 할 수 있습니다. 만약 일이 성사되지 못하면 왕은 돌아와서 처음과 다름없이 나라를 이끌 것입니다."

여러 태자가 이 말을 듣고 기뻐하였다. 이 때 전다라가 왕에게 가서 이제 어떻게 하시려는지 물었다.

"몸을 베어 천 개의 등으로 대사를 공양하려고 한다."

전다라가 말했다.

"몸을 베는 일은 제가 할 수 있습니다."

왕이 이 말을 듣고 기뻐하며 전다라에게 말했다.

"네가 이제 진실로 더할 수 없이 좋은 나의 도반이다."

이 때 전다라가 곧 왕의 앞으로 가서 크게 심호흡을 하고 소리 높여 말했다.

"대왕이여. 사람을 죽이는 방법은 머리를 끊고 목을 자르고 팔다리를 끊는 것으로 힘줄이 뽑히고 맥이 빠지는 고통이 있음을 아셔야 합니다. 대왕은 이제 이것을 감당할 수 있겠습니까?"

왕이 이 말을 듣고 기뻐하였다. 이 때 전다라가 소의 혀처럼 생긴 칼을 가지고 순식간에 왕의 몸을 골고루 베어 천 개의 상처를 만들었다. 그 때 전다라는 왕의 뜻을 물러나게 할 수 있다고 생각했는데 도리어 요지부동이므로 칼을 땅에 버리고 달아나 버렸다.

이 때 대왕은 몸의 모든 상처에 기름을 가득 채우고 그 위에 미묘하고 가는 털을 얽어서 심지로 삼았다. 이 때 바라문 큰 스승은 대왕이 이 일을 마치는 것을 보고 이런 생각을 하였다. '내가 이제 마땅히 대왕을 위하여 부처님의 법을 설하리라. 왜냐하면 대왕이 이제 몸의 여러 등을 태우면 아마 목숨을 부지하지 못할 것이기 때문이다. 만약 목숨을 건지지 못하면 누가 법을 듣겠는가!' 생각을 마치고 대왕에게 말했다.

"정진은 이와 같이 하기 어려운 것을 하는 것입니다. 이러한 고행을 닦아야 불법을 듣게 되니 잘 듣고 잘 들어 잘 생각하십시오. 내가 왕을 위하여 불법을 설하겠습니다."

왕이 이 말을 듣고 크게 기뻐하였다. 마치 부모님을 잃은 효자가 말할 수 없이 근심하고 괴로워하다가 부모님이 다시 살아나 기뻐하는 것처럼 왕도 바라문의 말을 듣고 기뻐하였다. 이 때 바라문은 곧 왕을 위하여 '일어나고 없어지는 법'[興衰法]의 반 게송을 설하였다.

모든 삶은 갑자기 죽음이 되니
이러한 삶과 죽음이 사라지면 즐거움이 되리.

왕이 게송을 듣고 나서 환희심이 솟아 여러 태자와 대신에게 말했다.

"모든 사람이 만약 나에 대해 자비와 연민의 마음이 있거든 마땅히 나를 위하여 이 법을 기억하여지니라. 모든 국토 곳곳의 마을에 있는 백성들·성과 시내·거리의 백성에게 왕의 뛰어난 명을 선포하라. 모든 사람이여, 마땅히 알라. 대전륜왕이 모든 백성과 중생이 고통의 바다에 빠져서 아직 벗어나지 못하는 것을 보고 모든 중생에 대해서 큰 자비심을 일으켰다. 그래서 몸을 도려내어 천 개의 등을 공양하여 반 게송을 구하였다. 모든 사람이 이제 대왕의 큰 자비심에 감동했다면 마땅히 이 게송을 쓰고 읽고 외우며 익히라. 이 뜻을 생각하고 말한 것과 같이 수행해야 하느니라."

모든 사람이 이 말을 듣고 기뻐하며 똑같은 소리로 대왕을 찬탄하며 말했다.

"거룩하고 거룩한 대왕이시여! 진실로 큰 자애의 아버지이시니 모든 중생을 위하여 이런 고행을 닦으셨습니다. 우리들은 마땅히 빨리 가서 이것을 종이·비단·돌·나무·기와조각·풀잎·지름길·행인이 많이 다니는 길에 모두 써서 이것을 보고 듣는 자가 모두 보리심을 내게 하겠습니다."

이 때 대왕이 곧 천 개의 등을 태워서 대사를 공양하자 그 밝음이 멀리 시방세계를 비쳤다. 그 등의 빛 속에서도 소리가 나며 이 반 게송을 말하였고 그 법을 듣는 자는 모두 깨달음을 얻으려는 마음을 일으켰다. 그 광명이 위로는 도리천4 궁까지 비쳐서 그 등의 광명이

---

4. 도리천(忉利天)은 삼계 가운데 욕계에 속하는 여섯 개의 하늘[六欲天]가운데 두 번째 하늘이다. 여섯 개의 하늘은 다음과 같다. 첫번째는 사왕천(四王天)이다. 동서남북 사면에 지국천·광목천·증장천·다문천의 네 왕이 있다. 이곳은 수미산의 허리쯤에 있다고 하는데, 수미산은 인도인이 상상했던 세계의 중심이 되는 산이다. 두 번째는 도리천이다. 이곳은 인도의 수미산의 꼭대기에 있다고 생각되었다. 동서남북 각각 8개의 성이 있고 가운데 제석천이 머무는 성을 합하면 33개의 성이 있으므로 33천(天)이라고도 부른다. 세 번째는 야마천(夜摩天)이다. 때맞춰 즐거움을 얻을 수 있는 곳이다. 야마천 이후부터는 공중에 있다고 생각되었다. 네 번째는 도솔천(兜率天)이

모든 하늘의 광명을 가릴 수 있었다.

도리천왕은 이 광명이 멀리서 천궁을 비추는 것을 보고 '무슨 인연으로 이런 광명이 있는가' 생각하였다. 곧 천안으로 세간을 살펴보고 전륜성왕이 큰 자비로 모든 중생을 위하여 그 몸을 닦고 있는 것을 보았다. '중생들을 제도하기 위해서이구나. 그러면 우리들은 이제 세간으로 가서 그들을 타이르고 도우며 기쁘게 해야겠다'고 생각하고 세간에 내려와 평범한 사람으로 변하여 왕에게 가서 말했다. "몸을 도려내어 천 개의 등으로 이런 고행을 닦아 반 게송을 얻어 무엇을 하시렵니까?"

왕이 답했다.

"선남자여! 나는 모든 중생에게 보리심을 내게 하려고 하는 것입니다."

이 때 변화한 사람이 곧 원래의 몸을 나타내자 광명과 위엄으로 환하게 빛이 드러났다. 이 때 제석천이 대왕에게 말했다.

"이 공양을 하는 것은 천신왕이 되고 싶어서입니까? 마왕이나 범천왕이 되고 싶어서입니까?"

이 때 전륜성왕이 제석천에게 답했다.

"나는 인간계와 천계의 존귀함을 구하는 것이 아닙니다. 바로 깨달

다. 다음에 태어나 부처님이 될 보살이 머무는 곳이다. 다섯 번째는 화락천(化樂天)이다. 다섯 가지 감각기관의 즐거움을 스스로 변화하여 즐기는 곳이다. 여섯 번째는 타화자재천(他化自在天)으로 다른 사람에게 마음대로 다섯 가지 감관의 즐거움을 변화하여 얻게 할 수 있는 곳이다.

음을 구하여 모든 중생을 위하려고 하는 것입니다. 불안한 자를 편하게 하고 이해하지 못한 자를 이해하게 하며 아직 제도되지 못한 자를 제도하고 도를 얻지 못한 자를 도를 얻게 하려고 합니다."

제석천이 말했다.

"대왕은 지금 어리석은 것이 아닙니까? 깨달음을 구하는 것은 오랫동안 부지런히 고행을 해야 얻을 수 있는데 그대는 지금 어떻게 위없는 도를 구하고자 하십니까?"

대왕이 제석천에게 말했다. "설사 뜨거운 쇠수레바퀴가 나의 머리 위를 돌지라도 결코 이 괴로움 때문에 위 없는 도를 구하는 마음에서 물러나지 않겠습니다."

"당신이 지금 이렇게 말을 해도 나는 믿지 못하겠습니다"라고 제석천이 말하자 전륜성왕이 제석천왕 앞에서 서원을 세우며 말했다.

"내가 만약 진실로 깨달음을 구하는 것이 아니면 제석천왕을 속이는 것입니다. 만약 그렇다면 나의 천 개의 상처는 결코 아물지 않을 것입니다. 만약 그렇지 않다면 피는 다시 우유가 되고 천 개의 상처는 회복될 것입니다."

이 말을 하자 곧 원래와 같이 회복되었다.

제석천왕이 말했다.

"거룩하다. 대왕이여! 진실로 자비하십니다. 큰 대비심을 닦는 자는 이와 같은 고행을 하여 머지 않아 깨달음을 얻을 것입니다. 깨달음을 얻으면 먼저 나를 제도해 주십시오."

이 때 제석천이 밝은 광명을 놓아 두루 왕의 몸을 비추었다. 많은 천신들도 이 때 함께 보리심을 발하였다.

　오백 명의 태자는 부왕의 몸의 상처가 회복된 것을 보고 한없이 기뻐하였다. 곧 그 앞에 나가 고개 숙여 발에 예를 올리고 한쪽에 물러서서 합장하고 아버지를 향하여 같은 소리로 함께 말하였다.

　"이전에 없던 일입니다. 이제 부왕께서는 진실로 모든 중생을 큰 자비와 연민으로 여기신 것입니다."

　왕이 태자에게 답했다.

　"너희들이 만약 효자라면 마땅히 보리심을 일으켜야 하리라."

　모든 태자들은 이 말을 듣고 기뻐하며 부왕의 깊은 은혜에 감동하여 곧 보리심을 일으켰다. 이만 명의 부인과 백천 명의 궁녀들도 모두 이와 같았다.

　이 때 대중 가운데 70갠지스 강의 모래와 같은 수의 중생이 모두 성문과 벽지불심을 내었다. 또 한없는 천신·사람·건달바·아수라·가루라·긴나라·마루라가 등 사람과 사람 아닌 존재들이 이것을 보고 듣고 모두 도심을 발하고 기뻐하며 물러갔다.

4. 깨닫고자 하는 마음을 일으켜라[發菩提心品]

이 때 모임 가운데 희왕(喜王)이라는 대보살이 있었다. 곧 자리에서 일어나 한쪽을 걷어올려 오른쪽 어깨를 드러내고 오른쪽 무릎을 땅에 대고 합장하며 여래를 우러러보면서 말했다.

"보살은 어떻게 은혜를 알고 은혜를 갚습니까?"

부처님이 희왕보살에게 말씀하셨다.

"선남자여! 잘 듣고 잘 들어라. 보살이 은혜를 아는 것은 보리심을 발하는 것이다. 은혜를 갚는 것은 모든 중생에게 보리심을 일으키도록 하는 것이다. 보리심을 발한다면 어떻게 발하게 하는 것이며 보살은 어떤 인연으로 보리심을 발하는 것인가? 선남자여! 보살이 처음 보리심을 발할 때 큰 서원을 세우고 이와 같이 말한다. '만약 내가 깨달음을 얻는다면 모든 중생을 크게 이익되게 하며 모든 중생을 대열반에 편안히 들게 하리라. 또 모든 중생을 교화하여 모두 반야바라밀을 갖추게 하리라.' 이것이 바로 자신을 이롭게 하는 것[自利]이라고 하며 또한 남을 이롭게 하는 것[利他]이라고 이름한다. 그러므로 보리심을 처음 발하는 사람은 보리인연(菩提因緣)·중생인연(衆生

因緣)·정의인연(正義因緣)·삼십칠조도법[1]인연(助道法因緣)등
이라고 부른다. 모든 선법의 근본을 얻었기 때문에 보살은 대선(大
善)이라고 하기도 하고 일체중생선근(一切衆生善根)이라고도 한
다. 그러므로 모든 중생이 몸·언어·마음 등으로 짓는 세 종류의 악
행을 깨뜨릴 수 있다. 모든 세간의 서원과 모든 출세간의 서원 가운데
깨달음보다 뛰어난 것이 없다. 이와 같은 서원은 이보다 더 뛰어난
것도 없고 더 이상도 없다.

　보살이 보리심을 처음 발할 때 다섯 가지 일이 있다. 하나는 성(性)
이다. 둘은 행(行)이다. 셋은 경계(境界)이다. 넷은 공덕(功德)이
다. 다섯은 증장(增長)이다.

　보살이 만약 보리심을 발할 수 있으면 보살마하살이라는 이름을
얻는다. 반드시 깨달음을 얻어 대승행을 닦기 때문에 보리심을 처음

---

　1. 삼십칠조도법(助道法)은 삼십칠조도품품법, 삼십칠도품이라고도 한다. 열
　　반의 이상적 경지에 나가기 위하여 닦는 도행의 종류에 삼십칠 가지가 있다
　　는 뜻이다. 즉 사념처(四念處: 육신, 감각, 마음, 법에 대해서 바르게 관찰
　　하는 것)·사정근(四正勤: 선한 법을 자라게 하고 악한 법을 멀리하고 끊
　　으려고 수행하는 네 가지 법)·사여의족(四如意足: 뜻대로 자유자재한 네
　　가지 신통을 일으키는 것)·오근(五根: 다섯 가지 감각기관을 닦는 것)·
　　오력(五力: 불가사의한 작용이 있는 다섯 가지 힘)·칠각분(七覺分: 불도
　　를 수행하는 데 지혜로써 참되고 거짓되고 선하고 악한 것을 바르게 살피는
　　것)·팔정도분(八正道分: 팔정도로 正見, 正思惟, 正語, 正業, 正命, 正
　　精進, 正念, 正定)를 모두 합하면 삼십칠 가지 수행이 된다. 이 삼십칠조도
　　품은 열반에 도달하려고 하려고 하는 수행자가 거치는 단계로 지금 쓰여져
　　있는 순서대로 닦아나가는 것이다. 따라서 마지막에 팔정도를 닦아 행하면
　　깨달음에 이르러 성인이 된다.

발하면 곧 모든 선법을 얻을 수 있다. 보살은 보살심을 발하고 점차 수행하여 깨달음을 얻는다. 만약 보리심을 발하지 못하면 끝내 깨달음을 얻을 수 없다. 그러므로 마음을 발하면 곧 깨달음의 근본을 얻는다. 보살은 괴로워하는 중생을 보고 가엾게 여기는 마음을 낸다. 그러므로 보살은 자비심 때문에 보리심을 발한다. 보리심을 발하였기 때문에 곧 삼십칠조도법을 익힐 수 있다. 삼십칠조도법 때문에 깨달음을 얻는다. 그러므로 마음을 발하는 것을 근본(根本)이라고 이름한다. 보리심을 발하기 때문에 보살계를 행할 수 있다. 그러므로 마음을 발하는 것을 뿌리라고도 하고 원인이라고도 이름한다. 가지라거나 잎이라거나 꽃·열매·씨앗이라고도 이름한다.

보살이 마음을 발하여도 마치는 것〔畢竟〕과 마치지 못하는 것〔不畢竟〕이 있다. 마치는 것은 깨달음을 얻을 때까지 끝내 물러나는 마음이 없는 것이다. 마치지 못하는 것은 물러나거나 그런 마음을 잃어버리는 것이다. 물러남에는 두 종류가 있다. 마지막에 물러나는 것과 마지막에도 물러나지 않는 것이다. 마지막에 물러나는 것은 끝내 보리심을 발할 수 없고 또 그 법을 추구하며 닦고 익힐 수 없다. 마지막에도 물러나지 않는 것은 보리심을 구하여 그 법을 닦고 익힌다.

이 보리심은 네 종류가 있다. 하나는 만약 선남자나 선여인이 여러 부처님과 보살의 불가사의한 일을 보거나 들을 때 믿고 공경하는 마음을 내며 이런 생각을 한다. '부처님과 보살의 일은 불가사의하다. 만약 부처님과 보살의 불가사의한 일을 얻을 수 있다면 나도 또한 마땅히 깨달음을 얻어야겠다.' 그러므로 지극한 마음으로 깨달음을 생각하여 깨닫고자 하는 마음을 발한다. 또 여러 부처님과 보살의 불가사의를 보지 못하고 여러 부처님과 보살의 비밀함을 듣기만 하고 곧 공경하고 믿는 마음을 일으킨다. 믿는 마음을 냈기 때문에 깨달음과 큰 지혜를 위하여 보리심을 발한다.

또 여러 부처님과 보살의 불가사의를 보지도 못하고 그 법을 듣지도 못했으나 법이 없어지는 것을 보면서 이런 생각을 한다. '위 없는 부처님의 법은 중생의 한없는 번뇌를 없앨 수 있고 큰 이익을 만들 수 있다. 오직 여러 부처님과 보살이라야 부처님의 법을 오랫동안 없어지지 않고 머물게 할 수 있다. 나도 이제 보리심을 발하여 여러 중생을 번뇌에서 멀리 떠나게 하리라. 나의 이 몸이 큰 괴로움을 받아도 불법을 보호하여 오랫동안 세상에 머무르기를 바란다.' 그러므로 보리심을 발한다.

또 여러 부처님과 보살의 법이 없어지는 것을 보지 못하고 오직 악한 세상과 여러 중생 등의 무거운 번뇌와 탐욕·성냄·어리석음·부끄러움이 없음·파렴치함·인색함·질투·의심·고뇌·불신·삿된 의심·나태 등만을 보고 생각하길 '매우 악한 세상에서 중생들은 선을 닦을 수 없다. 이와 같이 악할 때는 아직 성문과 연각의 마음을 발할 수도 없는데 하물며 보리심을 발할 수 있겠는가? 나는 이제 보리심을 발해야 하겠다. 보리심을 발하고 나서 모든 중생에게 보리심을 발하도록 가르쳐야겠다'라고 한다."

이 때 희왕보살이 다시 부처님께 아뢰었다.

"세존이시여! 보살이 은혜를 아는 것은 보리심을 발하는 것으로부터 시작하고 보살이 은혜를 갚는 것은 모든 중생에게 보리심을 발하게 하는 것이라면, 여래가 생사에 있을 때 보리심을 처음 발한 것은 무슨 인연 때문이었습니까?"

부처님께서 말씀하였다.

"헤아릴 수 없이 오랜 옛날의 생사 가운데에 있을 때 극심한 번뇌도 몸·언어·마음으로 나쁜 행위를 했기 때문에 팔대지옥2에 떨어졌다. 팔대지옥은 아가가(阿訶訶)지옥·아파파(阿婆婆)지옥·아달다(阿達多)지옥·동부(銅釜)지옥·대동부(大銅釜)지옥·흑석(黑石)지옥·대흑석(大黑石)지옥·화거(火車)지옥 등이다.

나는 그 때 화거지옥에 떨어져서 두 사람이 함께 불수레를 끌었다. 소머리에 사람의 몸을 지닌 지옥의 옥졸은 수레 위에 앉아서 입을 다물고 이를 갈며 큰 눈을 부릅뜨고 불을 내뿜으며 입·눈·귀·코에서는 불꽃연기가 났다.

몸은 아주 크고 팔다리는 접혀 꼬여져 있다. 피부는 검붉은 색이고 손에 쇠몽둥이를 가지고 이것으로 내려쳤다. 나는 그 때 괴로워하면서 힘껏 수레를 끌어 앞으로 나아갔다. 나와 함께 일하는 자가 지치고 힘이 없어서 뒤처져 있었는데 지옥의 옥졸이 쇠꼬챙이로 배를 찌르고 쇠몽둥이로 등을 후려치자 피가 뿜어져 나와 몸을 타고 흘러내렸다.

---

2. 원문의 팔대지옥(八大地獄)은 원래 팔열지옥(熱地獄)만을 말한다. 이곳은 뜨거운 불길로 인해 고통받는 큰 지옥들이다. 그러나 현재 실려 있는 지옥의 명칭은 경전에 일반적으로 알려져 있는 팔열지옥과 다르며, 팔한지옥(八寒地獄: 추위로 고통받는 지옥)과 뒤섞여 있다.

그 사람이 괴로움 때문에 소리를 지르며 고통을 참지 못해 부모님을 부르기도 하고 아내와 자식을 부르기도 하였다. 비록 소리쳐 불러도 자기에게 아무런 이익도 되지 않았다.

나는 그가 큰 고통을 받는 것을 보고 불쌍하고 가엾게 여기는 마음이 생겼다. 이 자비심으로 인하여 보리심을 발하고 여러 죄인을 위하여 그 지옥의 옥졸을 구스르며 부탁하였다.

'이 죄인이 너무 불쌍합니다. 조금만 불쌍히 여겨 자비심과 동정심을 보여주십시오.'

지옥의 옥졸은 이 말을 듣고 화를 내며 곧 쇠꼬챙이로 나의 목을 찔렀다. 바로 그 때 나는 목숨을 마치고 백겁 동안 화거지옥에 있을 죄에서 벗어났다. 나는 보리심을 발하였기 때문에 화거지옥의 죄에서 벗어났다."

부처님께서 희왕보살에게 말씀하셨다.

"불수레를 이끌던 자가 바로 지금의 나의 몸이다. 보리심을 발하였기 때문에 빨리 성불할 수 있었다. 그러므로 모든 중생이 보리심을 발하는 것은 한결같지 않음을 알아야 한다. 자비심이나 성내는 마음에 말미암기도 하고 보시하는 마음·인색한 마음·기뻐하는 마음·번뇌·사랑하는 사람과 헤어짐·미워하는 사람과 만남·좋은 벗을 가까이함·나쁜 벗·부처님을 만남·법을 듣는 것으로 인하기도 한다. 그러므로 모든 중생이 보리심을 발하는 것은 각각 다름을 알아야 한다. 희왕아! 보살이 은혜를 알고 은혜를 갚는 일이 이와 같음을 알아야 하느니라."

이 법을 설할 때 만팔천 명이 보리심을 발하였다. 모든 중생 가운데 수다원에서 아라한과까지 얻는 사람도 있었다. 이 때 천신·용·귀신 등 사람과 사람 아닌 존재도 성문과 벽지불심을 발할 수 있었다. 모두가 법을 듣고 기뻐하며 머리 숙여 예를 올리고 오른쪽으로 돌고서 물러갔다.

5. 외도들과 효와 불교에 관해 논의하다[論議品]

한 때 여래께서는 마야부인과 여러 하늘의 중생들을 위하여 90일 동안 법을 설하셨다. 염부제에서는 90일 동안 여래가 계신 곳을 알지 못했다. 부처님 제자 가운데서 신통이 가장 뛰어난 대목건련(大目揵連)[1]이 신력을 다하여 시방을 찾아보았으나 알 수 없었다. 아나율타는 제자 가운데서 가장 밝은 눈을 가졌으므로 시방의 삼천대천세계를 두루 살펴보았으나 또한 찾지 못했다. 그래서 5백 명의 위대한 제자들은 여래를 보지 못해 근심스러워하고 고뇌하였다.

우전(優填)대왕은 여래를 그리워하며 근심하다가 병이 들 지경이었다. 곧 가장 향이 좋은 전단[2]나무로 여래와 같은 모습을 만들어 예로써 섬기고 공양하기를 부처님 계실 때와 다름이 없게 하였다.[3]

---

1. 부처님의 열 명의 뛰어난 제자 가운데 한 사람으로 신통력이 가장 뛰어난 제자이다.
2. 단향목(檀香木)의 하나인 전단나무 가운데 가장 좋은 향을 갖춘 것을 우두전단(牛頭栴檀)이라고 한다. 우전왕이 불상을 만들 때 이 나무에 조각하였다고 전한다.
3. 이것은 다만 전설이나 꾸며진 이야기로 여겨지고 있다. 역사적으로 불상은 불멸 후 2백 년이 지난 후에 만들어졌다고 전한다.

그 때 대왕이 여러 육사외도들을 불러서 여래가 계신 곳을 점치게 하였다. 이 때 육사외도가 바로 말하였다.

"대왕이시여! 구담사문은 바로 환술로 만들어진 것일 뿐임을 아셔야 합니다. 환술로 변화된 법체는 진실한 것이 아닙니다. 대왕이시여! 우리들의 경서인 네 가지의 베다에 '천 년이나 2천 년에 환술로 지어진 사람이 세상에 나오리라'고 설해져 있는데 구담사문이 바로 그 사람임을 아셔야 합니다."

이 때 아나율타가 대왕이 있는 곳에 가서 아뢰었다.

"대왕이시여! 아셔야 합니다. 여래는 지금 도리천에 계시는데 7일이 지나면 염부제로 돌아오실 것입니다."

왕은 이 말을 듣고 크게 기뻐하며 명령을 내려 국토를 깨끗이 청소하고 향을 피웠다. 또 그림이 그려진 비단을 걸고 깃발·덮개 등을 달고 다투어서 모두 모이게 하였다. 진기하고 맛있는 음식과 꽃·향·기악 등의 여러 가지 공양을 마련하였다.

이 때 육사외도는 여러 사람이 모여서 여러 가지 진기하고 맛있는 음식 등의 공양을 마련한 것을 보고 물었다.

"그대들이 마련한 이 공양은 국왕을 청하기 위한 것인가? 왕자를 청하기 위한 것인가?"

아니라고 답하자 다시 물었다.

"만약 그렇지 않다면 대신을 청하기 위한 것인가? 바라문걸사를 청하기 위한 것인가? 친족의 모임을 위한 것인가?"

"아닙니다. 부처님을 청하기 위한 것입니다"라고 대답했다.

다시 육사외도가 물었다.

"부처님은 누구인가?"

"일체지4를 지닌 분〔一切智人〕입니다"라고 답하자 육사외도가 물었다.

"일체지를 지닌 사람은 누구인가?"

"큰 자비심을 지닌 아버지입니다. 당신은 모르십니까? 백정왕(白淨王)의 종족은 가장 높고 귀하여 세상이 처음 생길 때부터 큰 아들이 대를 이어 전륜왕이 되었습니다. 근래의 2대는 전륜왕이 되지는 않았지만 염부제왕이 되었습니다. 세 형제 가운데 맏이는 정반왕(淨飯王)이고 둘째는 곡반왕(斛飯王)이고 막내는 감로반왕(甘露飯王)입니다.

정반왕의 두 아들은 맏이는 실달(悉達)이고 둘째는 난타(難陀)5라고 합니다. 곡반왕도 두 아들이 있는데 맏이는 제바달(提婆達)이고 둘째는 아난(阿難)이라고 합니다. 감로반왕에게는 외동딸이 있었는데 감로미(甘露味)라고 하였습니다.

---

4. 일체지(一切智)는 모든 법의 모습〔法相〕을 깨달아 아는 지혜로 시간과 공간, 존재와 논리에 관한 모든 진리를 알 수 있는 것이다. 『대지도론』에 의하면 전체적인 뜻으로 보면 일체지와 일체종지(一切種智)는 모든 법의 총체적 모습을 아는 부처님의 지혜를 가리킨다. 구별하여 쓰면 일체지는 법의 부분적 모습만을 아는 것으로 성문과 연각의 지혜를 나타내고 일체종지만이 부처님의 지혜를 가리킨다.
5. 부처님이 출가하기 전 싯달타 왕자였을 때의 이복동생이 난타(難陀)이다. 아내가 아름다워서 출가하지 않으려고 하자 부처님께서 천상계의 즐거움과 지옥의 괴로움을 보여주셨고 이에 교화를 받아 출가하였다.

그 때 큰형 실달태자가 성을 나가서 여기저기 유행하다가 나고 늙고 병들고 죽는 모습을 보았습니다. 그것을 근심하고 깊이 생각하느라 밥도 먹지 않고 인간의 삶에 이런 우환이 있는 것을 슬퍼하며 생각하였습니다. '귀하건 천하건 가리지 않고 형체가 있는 부류는 이것을 면할 수 없구나.'

곧 밤에 궁성을 뛰어넘어 나가서 보리수 아래에서 6년을 고행한 후에 일체지를 얻었습니다. 그러므로 일체지를 지닌 분이라고 부르는 것입니다. 혼자서 깨달아 부처가 되어 십력6 · 사무소외7 · 십팔불공

6. 십력(十力)은 부처님과 보살이 갖추고 있는 열 가지 지혜의 힘으로 그 중 부처님의 십력은 십팔불공법 가운데 열 가지를 가리킨다. 이것은 다음과 같다. ① 처비처지력(處非處智力)은 모든 인연과보를 실상과 같이 살펴서 알 수 있다. ② 업이숙지력(業異熟智力)은 모든 중생의 과거, 현재, 미래삼세의 인연과보를 알 수 있다. ③ 정려해탈등지등지발기잡염청정지력(靜慮解脫等持等至發起雜染淸淨智力)은 여러 선정에 대해서 자재하고 걸림이 없으며 그 얕고 깊음의 정도를 실상과 같이 안다. ④ 근상하지력(根上下智力)은 중생의 근기가 뛰어나고 열등함을 알며 그 과보의 크고 작음을 두루 안다. ⑤ 종종승해지력(種種勝解智力)은 여러 중생이 선과 악을 좋아하는 것이 다름을 실상과 같이 안다. ⑥ 종종계지력(種種界智力)은 모든 중생이 지닌 지성능력을 두루 다 안다. ⑦ 변취행지력(遍趣行智力)은 육도(六道)의 유루행이 이르는 곳과 열반의 무루행이 이르는 곳을 실상과 같이 두루 안다. ⑧ 숙주수념지력(宿住隨念智力)은 과거세에 있었던 가지 가지의 일을 실상과 같이 깨달아 안다. ⑨ 사생지력(死生智力)은 천안(天眼)에 의해 중생이 나고 죽는 때와 미래에 태어나는 곳 등의 선악과보처를 두루 안다. ⑩ 누진지력(漏盡智力)은 모든 미혹의 나머지 습기를 영원히 끊고 다시 일으키지 않음을 실상과 같이 두루 안다. 여래는 이 지혜를 증득하였기 때문에 모든 것을 꿰뚫어 안다.
7. 사무소외(四無所畏)는 부처님과 보살이 설법할 때 갖춘 네 가지 두려움 없는 능력을 말한다. 두려움없이 스스로를 믿어서 용맹하며 안정되어 있으므

법8 · 일체종지(一切種智)를 갖추었습니다. 태어난 지 7일만에 어머니가 명을 마치시고 도리천에 나셨는데 부처님은 어머니를 위하여 90일 동안 법을 설하시고 7일 후에 염부제로 돌아오실 것입니다."

이 때 육사외도는 이 말을 듣고 질투심과 걱정 · 고뇌가 생겼다. 곧 육사외도의 무리가 모여서 함께 논의하며 말했다.

"구담사문이 만약 염부제에 돌아온다면 모든 인민이 우리를 버리고 구담을 공양할 것이다. 우리들은 외롭고 궁핍해져서 구제될 수 없을 것 같다."

이 때 육사외도는 다시 '우리들은 이제 빨리 많은 사람들에게 가서 소리 높여 말해야겠다'라고 생각을 하고 이렇게 말하였다.

"여러분! 마땅히 알아야 합니다. 구담사문은 실제로 아는 것이 없는 젖비린내 나는 어린아이입니다. 근래에 석씨궁을 나와 보리수 아래에서 일체종지를 얻었다고 스스로 말하지만 이것은 허망한 말임을 알아야만 합니다. 왜냐하면 아기달(阿耆達)왕이 구담을 청해와서 베풀 공양은 오직 거친 보리였는데도 구담은 나쁘게 대하는 것을 알지 못하고 곧 초대를 받아들였기 때문입니다. 그러므로 일체지가 아

로 다른 사람들이 설법에 대해 비난할 것을 두려워하지 않는다. 『증일아함경』에 의거해 부처님의 사무소외를 알아보면 다음과 같다. ① 제법현등각무외 ② 일체루진지무외 ③ 장법불허결정수기무외 ④ 위증일체구족출도여성무외

8. 십팔불공법(十八不共法)은 부처님만이 갖추고 있는 공덕으로 성문, 연각, 보살은 함께 가질 수 없다. 일반적으로 부처님의 십력과 사무소외와 삼념주(念住) 그리고 부처님의 대비심을 합하여 십팔불공법이라고 한다.

님을 알아야 합니다. 그 다음에 다시 아난에게 '도리천에 안거하는 것이 몇 일이 남았는가?'라고 묻자 아난이 7일이 남아 있다고 했습니다. 그리고 아난에게 기원정사9의 정원에서 어째서 많은 까마귀가 우는가 물었더니 아난이 대답하길 '많은 새들이 먹을 것을 다투는 소리입니다. 마침 태어난지 7일만에 어미새가 죽었기 때문입니다'라고 했습니다.

이 사람은 박복한 상을 가진 사람이며 또한 극악한 사람임을 알아야 합니다. 왜냐하면 태어나자 마자 그 어미를 잃었기 때문입니다.

---

9. 기원정사(祇園精舍)는 기다원림수달다정사(祇陀園林須達多精舍)의 줄임말이다. 석가모니 부처님께서 살아 계실 때 가장 큰 불교사원으로서, 중인도에 있는 코살라국의 수도인 사위성(舍衛城)에서 남쪽으로 1.6㎞ 지점에 있는 기수급고독원(祇樹給孤獨園)에 자리하고 있다. 이 지역의 부호인 수달다장자(須達多長者:급고독장자)가 남쪽 마가다국(摩羯陀國)에서 부처님께 귀의한 후 기타(祇陀)태자의 동의를 얻어 태자가 소유한 정원림을 개인 재산으로 샀다. 그 뒤 그 정원림에 정사를 건립해 부처님과 그 교단을 위해 헌납한 것이다. 부처님은 약 25년에 걸쳐 우기(雨期) 동안에는 대부분을 이곳에서 보냈으며, 현존하는 경전의 70~80%를 설한 곳이기도 하다. 불교 최초의 절인 죽림정사(竹林精舍)와 더불어 2대 정사로 불리며, 기타태자의 정원림을 기원(祇園)이라고 번역한 것으로부터 이 이름이 비롯되었다. 원래는 7층 가람으로서 장엄하고 화려했으나, 부처님께서 열반에 드신 후 머지 않아 쇠미해져 나중에 법현(法顯 399~413년 여행)이나 현장(玄奘 629~645년 여행)이 인도를 여행할 무렵에는 이미 폐허가 되었다고 전하고 있다. 지금의 웃타르 프라데쉬 주의 사헤트 마헤트(Saheth-Maheth) 남쪽에 있는 사위성 옛터에는 광대한 유적이 남아 있다. 이 정사의 원래 구조를 살펴보면, 중앙에는 불전(佛殿)이 있고, 주위로는 작은 방이 80여 개, 선방이 63개, 부엌, 화장실, 욕실, 환자들을 위한 방 등 모든 것이 다 갖추어져 있으며 그 모습이 장관이었다고 한다.

또 자비롭고 효성스러운 것이 아니고 공양을 한 것도 아닙니다. 지금까지 계속 자랄 수 있도록 필요한 것을 주었으나 도리어 버리고 깊은 산으로 들어갔으니 은혜를 모르는 사람입니다. 부왕이 구이(瞿夷)에게 장가들게 하였으나 끝내 부부의 예를 행하지 못하게 하여 그녀에게 괴로움을 주었으니 은혜를 모르고 은혜를 생각하지 않은 것임을 알아야 합니다.

구담사문의 무리에는 존귀한 자와 비천한 자의 구분이 없이 오백 제자를 각각 무슨 무슨 제일이라고 부릅니다. 스승이 이미 법이 없으니 제자도 수행하는 일이 없습니다. 그러므로 그릇이나 셀 줄 아는 타표비구도 제일이라고 부릅니다. 총명하고 지혜로운 사리불도 그 안에 들어갔고 더듬거리며 말하고 미련한 반특비구도 그 안에 들어갔습니다. 그리고 음욕이 적은 야수다라비구니도 그 안에 들어갔고 사위성의 음란하고 선하지 않은 기녀인 연화색10도 그 안에 들어갔습니다. 유치하고 어리며 지혜가 없는 균제11 소년도 그 안에 들어갔고

---

10. 연화색(蓮華色)은 화색녀(華色女)와 같고 줄여서 화색(華色)이라고도 쓴다. 비구니 가운데 가장 신통력이 뛰어나다. 왕사성 사람으로 울선국 사람에게 시집을 가서 딸 하나를 낳았다. 후에 남편의 부정을 알고 집을 나가 바라나로 가서 다시 한 장자에게 시집을 갔다. 이 장자가 울선국으로 장사를 갔다가 한 소녀에게 다시 장가를 가서 그녀를 데리고 왔는데 알고 보니 연화색의 딸이었다. 연화색은 자포자기하여 비사리성으로 가서 기녀생활을 하였다. 하루는 목련의 설법을 듣고 불교에 귀의하게 되어 비구니가 되었고 후에 여섯 가지 신통력을 얻고 아라한과를 증득하였다. 아함경에 의하면 제바달다가 부처님을 해치려고 한 일에 대해 연화색비구니가 꾸짖자 화가 난 제바달다가 머리를 쳐서 그 자리에서 즉사했다고 한다.
11. 균제(均提)의 범어는 춘다(Ⓢ Cunda)이다. 순다(純陀·淳陀)·주나(周

120세로 가장 나이 많은 수발타라도 그 무리에 들어갔습니다. 부유하고 존귀한 석가 종족도 그 무리에 들어가고 가장 천한 왕사성의 똥지게를 지는 사람도 그 무리에 들어갔습니다. 그러므로 구담의 법 안에는 잡된 출신이 마구 다투어 함께 그 무리에 들어감을 알아야 합니다. 모두 존귀한 자와 비천한 자의 구분이 없으니 공경할 수 없습니다. 비유하자면 큰 바람이 불어 모든 나무의 잎을 한 곳에 모으는 것과 같으니 구담의 불법도 이와 같습니다. 또 비유하자면 여러 새들이 세간의 사람들이 버린 옷과 음식을 따르는 것과 같이 구담의 무리도 얻은 것에 따라서 먹습니다. 그대들은 오늘 어째서 구담을 청하려고 하는 것입니까?"

여러 사람이 말을 다 듣고도 대지가 무너지거나 움직일 수 없는 것처럼 동요하지 않고 여래를 애타게 우러렀다. 비록 육사외도가 이와 같은 말을 했지만 마음이 금강과 같아 조금도 더하거나 덜함이 없었다. 여래를 목마르게 우러르는 것이 목마를 때 마실 것을 찾는

那)·균두(均頭)·균다(均陀) 등으로도 음사한다. 경전에 나오는 균제는 세 명이 있다. 첫째, 마하춘다(⑤ⓅMahā-Cunda)라고도 한다. 사리불의 8명의 형제 중 셋째로, 사리불과 함께 기원정사에 들어가서 수행을 쌓아 마침내 아라한과를 얻었다고 한다. 부처님을 따르고 시중들었던 여덟 명의 위대한 제자 중 한 사람이다. 둘째, 바라문의 아들로 7세에 부모님과 함께 사리불에게 출가하였다. 사리불의 최연소 사미(沙彌)이며 여섯 가지 신통력을 구족하고 아라한과를 얻었다고 한다. 셋째, 파바(Pava)마을의 대장장이〔金屬工〕이다. 부처님께서 쿠시나가라로 가는 도중에 파바마을에 도착했을 때 춘다의 망고 숲에 머무셨고 부처님과 비구들에게 공양을 올렸다. 그는 부처님께 마지막 공양을 올린 자로 알려져 있다. 본장에 나오는 균제는 두 번째 인물이다.

것과 같았다.

7일 후에 여래가 하늘로부터 염부제로 내려왔다. 한량없이 많은 천신이 여래를 따라서 밝은 광명을 비추고 신통력에 감동하여 하늘의 백천만 개의 종이 기악을 울렸다. 모든 천신과 모든 용·귀신·건달바·긴나라·마후라가 등 사람과 사람 아닌 존재들 모두 구름처럼 모여 예배하고 공양하였다. 이 때 우전대왕은 대중들에게 둘러싸여 멀리까지 가서 여래를 영접하고 머리 숙여 발에 예를 올리고 한쪽에 섰다.

이 때 육사외도의 무리가 모여서 다시 이런 생각을 하였다. '우리들은 이제 쇠약해지고 재앙이 이르겠구나. 비록 여러 사람들에게 가서 소리 높여 이런 말을 했지만 믿고 받아들이지 않았다. 이제 하늘의 대중에게 가서 이와 같이 널리 말하면 결백함을 믿으리라.' 이 때 육사외도는 이런 생각을 마치고 8천의 무리와 함께 앞뒤로 둘러싸여 대중들에게 나아갔다. 그곳에 이르러 물러나서 한쪽에 머물렀다.

그 때 다시 한 건달바의 아들이 있었는데 달파마라(闥婆摩羅)라고 하였다. 칠보로 된 거문고를 튕기며 여래의 처소로 나아가서 머리 숙여 발에 예를 올리고 한쪽에서 북치고 현을 튕기자 미묘한 소리가 흘러나왔다. 그 음은 부드럽고 우아하며 사람들의 마음을 기쁘게 하였다. 성문과 벽지불 등은 자신도 모르게 몸을 움직여 춤을 추었고 수미산도 솟았다 가라앉았다.

이 때 여래는 곧 유상삼매(有相三昧)에 들어가 삼매의 힘으로 거문고 소리를 삼천대천세계까지 들리도록 하였다. 그 소리는 고(苦)

· 공(空) · 무상(無常) · 부정(不淨) · 무아(無我) 등의 진리를 골고루 연설하였다. 게으른 중생들은 이 미묘한 음성에서 여래가 은혜를 알고 은혜를 갚음을 다 갖추고 무량한 아승기겁보다 오랫동안 부모님을 효도로 봉양한 내용을 들었다. 모든 중생은 소리를 따라 염부제에 있는 부처님 처소에 이르러 머리 숙여 발에 예배하고 물러나 한쪽에 앉았다.

이 때 대중들은 여래를 우러러보며 잠시도 눈을 떼지 않았다. 여래는 삼매에서 편안하고 조용하게 계셨고 일체 대중도 모두 조용히 있었다. 그 때 대중 가운데에서 칠보로 된 탑이 땅으로부터 솟아나와 허공에 멈추었다. 무수한 깃발이 그 위에 걸려 있으며 백천 개의 보배 방울이 저절로 울리고 미풍이 불어 움직이면 미묘한 소리를 내었다. 대중들은 이 보탑이 땅에서부터 솟아나오는 것을 보고 의심하는 마음이 생겼다. '어떤 인연으로 이런 보탑이 땅으로부터 솟아나왔을까?'

모든 성문 대중과 사리불 등이 힘껏 생각해 보았으나 알 수가 없었다. 오래 전부터 사바세계에 머물던 보살마하살과 미륵보살도 알 수 없었다. 육사외도들도 이런 생각을 하였다. '또 무슨 인연으로 이런 보탑이 있는 것일까? 만약 어떤 사람이 나에게 와서 물으면 나도 모른다. 만약 알지 못한다면 어떻게 일체를 알고 보는 자라고 하겠는가? 구담은 어째서 빨리 대중을 위하여 이 일을 연설하지 않는가?'

이 때 여래께서 삼매에서 일어나자 도리천의 왕인 제석천이 곧 하늘의 옷을 사자좌에 깔았다. 이 때 여래는 곧 이 자리로 올라가 결가부좌를 하였는데 마치 수미산이 큰 바다에 있는 것과 같았다. 그 때 미륵보살이 대중의 마음을 관찰하니 모두 의심스러워하고 자신도 영문을 알 수가 없었다. 그러므로 곧 자리에서 일어나 부처님 앞으로 가서 머리 숙여 부처님 발에 예를 올리고 합장하고 부처님을 향하여 말하였다.

"세존이시여! 무슨 인연으로 이 보탑이 땅으로부터 솟아 나왔습니까?"

부처님이 미륵에게 말씀하셨다.

"헤아릴 수 없이 멀고 먼 옛날 비바시(毗婆尸)라는 부처님이 세상에 나셨다. 세상에 계시면서 무량 백천만억 아승기의 중생을 교화하고 모두 깨달음을 견고하게 하였다. 그 부처님께서 멸도하신 후 상법시대에 파라나(波羅奈)라는 나라가 있었다. 그 파라나의 왕은 총명하고 어질며 항상 정법으로 나라를 다스려 백성들에게 잘못하지 않았다. 왕은 60개의 작은 나라와 8백 개의 마을을 다스렸다.

왕에게는 외롭게도 아들이 없었기에 왕이 직접 산신·나무신·모든 하늘과 땅의 귀신을 받들어 섬기고 공양하였다. 이렇게 하기를 12년이 지나도록 게으르거나 싫증내지 않고 자식이 있기를 구하였다. 그러자 첫번째 부인이 문득 임신하여 열 달이 지나 한 사내아이를 낳았다.

그 왕자는 단정하여 사람의 모습을 모두 갖추었다. 태어나자 모든 대신과 작은 나라의 왕들을 불러 관상의 길흉을 점치고 이름을 지었는데 태자의 성품이 착하고 성냄이 없어서 인욕(忍辱)이라고 이름하였다. 인욕태자는 자라서 보시하기를 좋아하며 총명하고 인자하여 모든 중생들에 대해서 동등하게 자비심을 내었다.

이 때 대왕에게는 여섯 명의 대신이 있었다. 그들은 성질이 포악하고 간사하고 모함을 잘하였으며 삐뚤어지고 제멋대로이며 무도하여 백성들이 싫어하였다. 이 때 여섯 대신은 자신들의 행동에 어긋남이 있음을 스스로 알고 항상 질투심을 품고 태자를 미워하였다.

한 때 대왕이 심한 병에 걸려서 괴로움에 초췌해지고 목숨은 경각에 달려 있었다. 인욕태자가 여러 신하들에게 가서 말하였다.

"부왕이 위독하니 이제 어떻게 해야 합니까?"

여러 신하들이 이 말을 듣고 화를 내며 태자에게 답했다.

"왕의 생명이 얼마 남지 않았습니다. 왜냐하면 묘약을 구하려고 했지만 얻지 못했기 때문입니다. 그러므로 머지 않아 생명이 다할 것을 아셔야 합니다."

태자가 이것을 듣고 괴로움과 근심으로 기절하여 땅에 쓰러졌다.

이 때 여섯 대신이 곧 조용한 방에 들어가 함께 모의하여 말했다.

"인욕태자를 제거하지 않는다면 우리들은 끝내 안온함을 얻지 못할 것이오."

첫번째 대신이 "인욕태자를 없앨 방법이 없소"라고 하자 한 대신이 다시 "나에게 방편이 있으니 그를 제거할 수 있소"라고 하고 곧 태자에게 가서 말했다.

"신이 밖에 있는 60개의 작은 나라와 8백 개의 마을에서 약초를 구하였으나 찾을 수가 없었습니다."

태자가 물었다.

"구하는 약초가 무엇입니까?"

대신이 답했다.

"태자는 아셔야 합니다. 구하는 약초는 반드시 태어나서 죽을 때까지 성내지 않은 사람의 눈동자와 그 사람의 골수입니다. 만약 이 약을 얻으면 왕의 목숨을 보전할 수 있지만 얻지 못하면 생명은 오래가지 않을 것입니다. 여러 국토에 이런 사람이 없었습니다."

태자가 이 말을 듣고 근심하며 대신들에게 말했다.

"지금 나의 몸이 그 사람과 비슷한 것 같습니다. 왜냐하면 나는 태어나서부터 아직 성낸 적이 없습니다."

대신이 말했다.

"태자가 만일 그런 사람이라고 해도 이 일은 어렵습니다. 세상에서 자기 몸보다 소중한 것이 없기 때문입니다."

태자가 말했다.

"제가 여러 신하들이 말한 것만은 못하지만 부왕의 병만 나을 수 있다면 설사 백천 개의 몸을 버리더라도 어렵지 않습니다. 하물며 나의 오늘 이 더러운 몸이겠습니까."

대신이 답했다.

"그렇다면 태자의 뜻대로 하십시오."

인욕태자는 기뻐하며 "만약 이 약으로 부왕의 병을 없앨 수 있다면 빨리 이 일을 해야 하리라"고 생각했다. 인욕태자가 곧 궁전으로 들어가 어머니가 계신 곳에 가서 머리 숙여 발에 예를 올리고 합장하며 어머니를 향하여 말했다.

"오늘 이 몸은 부왕을 위한 치료약이 되어 아마도 신명을 보존할 수 없을 것입니다. 그러므로 어머니와 헤어져야 하니 어머니는 저 때문에 괴로워하거나 그리워하지 마소서."

그 어머니가 이 말을 듣고 괴로워하며 어쩔 줄을 몰라했다. 마치 목이 메어 삼킬 수도 없고 넘길 수도 없고 뱉을 수도 없어서 그만두라고 할 수도 없는 것과 같았다. 곧 태자를 끌어안고 기절하고 말았는데 냉수를 뿌리자 한참 뒤에야 깨어났다.

이 때 태자는 어머니에게 말했다.

"부왕의 생명이 경각에 있어서 오랫동안 머물 수 없습니다. 빨리 처리하여 왕이 드시도록 해야 합니다."

태자가 곧 대신과 여러 작은 나라의 왕을 부르고 대중들에게 이렇게 선언하였다.

"나는 이제 대중들과 이별하려고 합니다."

이 때 대신이 전다라를 불러 뼈를 갈라서 골수를 뽑아내고 두 눈을 파내었다.

대신이 곧 이 약을 절구에 찧어 대왕에게 받들어 올렸고 왕은 이것을 먹고 병이 나았다. 병이 낫고 나서 여러 대신에게 물었다. "그대들은 어디에서 이 묘약을 얻어 나의 고통을 없애고 목숨을 보전하게 하였느냐?"

대신이 왕에게 답했다.

"지금 이 약은 인욕태자가 마련한 것입니다. 여러 대신들의 힘으로는 감히 마련할 수 있는 것이 아니었습니다."

왕이 이 말을 듣고 놀라서 털이 곤두서며 작은 소리로 대신들에게 물었다.

"태자는 지금 어디에 있는가?"

대신이 답했다.

"태자는 지금 밖에서 몸에 상처를 입고 목숨이 멀지 않았습니다."

왕은 이 말을 듣고 소리 높여 "괴이하고 괴이하다"하며 통곡을 하였다. 스스로 땅에 몸을 던져 흙을 전신에 묻히고 "나는 진실로 무정한 사람이구나. 어떻게 내 자식의 약을 먹을 수 있단 말인가?"라고 하며, 아들이 있는 곳에 갔으나 이미 생명이 다하여 있었다.

왕과 그의 부인, 여러 대신과 한량없는 대중들이 앞뒤에서 둘러쌌고 그의 어머니가 오열하며 죽은 시체 위에 몸을 던졌다.

"'내가 전생에 무슨 나쁜 죄가 있어서 지금 자식에게 이런 고통을 받게 하는가? 이제 내가 어째서 내 몸을 티끌처럼 가루로 부수지 않고 내 자식에게 생명을 잃게 하였을까?'

이 때 부왕과 모든 작은 나라의 왕들이 곧 가장 좋은 향의 전단나무를 쌓아서 태자의 뼈를 화장하고 다시 칠보로 탑을 공양하였다."

이야기를 마치고 세존께서 미륵보살과 선남자 등 여러 대중에게 말씀하셨다.

"마땅히 알라. 이 때 파라나 대왕은 현재 나의 아버지 슈도다나이시

고, 이 때의 어머니는 지금의 나의 어머니 마야부인이시다. 인욕태자
는 지금 나의 몸이 바로 그였다. 보살은 무량한 아승기겁 동안에 부모
님에게 의복·음식·집·침구류와 신체·뼈·골수를 효도로 봉양한
것이 이 일과 같다. 이 인연으로 스스로 성불에 이르렀다. 지금 이
보탑이 땅으로부터 솟아나온 것은 곧 내가 부모님을 위하여 이 뼈와
골수·목숨을 버리고 바로 이곳에 탑을 세워 공양한 것인데 내가 이
제 성불하자 곧 그 앞에 솟아나온 것이니라."

이 때 대중 가운데의 한량없는 사람과 천신·여러 용과 귀신들이
이 말을 듣고 슬픔과 기쁨이 교차하며 두 눈 가득히 눈물을 흘리면서
같은 소리로 여래의 백천 가지 공덕을 찬탄하였다. 이 때 보리심을
발한 한량없는 백천 명의 중생이 있었고 또 성문·벽지불심을 발한
중생이 헤아릴 수 없었다. 수다원과에서부터 아라한도를 얻은 중생도
한량없이 많았고 또 한량없는 백천만억 보살이 머지않아 반드시 깨달
음을 얻을 것이었다. 그러므로 여래가 진실로 부모님을 효도로 봉양
한 것임을 알아야 한다.

또 보살은 본래 어머니의 덕을 알았다. 어머니의 본래의 서원으로
이와 같이 여래의 몸을 낳은 것이다. 여래를 낳겠다는 본래의 소원을
이루었으나 그 예를 감당할 수 없어서 곧 목숨을 마친 것이다. 대중들
이 같은 소리로 마야부인을 찬탄하였다.

"거룩하십니다. 마야부인은 여래를 낳으실 수 있었으므로 천상계
와 인간계에 그 분과 같은 사람이 없나이다."

이 때 달파마라가 곧 자리에서 일어나 한쪽을 걷어 올려 오른쪽

어깨를 드러내고 무릎을 꿇고 앉아 합장하고 부처님께 아뢰었다.

"세존이시여! 마야부인은 어떤 공덕을 닦았고 무슨 인연으로 여래를 낳을 수 있었습니까?"

부처님께서 말씀하셨다.

"잘 들으라. 내가 너를 위하여 분별하여 설하리라."

그러고는 다음과 같이 말씀하셨다.

"헤아릴 수 없을 만큼 오랜 옛날 비바시라는 부처님께서 세상에 출현하시고 정법시기와 상법시기가 다 지나서 파라나라는 나라가 있었다. 성을 나가 멀지 않은 곳에 성소유거(聖所遊居)라는 이름의 산이 있었다. 이 산 가운데 백천 명의 벽지불이 머물렀고 한량없는 다섯 가지 신통을 갖춘 신선들도 그 안에 살았다. 많은 신선과 성자가 그 안에 머물렀기 때문에 성자가 노닐고 머문다는 뜻의 '성유거산'이라고 불렀다. 그 산에는 한 선인이 남쪽 굴에 머물렀고 북쪽 굴에도 한 선인이 머물렀다. 남북의 산 사이에 한 샘물이 있었고 그 샘물의 둘레에는 하나의 평평한 돌이 있었다.

어느 날 남쪽 굴의 선인이 이 돌 위에서 옷을 빨고 발을 씻은 후 곧 자신의 거처로 돌아왔다. 그가 가고 얼마 지나지 않아 한 암사슴이 와서 샘물을 마셨다. 다음에는 옷을 빤 곳에 가서 돌 위에 있던 옷의 때와 옷을 빤 물을 먹었다. 이것을 다 먹고 나서 고개를 돌리고 자신의 오줌 싸는 곳을 핥았다.

암사슴은 곧 새끼를 배고 달이 차서 낳았다. 사슴이 새끼를 낳을 때는 본래 새끼를 밴 곳으로 돌아가야 하기 때문에 곧 물가에 있는 원래의 돌 위로 돌아왔다. 그리고 슬프게 울며 몸을 틀어 한 여자아이를 낳았다. 이 때 선인이 이 사슴의 슬픈 울음과 큰 외침소리를 듣고 가엾게 여기는 마음이 들어 나왔다가 이 암사슴이 여자아이를 낳은 것을 보았다. 그 때 어미 사슴은 몸을 틀어 아기를 핥다가 선인을 보고 얼른 버리고 달아났다.

선인이 이 여자아이를 보니 모습이 단정하며 사람의 모습을 모두 갖추었으므로 이 일을 보고 불쌍한 마음이 들었다. 곧 풀로 몸을 닦고 싸서 데리고 돌아와 여러 가지 미묘한 열매를 따서 때에 맞춰 기르니 점점 자라서 14살이 되었다.

아버지가 사랑하고 아끼며 항상 자는 밤에 불을 꺼뜨리지 않게 시켰다. 어느 날 문득 조심하지 않아서 불을 꺼뜨리자 아버지가 절실하게 몇 번 나무라고는 딸에게 말했다.

"내가 너를 키운 이후로 지금까지 이 불을 꺼뜨리지 않았는데 오늘은 어째서 꺼뜨렸느냐? 북쪽의 굴에 불이 있으니 네가 가서 가져오거라."

그 때 사슴소녀는 곧 아버지가 시키는 대로 북쪽 굴에 갔는데 한발 한발 걸음을 옮길 때마다 연꽃이 피었다. 그 발자국을 따라서 꽃이 차례로 줄지어져서 마치 길거리가 된 것 같았다. 북쪽 굴에 이르러 선인에게 작은 불씨를 구걸하였다. 이 때 선인은 소녀가 발 아래 연꽃이 피어나는 복덕을 가졌다는 것을 알고 말했다.

"불을 얻으려면 너는 마땅히 나의 굴을 오른쪽으로 돌되 일곱 바퀴를 채워야 한다."

줄지어진 차례가 분명하고 그 발을 들 때마다 모두 연꽃이 피어났다. 일곱 바퀴를 돌고 나서 소녀에게 말했다.

"불을 얻으려면 다시 여기서 오른쪽으로 돌아서 갔다와야 너에게 불을 주겠다."

사슴소녀는 불을 얻기 위하여 시키는 대로 하고 돌아갔다. 소녀가 가고 얼마 지나지 않아서 파라나왕이 여러 대신의 무리를 이끌고 앞뒤에서 둘러싸여 천 대의 수레와 만 마리의 말을 이끌고 산으로 사냥을 하러 들어왔다.

여러 사슴을 쫓아 달렸는데 파라나왕은 혼자서 유명한 코끼리를 타고 북쪽 굴의 선인이 머무는 곳에 이르렀다. 연꽃이 굴을 둘러싸고 줄지어 있는 것을 보고 이 때 대왕은 기뻐하며 찬탄하였다.

"거룩하고 거룩하도다. 큰 덕이 있는 신선이며 그러한 신선들의 도사로다! 복과 덕이 뛰어남이 이와 같구나."

이 때 선인이 곧 왕에게 말하였다.

"대왕이여! 이 연꽃은 제가 만든 것이 아님을 아셔야 합니다."

왕이 말했다.

"대사가 아니면 누가 이렇게 할 수 있습니까?"

대왕에게 답했다.

"남쪽 굴의 선인이 딸 하나를 낳아 키웠는데 용모가 단정하고 사람의 모습을 모두 갖추고 있어 세상에 다시 있기 어렵습니다. 이 소녀가 걸을 때 그 발 아래를 따라서 모두 연꽃이 피어납니다."

왕이 이 말을 듣고 기뻐하며 곧 남쪽 굴로 가서 선인을 보고 머리 숙여 발에 예를 올렸다. 선인은 곧 나와서 안부를 물었다.

"대왕이시여! 먼 길을 오시느라 피곤하지는 않으셨습니까?"

이 때 대왕이 선인에게 말했다.

"당신께 딸이 있다는 것을 들었는데 청혼을 하려고 합니다."

이 때 선인이 대왕에게 말했다.

"누추한 저에게 딸이 하나 있습니다만 어리고 지혜가 없어서 아직 아는 것이 없습니다. 어려서부터 이 깊은 산에 머물러 아직 사람의 일은 잘 모릅니다. 풀로 옷을 만들어 입고 열매를 먹었습니다. 왕은 이제 어떻게 돌보려고 하십니까? 또 이 애는 짐승에게서 낳았습니다."

그러고 나서 곧 이전에 있었던 일을 왕에게 모두 말하였으나 왕이 말했다.

"비록 그렇다 해도 당신은 걱정하지 마십시오" 하고 아버지에게 사슴소녀가 지금 어디에 있는지 묻자 "이 풀로 된 굴에 있습니다"라고 했다.

이 때 대왕이 곧 굴로 들어가서 그 사슴소녀를 보고 기뻐하며 곧 향이 가득한 따뜻한 물에 목욕시키고 귀한 옷을 입히고 갖은 보배구슬로 그 몸을 장식하였다. 크고 유명한 코끼리에 태우고 여러 가지 기악을 울리며 본국으로 돌아왔다. 이 때 사슴소녀는 태어난 이래로 지금까지 이와 같은 대중을 본 적이 없어 놀라고 두려워하였다.

이 때 아버지가 높은 산 위에 올라가서 그 딸을 멀리서 바라보며 잠시도 눈을 떼지 않으며 생각했다.

"내가 이제 멀리서 나의 딸을 바라보다가 멀어져서 보이지 않으면 본래 머물던 곳으로 돌아가리라."

슬프게 부르고 괴로워하며 두 눈 가득 눈물이 흘러내렸다.

"내가 이 딸을 낳고 키우면서 나와 멀리 이별할 것을 아직 알지 못했다."

다시 또 생각하길 '나는 이제 여기서 움직이지 말아야겠다. 만약 내 딸이 돌아보고 내가 보이지 않으면 근심하고 괴로워할 것이기 때문이다'라고 했다.

꼿꼿이 서서 한참이 지나서 모습이 보이지 않도록 딸은 끝내 고개를 돌리지 않았다. 그러자 그 아버지가 원한과 미움이 생겨서 이런 말을 하였다.

"짐승에게서 태어난 일이 거짓이 아니었구나. 내가 어려서부터 길러서 이제 어른이 되었는데 왕을 위하여 도리어 나를 외롭게 저버리는구나."

곧 굴로 들어가 주문을 외우며 그 딸을 저주하였다.

"왕이 만약 너를 박대하는 것은 말할 것도 없고 왕이 예로써 너를 대해도 마땅히 자리에서 물러나며 원하는 결과를 얻지 못하게 되어라."

이 때 파라나왕이 궁전에 도착하여 절을 하고 첫번째 부인으로 삼고 녹모부인이라고 하였다. 여러 작은 나라의 백관과 군신이 모두 와서 조공과 축하를 하였다. 왕이 이것을 보고 나서 기뻐하였는데 오래 지나지 않아서 태기가 있었다. 왕이 친히 부인을 공양하며 평상·침구·음식을 모두 세밀하고 부드럽게 하였다. 열달이 차서 한 사내아이를 낳아 왕위를 이어가기를 희망하였다.

그러나 달이 차서 해산을 하였는데 연꽃 한 송이를 낳았다. 선인이 저주한 힘 때문에 왕은 크게 분노하여 이렇게 말했다.

"짐승에게서 태어난 일이 거짓이 아니었구나."

왕은 곧 부인의 지위를 물러나게 하고 연꽃은 내다 버리게
했다.

그 후 몇 일이 지나서 파라나왕이 여러 군신들을 거느리고 뒷
동산에 놀러 나갔다. 기악을 울리고 코끼리와 말과 여러 역사들
이 투전을 하는데 그 가운데 첫째 가는 역사가 뛰다 넘어지며 발
로 땅을 찼다. 땅이 진동하며 연꽃 연못을 움직였다.

그 연못 주변에는 큰 산호가 있었다. 그 산호 아래에 한 연꽃이
물 속으로부터 솟아나와 있었다. 그 꽃은 붉으며 미묘한 광명이
있었다. 왕은 꽃을 보고 기뻐하며 군신들에게 "이와 같은 연꽃은
전에 없던 것이다"라고 말하고 곧 사람을 보내어 연못으로 들어
가서 가져오게 하였다. 꽃은 5백 개의 잎을 갖추고 있었는데 한
잎사귀 아래마다 한 사내아이가 있었다. 얼굴이 단정하고 모습이
미묘하며 보기 좋았다. 심부름 간 사람이 곧 왕에게 아뢰었다.

"이 연꽃은 이전에 없었던 것입니다. 대왕이시여! 마땅히 아셔
야 합니다. 이 연꽃은 5백 개의 잎이 있는데 하나의 잎 아래에
한 명의 하늘 사내아이가 있습니다."

왕이 이 말을 듣고 놀라서 털이 곤두서며 개탄하고 심부름 간
사람에게 물었다.

"사실이 그러하냐? 이것은 녹모부인이 낳은 연꽃이 아니더
냐?"

곧 하인에게 물었다.

"녹모부인이 낳은 꽃을 어디에 버렸느냐?"

하인이 대답했다.

"대왕이시여! 이 연못가의 큰 산호 아래에 묻었습니다."

왕은 그 일이 사실인 것을 살피고 녹모부인이 낳은 것임을 알았다. 왕은 궁전으로 들어가 자책하고 잘못을 후회하며 녹모부인에게 "내가 진실로 어리석고 지혜없어 어진 부인을 알지 못하고 함부로 미워하고 천대하며 부인을 배반하였소"라고 말하고, 참회하고 사죄하며 본래의 지위로 회복시켰다.

왕이 크게 기뻐하며 여러 군신과 작은 나라의 왕과 모든 바라문과 관상쟁이들을 모두 불러모았다. 5백 명의 태자를 안고 여러 관상쟁이들에게 길흉을 점치게 하였다. 점괘는 '도덕이 돌아오는 곳으로 나라가 그 복을 입는다. 만약 집에 있으면 사해가 우러러 보고 귀신이 보호하며 집을 떠나 출가한다면 반드시 생사를 끊고 도를 얻어 생사의 바다를 뛰어넘고 세 가지 밝은 지혜인 삼명12과 여섯 가지 신통력13을 얻고 네 가지 수행의 과보인 사도과를

---

12. 삼명(三明)은 더 이상 배울 것이 없는 지위[無學位]에 이르러 어리석음을 완전히 없애고 세 가지 일에 대하여 장애가 없는 지혜이다. 첫째, 숙명지증명(宿命智證明)은 나와 중생의 전생의 모습을 분명하게 깨달아 아는 지혜이다. 둘째, 생사지증명(生死智證明)은 중생이 죽고 나는 때와 아름답고 추한 모습을 받는 인연을 분명하게 깨달아 아는 지혜이다. 셋째, 누진지증명(漏盡智證明)은 사제의 진리를 실상과 같이 증득하여 알아서 마음의 장애를 모두 벗어나 모든 번뇌를 없애버린 지혜이다.

13. 원문은 '육통'(六通)인데 육신통(六神通)이라고도 한다. 인간의 한계를 뛰어넘어 자유롭고 걸림없는 여섯 가지 능력을 가리킨다. 아라한에 이르면 이 육신통을 얻는다. 첫째, 신족통(神足通)은 자유롭게 걸림이 없이 원하는 대로 나타날 수 있는 능력이다. 둘째, 천안통(天眼通)은 삶과 죽음, 괴로움과 즐거움의 모습과 세간의 모든 중생의 모습을 걸림없이 볼 수 있는 능력이다. 셋째, 천이통(天耳通)은 중생이 즐거워하고 괴로워하는 말과 세간의 여러 가지 음성을 들을 수 있는 능력이다. 넷째, 타심통(他心通)은 중생이 마음속

구족하리라"고 하였다. 왕이 이 말을 듣고서 더 한층 기뻐하며 그 나라에 널리 선포하여 5백 명의 유모를 뽑게 하였다.

이 때 녹모부인이 대왕에게 말했다.

"왕은 쓸데없이 나라를 요란스럽게 하며 유모를 모으지 마소서. 왕궁에는 5백 명의 부인이 있습니다. 모든 부인이 내가 낳은 아들을 질투하고 있습니다. 왕은 이제 한 명의 태자를 부인 한 명에게 주십시오. 자기의 젖을 먹였으니 자기 아들이 아니겠습니까?"

왕이 부인에게 말했다.

"5백 명의 부인은 항상 당신을 질투하여 해치려고 생각했오. 당신이 이제 나에게 그들을 채찍으로 때려 막다른 길로 몰아 보내어 목숨을 빼앗으라고 해도 거역하지 않을 것인데, 어째서 원망과 시기가 있는 곳으로 아들을 내던져 버리라고 하오? 이 일은 할 수 없소."

그러나 또 다시 하늘땅과 같은 은혜를 베풀어 태자를 여러 부인에게 주었다.

5백 명의 부인들이 기뻐하며 "녹모부인이 나에게 안온과 쾌락을 베푸는구나. 어떻게 태자를 나에게 줄 수 있단 말인가!" 하며 한량없이 기뻐하였다. 이 때 한량없는 백천 명의 대중이 이 일을 듣고 매우 기뻐하며 도심(道心)을 내었다.

에 생각하는 것을 알 수 있는 능력이다. 다섯째, 숙명통(宿命通)은 자신과 중생이 지나간 수많은 세상에서 행했던 일을 아는 능력이다. 여섯째, 누진통(漏盡通)은 모든 삼계의 미혹을 끊어서 다시는 삼계의 생사를 받지 않는다. 그래서 모든 번뇌가 다 없어지는 신통을 얻는다.

대왕이 부인에게 "이전에 없던 일이오. 나는 부인에게 미칠 수 없소"라고 하자 부인이 "탐욕과 성냄은 모두 질투로 말미암아 생기는 것입니다. 악함에 대해 간언할 때는 참으라고 하고 성냄에 대해 간언할 때는 순종하라고 합니다. 내가 태어나서부터 지금까지 아직 다른 존재와 함께 다툰 적이 없었습니다. 여러 부인들이 해치려고 하는 것은 마치 사람이 밤에 길을 가다가 나무 그루터기를 보고 문득 도적이라는 생각이 들거나 악귀라는 생각이 드는 것과 같습니다. 이 때 깜짝 놀라서 두려워하여 사방으로 흩어져 달아나다가 높은 바위에 떨어지거나 물이나 불에 뛰어들게 되고 가시나무 수풀에 몸을 상하게 됩니다. 망령된 생각으로 해를 입는 것이 이와 같습니다. 모든 중생도 이와 같습니다. 스스로 태어나서 스스로 죽는 것은 누에가 고치를 만드는 것과 같고 나방이 등불에 달려드는 것과 같이 몰아대는 자가 없습니다. 모든 악함은 망상으로부터 일어나는 것으로 여러 부인들도 이와 같습니다. 저는 이제 그 여러 어리석은 이들과 다툼을 일으키지 않을 것입니다"라고 말했다.

5백 명의 부인이 녹모부인 앞으로 와서 예를 올리고 스스로 잘못을 뉘우쳤다. 녹모부인을 현인과 성인에게 은혜를 입은 것처럼 섬기고 어머니나 자매와 같이 여겼다. 태자를 키우는 것도 자기가 낳은 자식과 다름이 없었다.

5백 명의 태자는 점점 자라서 하나 하나의 태자의 힘이 천 명을 대적할 만했다. 이웃나라가 반역하고 귀속되지 않으면 직접 가서 정벌하였다. 네 부대의 병사를 일으키지 않았으므로 나라는 안온하였고 천신이 기뻐하였다. 때맞춰 비가 오고 바람이 불어

와서 백성들은 풍요로움이 가득하였다.

이 때 5백 명의 태자는 크고 유명한 코끼리를 타고 숲과 들로 구경다니며 놀이를 하면서 헤아릴 수 없이 마음껏 즐겼다. 부모가 그들을 사랑하는 것이 마치 자신의 두 눈을 보호하는 것 같았다.

5백 명의 태자가 더욱 자라서 어느 때 동시에 한곳에 모여 연꽃 연못가에 앉아 있었다. 그 모습이 물 아래 그림자로 비치는 것을 보면서 여러 태자가 함께 말했다.

"모든 존재는 환술과 같고 변화와 같으며, 꿈에서 본 것과 같고 물 속의 형체와 같이 실체가 없다. 우리들도 지금 이와 같다. 비록 호화롭고 존귀한 곳인 궁전에 있으면서 오욕을 마음대로 얻었지만 건강한 모습과 아름다움은 오래갈 수 없다. 사물이 이루어지면 부서짐이 있고, 사람은 태어나면 반드시 죽는다. 젊고 건강한 것은 머지 않아 반드시 늙게 되리라. 음식을 먹는 것에 절제하지 않아서 병을 얻을 것이다. 백 년의 수명이 있다 해도 죽을 것이다."

여러 태자들은 곧 근심하며 즐거워하지 않고 음식을 먹을 수도 없었다. 곧 궁전으로 돌아와서 부모에게 말하였다.

"세상은 모두 괴로움으로 즐길 만한 것이 없습니다. 부모님께서는 이제 저희들의 출가를 허락하여 주십시오."

왕이 태자에게 말했다.

"생노병사는 모든 존재에게 있는 것인데 어째서 너희들만 홀로 근심하느냐?"

부왕에게 말하였다.

"다시 죽어서 생을 받아 우리의 정신을 수고롭게 하며 두루 오도14를 돌지 않겠나이다."

그러자 왕은 차마 거절하지 못하고 허락하였다. 어머니가 아들에게 말했다.

"너희는 출가해도 나를 버리고 멀리 가지 마라. 후원 안에는 청정한 숲과 나무가 무성하며 나는 부족함이 없게 공양15을 하겠노라."

그래서 모든 태자가 곧 출가하였으나 어머니의 청을 받아들여 후원 가운데 머물렀다. 하나 하나의 태자가 모두 벽지불도를 얻고 차례로 499명의 태자가 모두 벽지불과를 얻었을 때, 궁전에 나가서 부모 앞에 이르러 말하였다.

"출가의 이익은 이제 이미 얻었습니다." 이 때 모든 비구의 몸이 허공으로 올라 동으로 튀어 올랐다가 서로 사라지고, 서로 튀어 올랐다가 동으로 사라졌다. 또 남으로 튀어 올랐다가 북으로 사라지고 북으로 튀어 올랐다가 남으로 사라졌다. 몸을 허공 중에 나타내기도 하고 또 한 몸으로 한량없는 몸을 만들기도 하였다. 몸 위로는 물을 뿜고 아래로는 불을 뿜기도 하고 아래로는 물을 뿜고 위로는 불을 뿜기도 하였다. 부모를 위하여 여러 가지 변신을 보이고 나서 곧 몸을 태워 열반에 들었다.

녹모부인은 뼈를 거두어 후원 안에 499개의 탑을 세워 공양하였다. 가장 어린 태자도 90일이 지나자 벽지불도를 얻고 또한

---

14. 오도(五道)는 지옥도, 아귀도, 축생도, 인도, 천도이고 여기에 아수라도를 합하면 육도(六道)이다.
15. 원문은 '사사공양'(四事供養)인데, 사공(四供)이라고도 한다.

부모를 위하여 큰 신통변화를 나타내었다. 신통변화를 마치고
나서 곧 열반에 들자 그 어머니가 뼈를 거두어 탑을 세워 공양하
였다.

녹모부인은 여러 가지 이름 있는 향을 태우고 미묘한 기악을
울리며 매일 후원에 들어가서 5백 개의 벽지불탑을 공양하였다.
그러나 그 탑 앞에서 근심하며 즐거워하지 않으며 "내가 비록 이
5백 명의 태자를 낳고 또 출가하게 하였으나 한 사람도 보리심을
발하지 않았다"라고 말하고 서원하길 "내가 5백 명의 벽지불을
공양하고 5백 개의 탑을 세우고 사리를 공양한 공덕을 모두 널리
일체 중생에게 회향합니다. 나는 미래 세상에서 보리심을 발할
수 없다면 많은 자식을 낳을 필요가 없으며 다만 한 아들을 낳아
도 도심을 발하여 그 세상에서 출가하여 일체지를 얻게 하소서"
라고 했다.

부처님께서 아난에게 이르셨다.

"이 때 녹모부인은 지금의 마야부인이다. 마야부인은 5백 명의 벽
지불을 공양하고 한량없는 선업을 닦았으므로 여래의 몸을 낳은 것
이다."

부처님께서 이 법을 설할 때 한량없는 백천 명의 사람과 천신이
초과에서 사과까지 얻고 한량없는 중생들이 보리심을 발했다. 이 때
아난이 부처님께 아뢰었다.

"세존이시여! 마야부인이 과거에 어떤 행위를 하였길래 짐승에게
서 태어나 사슴의 딸이 되었습니까?"

부처님께서 아난에게 말하였다.

"잘 들어라. 내가 너를 위하여 마야부인이 지난 과거에 지은 업의 인연을 분별하여 해설하겠다."

끝없이 멀고 먼 옛날에 비바시라는 부처님이 세상에 나오셨다. 세상에서 교화하고 멸도하신 후 상법시대에 파라나라는 나라가 있었다. 그 나라에 한 바라문이 있었는데 오직 딸이 하나 있었다. 그 아버지가 수명이 다하자 바라문의 부인이 이 딸을 양육하여 세월이 지나 어른이 되었다. 그 집에는 과수원이 있었는데 그 어머니가 딸에게 과수원을 지키게 하고 자기는 음식을 구하러 갔다. 음식을 구하면 자기가 먼저 먹고 난 후에 딸에게 음식을 가져다주었다.

매일매일 이와 같았는데 그 어머니가 하루는 조금 늦었다. 시간이 지나도 먹을 것을 주지 않자 그 딸은 늦는 것을 걱정하다가 배고프고 갈증이 나자 문득 성내는 마음이 생겨서 말했다.

"어머니는 오늘 무슨 일이신가? 나에게 먹을 것을 주지도 않고 보러 오지도 않는구나."

그러다가 또 걱정하고 거듭해서 한탄하다가 다시 성내며 "어머니는 이제 짐승만도 못하다. 내가 보니 들사슴도 자식이 배고프고 목마를 때를 마음에서 잊어 버리지 않더라'라고 말했다.

이렇게 얼마 지나지 않아서 어머니가 먹을 것을 가지고 왔다. 바로 먹으려고 할 때 어떤 벽지불 사문이 남쪽으로부터 날아와서 북쪽으로 지나갔다. 이 때 딸은 이 비구를 보고 기쁜 마음이 들어 곧 일어나 합장하고 고개 숙여 예를 올렸다. 곧바로 그를 청하여 깨끗한 자리를 펴고 아름답고 미묘한 꽃을 가져다 놓고 음식을 덜어서 비구에게 보시하였다. 비구가 먹고 나서 미묘한 법을 베풀어 보이고 가르쳐 주고 이롭게 하고 기쁘게 하였다. 이 때 그 딸이 서원을 하며 "저는 미래 세상에서 현인과 성자를 만나면 예로 섬기고 공양하기를 원합니다. 저의 모습은 단정하고 존엄하며 영화롭고 귀하게 되고 제가 걸음을 옮길 때는 연꽃이 발을 받들기를 원합니다"라고 했다.

부처님께서 아난에게 말씀하셨다.

"이 때의 그 딸이 녹모부인이다. 음식을 깨끗한 꽃으로 그 위에 덮어서 벽지불에게 보시하였으므로 5백세 동안 존엄하고 영화로우며 호화롭고 부귀하였다. 입고 먹는 것이 저절로 있었고 연꽃이 발을 받들었다. 서원을 한 인연으로 지금 5백 명의 벽지불을 만나 예를 올리고 공양하였다. 그러나 그 때 한 번 나쁜 말을 하여 그 은혜를 알지 못하고 어머니를 짐승같다고 욕을 하였다. 이 나쁜 말을 한 인연으로 5백 번의 몸은 사슴의 배에서 태어났다."

계속해서 부처님께서 말씀하셨다.

"사람이 세상에서 만나는 재앙은 입으로부터 생긴다. 입을 단속하는 것은 맹렬한 불길보다 더 조심해야만 한다. 맹렬한 불길은 타올라 세간의 재산을 태우지만 나쁜 말이 많아지면 일곱 가지 성스러운 재산을 태운다. 그러므로 아난아! 일체 중생의 화는 입으로부터 나온다. 입안의 혀는 몸을 끊어내는 도끼이고 몸을 망치는 재앙이다."

부처님께서 이 경을 설하실 때 천 명의 우바새와 우바이가 입으로 인한 재화를 삼가고 조심하여 초과를 얻었다. 또 한량없는 비구와 비구니가 초도과에서 사과까지 얻었다. 한량없는 사람과 천인이 모두 보리심과 벽지불심을 발하였다. 모든 대중이 부처님께서 설법하시는 것을 듣고 기뻐하며 받들어 따르고 예를 올리고 물러갔다.

한 때 세존과 아난은 왕사성으로 들어가 걸식을 마치고 다시 성을 나오는데 성문 밖에 크고 깊은 웅덩이가 있었다. 그 웅덩이는 왕사성 사람이 대소변을 가져다 버리는 곳으로 하늘에서 내리는 비와 더러운 물도 그 안에 들어갔다. 이 때 이 넓고 깊은 물 속에 한 동물이 있었는데 그 모습이 사람과 비슷하고 팔다리가 많았다. 여래를 멀리서 보고 물 밖으로 머리를 들어 올리고 눈물이 가득한 눈으로 여래를 바라보았다. 여래가 이것을 보고 나서 가엾고 애처롭게 여겨 즐거워하지 않으면서 곧 기사굴산으로 돌아왔다. 이 때 아난이 니사단(尼師檀)을 펴자 여래는 그 위에 결가부좌를 하셨다. 이 때 아난이 여러 사람들의 마음을 살피고 여래에게 여쭈었다.

"세존이시여! 넓고 깊은 물 속에서 본 동물은 이전에 무슨 업을 지었습니까? 이 물 속에서 얼마나 살았으며 다시 언제쯤 벗어날 수 있겠습니까?"

부처님께서 아난과 여러 대중에게 말씀하셨다.

"너희들은 잘 들어라. 아난아, 너를 위하여 설하리라."

오랜 옛날 부처님이 세상에 나타나셔서 두루 교화를 하셨다. 그 부처님이 열반에 든 후 상법시대에 한 바라문이 있었는데 승방을 짓고 여러 스님을 공양하였다. 이 때 어떤 신도가 많은 연유기름〔酥油〕을 보내왔다. 마침 객승이 와서 있었는데 이 일을 알고 유나16는 화가 났다. 객승이 많이 온 것을 싫어하여 연유기름을 감추고 주지 않자 객승들이 말했다.

"어째서 연유기름을 주지 않습니까?"

유나가 답했다.

"당신들은 손님이고 나는 오래 머물러 있었소."

그러자 객승이 "이것은 신도가 지금 스님인 사람에게 보시한 것이오"라고 말했다. 이 때 유나는 흉악하여 두려울 만한 모습으로 곧 욕을 하며 말했다.

"너희는 어떻게 똥오줌을 먹지 않고 어째서 나에게서 연유기름을 찾느냐?"

이 나쁜 말을 하고 90억겁이 지나는 동안 항상 이 크고 넓은 물 속에 태어났다. 이 때 유나가 바로 지금의 크고 넓은 물 속에 있는 동물이다. 과거에 악한 말로 여러 스님을 욕했기 때문에 한량없는 천 번의 세상 동안 이 똥물 속에 살았다.

부처님께서 여러 제자들에게 말씀하셨다.

"입조심을 해야 한다. 입으로 짓는 잘못은 타는 불보다 심하다. 부

---

16. 유나(維那)는 여러 가지 잡무를 담당하는 사람으로 절 안의 승가대중의 잡무를 담당하는 직위승을 말한다.

모님과 여러 스님은 찬탄하고 부드러운 말을 하며 항상 그 은혜를 생각해야 한다. 여러 스님은 삼계 안에서 가장 뛰어난 복을 심는 밭이다. 왜냐하면 여러 스님 가운데는 사쌍팔배17와 열두 명의 현명한 사람이 있어서 이들을 공양하면 복을 얻어 성도에 나아갈 수 있기 때문이다. 부모님은 열 달 동안 태내에서 보호해 주고 마른 곳으로 자식을 눕히고 자신은 습한 곳에 눕는다. 우유를 먹여 키우고 기예를 가르쳐서 때에 맞춰 길러주신다. 또 출가하면 해탈을 얻고 생사의 바다를 건너 자기를 이롭게 하고 모든 중생을 이롭게 한다."

부처님께서 아난에게 말씀하셨다.

---

17. 사쌍팔배(四雙八輩)는 사향사과(四向四果)와 같은 뜻이다. 성문의 수행은 그 깊이에 따라 네 단계의 과위(果位, 수행하여 도과를 증득한 지위)와 그 과위로 향하는 네 단계의 길[向道]로 나누어진다. 첫째, 예류(預流)는 수다원이라고 음사하는데 첫번째 깨달음을 얻는 것이다. 이것은 아직 과위에는 들어가지 못하고 초과(初果)를 향해 가는 예류향과 예류과(초과, 수다원과)로 나뉜다. 두 번째, 일래(一來)는 사다함으로 음사하는데, 여러 가지 번뇌를 끊었지만 아직 남은 번뇌가 있으며 천계에 한 번만 태어나면 열반에 들 수 있기 때문에 '일래'라고 한다. 아직 제이과를 증득하지 않았을 때는 일래향이라고 하며 그 과위에 들어간 것을 일래과(제2과, 사다함과)라고 한다. 세 번째, 불환(不還)은 아나함으로 음역되는데 욕계의 아홉 가지 미혹을 끊었으나 아직 한 개가 남아있어서 천계에 한번 태어나야 한다. 그러나 다시는 욕계에 태어나지는 않으므로 '불환'이라고 한다. 아직 이 과위에 이르지 않았을 때는 불환향이라고 하고 그 과위에 이르면 불환과(제3과, 아나함과)라고 한다. 네 번째 아라한(阿羅漢)은 응공(應供, 마땅히 공양을 받을 자격이 있는 사람)으로 더이상 끊어야 할 미혹도 없고, 영원히 열반에 들어 다시는 생사윤회에 들지 않는다. 아직 이 과위에 이르지 못했을 때는 아라한향이라고 하며, 그 과위에 이르면 아라한과(제4과)라고 한다. 사향과 사과를 합하여 사쌍팔배라고 한다.

"부모님과 여러 스님은 모든 중생의 두 가지 복을 심는 밭이다. 인간과 천인이 열반하고 해탈에 드는 미묘한 과는 이 두 가지로 인하여서 얻는 것이다."

부처님께서 이 경을 설할 때 한량없는 백천 명의 중생인 사람과 사람 아닌 존재가 초과에서 사과까지 얻었다. 또는 보리심과 성문·벽지불심을 발하고 각각 합장하며 부처님께 예를 올리고 오른쪽으로 돌고 기뻐하며 물러갔다.

또 바라나국에는 한 명의 재상인 바라문이 있었다. 그 집안은 크게 부유하고 재산이 많아 보물·금·은·유리·산호·호박·코끼리·말·소·양·논과 밭·하인이 곳곳마다 충족하였다. 그 바라문이 80살에 한 사내아이를 낳았는데 좋은 피부색과 단정한 사람의 모습을 갖추고 있었다. 부모님이 기뻐하여 여러 관상쟁이를 불러 점을 쳐서 길흉을 묻고 균제(均提)라고 불렀다. 7살이 되자 부모님이 사랑하지만 출가하게 하려고 여래가 있는 찰제리인제라산(刹提利因提羅山)에 갔다. 이 때 여래는 사부대중에게 둘러싸여 여러 천신·용·귀신 대중을 위하여 세간법과 출세간법을 널리 설하고 계셨다. 바라문이 부처님께 아뢰었다.

"세존이시여! 늙은 나이에 이 아들을 낳아 키웠습니다. 세존께서는 큰 자비로 널리 모든 중생을 덮으시니 이 아이를 부처님의 제자로 받아주십시오."

부처님께서 말씀하셨다.

"잘왔다, 비구여!"

머리와 수염이 저절로 떨어지고 가사가 몸에 입혀지자 부처님께서
그를 위하여 법을 설하여 보이고 가르치고 이롭게 하고 기쁘게 하였
다. 그러자 곧 도과를 얻고 세 가지 밝은 지혜와 여섯 가지 신통력을
얻고 색계와 무색계의 욕망에서 벗어나는 팔해탈18을 갖추었다. 이
때 아난이 중생의 마음을 관찰하니 모두 의심이 가득하였다. 곧 자리
에서 일어나 옷을 단정히 하고 한쪽을 걷어 올려 오른쪽 어깨를 드러
내고 손을 겹쳐 합장하며 부처님께 아뢰었다.

"세존이시여! 균제사미는 과거에 어떤 공덕을 짓고 어떤 행업을 닦
았길래 세존을 만나 도과를 얻는 것이 이렇게 빠릅니까?"

부처님께서 아난에게 말씀하셨다.

"균제사미는 단지 지금만 그런 것이 아니다. 과거에도 부모님과 여
러 스님을 공양하고 미묘한 공덕을 닦고 선지식을 만났기 때문에 이

---

18. 팔해탈(八解脫)은 여덟 가지 선정의 힘에 의해서 색계와 무색계에 대한 탐욕
   을 버리고 이로 말미암아 삼계의 번뇌를 끊고 해탈하는 것이다. 간단히 말하
   자면 삼매에 들어 해탈에 이르는 8단계를 가리킨다. 첫째, 마음속의 색에 대
   한 생각을 버리고 외부의 여러 색에 대해 부정관(不淨觀: 깨끗하지 않음을
   관찰함)을 닦는 것이다. 둘째, 마음속의 색에 대한 생각은 이미 없앴으나 욕
   계의 탐욕을 끊기 어려우므로 외부의 부정의 모습을 관찰하여 싫어하는 마음
   을 내어서 제거되기를 바라는 것이다. 셋째, 외부의 색에 대해 부정관심을
   버리고 외색의 경계의 정상관(淨相觀)을 닦는 것이다. 넷째, 유대(有對)의
   색상(色想)을 다 없애고 공무변처(空無邊處)의 행상(行想)을 닦아서 이루
   는 것이다. 다섯째, 공무변심을 버리고 식무변(識無邊)의 상을 닦아서 이루
   는 것이다. 여섯째, 식무변심을 버리고 무소유상(無所有想)을 닦아서 이루
   는 것이다. 일곱째, 무소유심을 버리고 비무상(非無想)의 상에 머물고 이것
   을 성취하는 것이다. 여덟째, 수상(受想) 등을 버리고 모든 심(心)과 심소법
   (心所法)을 멸하는 것이다.

제 도과를 얻은 것이다."

아난이 부처님께 아뢰었다.

"부처님께서 이것을 설하여 주시옵소서."

부처님께서 아난에게 말씀하셨다.

"잘 들어라."

아주 먼 옛날 비바시라는 부처님께서 세상에 나셔서 세간의 중생을 교화하여 하늘과 사람을 이롭게 하셨다. 인연 있는 중생을 다 교화하고 멸도하신 후 정법기간 중에 한 나이 어린 비구가 있었다. 경·율·론의 삼장(藏)에 통달하였고 얼굴이 단정하고 사람의 모습을 모두 갖추었다. 변재와 설법에 뛰어나고 미묘한 음성을 지녔으므로 많은 사람들이 알고 찰제리19와 바라문이 공양하였다. 이 때 모습이 추하고 사람의 모습을 갖추지 못한 한 비구가 있었다. 게다가 음성도 느리고 무거웠는데 항상 삼보를 찬탄하기를 좋아하였다. 이 때 나이 어린 삼장비구가 그의 음성이 좋지 않은 것을 보고 꾸짖고 욕하며 말했다.

"이와 같은 소리는 개짖는 소리만도 못합니다."

이 때 늙은 비구가 말했다.

"너는 어째서 욕하고 꾸짖는가? 너는 나를 알지도 못하지 않은가?"

---

19. 찰제리는 지주·왕족로 찰리(刹利)라고도 하며 인도 사성계급 가운데 두 번째 계급이다. 바라문 아래로 군사와 정치를 담당한 귀족과 토족 그리고 왕족들이 여기에 속한다. 부처님도 이 계급 출신이다.

나이 어린 삼장비구가 말했다.

"나는 당신을 압니다. 당신은 비바시 부처님의 정법 기간 중에 마하라라는 늙은 비구인데 어떻게 모르겠습니까?"

마하라가 말했다.

"나는 지어야 할 것을 다 하고 청정한 행을 다 세워 다시는 미래의 과보를 받지 않을 것이다."

삼장비구가 이 말을 듣고 놀라서 털이 곤두섰다. 이 때 마하라는 곧 오른손을 들고 밝은 광명을 뿜어내어 시방으로 널리 비추었다. 이 때 나이 어린 삼장비구는 곧장 머리 숙여 발에 대고 예를 올리면서 공경하며 참회를 구하였다.

"제가 어리석어서 성현을 알아보지 못하고 악업을 지었습니다. 제가 미래 세상에서 좋은 벗을 가까이하고 성스러운 스승을 만나서 번뇌를 다하고 맺은 것이 풀림이 대덕과 같게 하옵소서.

부처님께서 아난에게 말씀하셨다.

"이 때 삼장비구는 한 번 나쁜 말로 상좌를 욕하였기 때문에 5백 번을 개의 몸으로 태어났다."

일체의 대중이 부처님이 법을 설하시는 것을 듣고 놀라서 전율하며 모두 소리내어 말했다.

"기이하고 기이하다. 세간의 재화가 입보다 더한 것이 없구나."

이 때 한량없는 백천 명이 모두 서원을 하고 게송으로 말했다.

설사 뜨거운 쇠 수레바퀴가 내 머리 위를 돌지라도

끝내 이러한 고통 때문에 결코 나쁜 말을 하지 않으리.
설사 뜨거운 쇠 수레바퀴가 내 머리 위를 돌지라도
끝내 이러한 고통 때문에 결코 성인과 착한 사람을 헐뜯지 않으리.

부처님께서 아난에게 말씀하였다.
"사리불은 여러 중생에게 선지식이 되었다. 하루 여섯 때에 항상 도의 눈으로 오도의 중생을 관하고 제도해야 할 사람은 가서 제도한다."

　　한 때 마가다에는 두 나라의 중개무역을 하는 5백 명의 장사꾼이 험한 길을 지나가고 있었다. 이 때 장사치의 우두머리에게는 한 마리의 흰 개가 있었다. 이 때 따라갔던 사람이 초저녁에 고기를 구워 음식을 만들어 놓은 것을 밤에 개가 훔쳐서 먹었다. 다음 날 따라갔던 사람이 일찍 일어나 고기를 먹으려고 찾았으나 없었다. 배가 고프고 갈증이 나자 속으로 화가 나서 손으로 직접 칼을 가지고 개의 네 다리를 끊고 몸통을 구덩이에 던지고 가버렸다. 그 개는 뒹굴며 큰 괴로움을 받았다. 이 때 사리불은 초저녁에 도안으로 멀리서 이것을 보았다. 밤이 지나고 아침이 되자 옷을 입고 발우를 가지고 성으로 들어가 걸식을 마쳤다. 그리고 험한 길을 지나 그 개가 있는 곳으로 가서 개에게 먹을 것을 주었다. 그리고 법을 설하여 보이고 가르치며 이롭게 하고 기쁘게 하였다. 개가 이 법을 듣고 부끄러워하며 즐거워하지 않다가 7일 후에 죄를 마치고 사람으로 태어났다.

부처님께서 아난에게 말씀하셨다.

"이 때 흰 개가 지금의 균제비구이다. 과거 성현을 욕했기 때문에 악도에 떨어졌다. 부끄러움을 고치고 참회하며 서원을 하였기 때문에 좋은 벗을 만난 것이다. 좋은 벗을 만났기 때문에 죄를 마치고 사람으로 태어나고 부처님을 만나서 번뇌를 다할 수 있었다. 그러므로 부모님과 선지식의 은혜를 기억하여여 한다. 은혜를 알고 항상 은혜를 갚아야 한다. 선지식은 큰 인연이다."

부처님이 이 법을 설할 때 한량없는 백천의 중생이 보리심과 성문·벽지불심을 발하였다. 일체의 대중은 부처님의 설법을 듣고 기뻐서 뛰며 예를 올리고 물러갔다.

6. 제바달다 이야기[惡友品]

한 때 세존은 대중들에게 둘러싸여 공양과 공경과 존중과 찬탄을 받고 있었다. 그 때 세존께서 환하게 미소를 지으시며 입에서 푸르고 누르고 붉고 하얀 밝은 빛을 내뿜었는데, 이 빛을 '대비'(大悲)라고 이름하였다. 멀리 시방1을 두루 비추어 위로 아가니타천2에 이르고 아래로 18지옥에 이르러서 제바달다3의 몸을 비추자 육신의 모든 고통이 곧 없어지고 편안해졌다. 이 때 대중들이 함께 같은 소리로 여래를 찬탄하였다.

"거룩하고 거룩하십니다. 세존이시여! 진실로 큰 자비로 원수와 친척에게 마음을 평등하게 하시는군요. 제바달다는 항상 나쁜 마음을 품고 여래를 해쳤습니다. 그러나 세존은 이것을 근심하지 않고 오히

1. 동서남북과 동서 · 서남 · 남동 · 동북 · 상 · 하의 열 방향을 가리킨다. 옛부터 십방(十方)이라고 하지 않고 '시방'이라고 한다.
2. 삼계의 하나인 색계(色界)에는 모두 18개의 하늘(天)이 있다. 그 중 아가니타천(阿迦膩吒天)이 가장 높은 곳에 있는 하늘로 이곳의 존재는 심식(心識)만 있고 형체는 없다.
3. 부처님 재세시 출가한 비구로 나중에 자신의 무리를 이끌고 승단을 파괴하고 부처님을 해치려고 한 사람으로 조달(調達)이라고도 한역한다.

려 가엾게 여기시며 큰 자비의 빛을 제바달다의 몸에 비추셨습니다."

여래가 널리 대중들에게 이렇게 말씀하셨다.

"제바달다는 이번 생에서만 나를 해친 것이 아니다. 과거 세상에서
도 항상 나를 해치려고 했었다. 그러나 나는 자비의 힘으로 그를 구제
하였다."

이 때 아난이 대중의 마음을 살펴보니 모두 의심이 있었다. 곧 그
자리에서 일어나 오른쪽 어깨를 드러내고 왼쪽 무릎을 땅에 붙이며
길게 꿇어 앉아 합장하였다. 그리고 부처님께 아뢰었다.

"세존이시여! 제바달다가 많은 과거의 시간 속에서 세존을 해쳤다
는 그 일은 어떠한 것입니까?"

부처님께서 아난에게 말했다. "잘 듣거라. 내가 너를 위해 이해하
도록 잘 설명하리라."

아주 오랜 옛날 파라나라는 나라가 있었다. 그 때 비바시라는
부처님께서 세상에 나타나셔서 1만 년 동안 세상을 교화하셨다.
돌아가신〔滅度〕 후에도 1만 2천년동안 바른 법〔正法〕이 머물
렀다. 이 후 불상과 경전을 통해 그 법이 전해지는 상법(像法)의
시기가 이어진 후 파라나의 왕은 마하라사(摩訶羅闍)였다.

그 왕은 총명하고 지혜로우며 인자하고 어질어 바른 법으로
나라를 다스리고 백성에게 잘못하지 않았다. 왕은 60개의 작은
나라와 8백 개의 마을을 주재하고 5백 마리의 흰 코끼리와 2만
명의 부인이 있었으나 자식이 없었다.

왕이 직접 여러 산과 강·연못·나무·땅귀신과 하늘귀신에
게 기도를 하여, 꼭 12년 만에 왕이 첫째로 소중히 여기는 부인
이 곧 임신을 하고 두 번째 부인도 곧 임신을 하였다. 왕은 매우
기뻐하며 자기가 직접 받들고 보살펴 주고 침상에 눕히고 음식을
먹이는 것도 모두 세밀하게 보살펴 주었다. 열 달이 되어 태자를
낳았는데 모습이 단정하고 고운 피부색을 지녔고 사람이 가질 수
있는 좋은 모습을 모두 갖추었다. 두 번째 부인도 사내아이를 낳
았다.

왕이 매우 기뻐하며 여러 신하와 관상보는 사람들과 바라문
등을 불러서 관상을 보고 길흉을 점치게 하였다. 또 아들을 품에
안고 그들에게 보이면서 이름을 짓게 하였다. 관상보는 사람이
물었다.

"이 아이가 태어날 때 어떤 상서로운 조짐이 있었습니까?"

"첫번째 태자의 어머니는 본래 성품과 행실이 올바르지 않고
악하며 화내고 원한을 잘 품고 질투와 시기와 자만심이 높았지요.
그러나 태자를 잉태하고 난 후부터 그 성품이 착하게 되고 안색이
부드러워지며 말을 할 때도 미소를 띠게 되었습니다. 자기가 하
고 싶은 마음이 있어도 먼저 상대방의 뜻을 묻고 부드러운 말을
하여 이롭게 하였습니다. 또 중생을 자비와 연민으로 대하여 친
자식과 같이 여기게 되었습니다."

그러자 관상보는 사람이 말했다.

"이것은 이 아기의 복과 덕이 어머니를 이와 같이 변하게 한
것이니 이름을 선우(善友)태자라고 하십시오."

두 번째 부인이 낳은 태자에 대하여 관상보는 사람이 물었다.

"이 아들이 태어날 때 어떤 상서로운 조짐이 있었습니까?"

"그의 어머니는 본래 성품이 항상 착하며 먼저 자신의 뜻이 있어도 상대방에게 묻고 부드러운 말을 하며 여러 사람의 마음을 헤아릴 줄 알았지요. 그러나 아기를 잉태하고 난 후부터 성격이 갑자기 포악해지고 거칠게 말하고 나쁜 말을 하며 질투하며 화를 내고 어리석어졌습니다."

그러자 관상보는 사람이 말했다.

"이것은 아이가 지어놓은 나쁜 업행4이 어머니를 이와 같이 변하게 한 것입니다. 그러므로 마땅히 악우(惡友)태자라고 불러야 합니다."

두 아이는 젖을 먹고 자라서 14살이 되었다. 선우태자는 총명하고 인자하고 보시하기를 좋아하였으므로 부모님이 매우 사랑하여 자신의 두 눈처럼 생각하였다. 그러나 악우태자는 성격이 포악하였으므로 부모님이 미워하여 만나는 것조차도 좋아하지 않았다. 그는 형을 질투하여 일마다 훼방하고 해치려고 하며 형을 따르지 않고 오히려 거역하며 어긋나게 행동했다.

어느 날 선우태자는 앞뒤로 사람들을 이끌고 따르기도 하며 기악을 연주하였다. 대중들에게 둘러싸여 성을 나가 구경을 하였다. 그 때 어떤 밭 가는 사람이 땅을 개간하는데 흙 속에서

---

4. 업(業)은 몸과 입과 마음으로 짓는 동작이나 말, 생각하는 행위와 그 행위의 결과와 영향력을 포함하여 말한다. 선악(善惡)을 지어서 업이 생기므로 선업도 있고 악업도 있다. 업이라는 용어를 업행(業行) 또는 행위라고 번역한 곳이 많은데 이것은 이해를 돕고 문장의 방해가 안 되는 범위에서 역자가 임의로 해석한 것이다.

벌레가 나오자 새가 그것을 따라다니며 쪼아먹고 있었다. 선우태자는 멀리서 이것을 보고 불쌍히 여겼다. 깊은 궁궐에서 태어나고 자라면서 이런 일을 본 적이 없었기 때문에 주위의 사람들에게 물었다.

"이것은 대체 무슨 일을 하면서 이렇게 서로 잔혹하게 해치는 것인가?"

"선우태자여! 나라는 백성에게 의지하여 있는 것입니다. 백성은 음식에 의지하여 있습니다. 음식은 밭을 경작하여 오곡을 심는 데 의지하여 있고 이것으로 생명을 유지할 수 있습니다."

선우태자가 생각하고 말했다.

"괴롭고 힘든 것이로구나."

다시 조금 길을 가니 여러 남녀가 함께 실을 짜고 있었다. 왔다 갔다하며 돌아보고 움직이는 모습이 피곤하고 힘들게 보이자 선우태자가 물었다.

"이것은 무엇을 하는 것인가?"

"선우태자여! 이 사람들은 방직을 하여 여러 가지 의복을 만들고, 이것으로써 부끄러운 부분을 가리려고 몸의 다섯 군데를 덮습니다."

선우태자가 말했다.

"이것 또한 수고로운 일이니 힘든 일이 하나만이 아니구나."

다시 앞으로 길을 가는데 백성들이 소·낙타·말을 죽이고 돼지와 양의 껍질을 벗기고 있었다. 이것을 보고 선우태자가 물었다.

"이들은 어떤 사람인가?"

"이들은 도살하여 고기를 파는 것으로 생활하는 사람들입니다. 그렇게 하여 옷과 먹을 것을 얻습니다."

선우태자는 피부와 털을 심하게 떨면서 말하였다.

"괴이하고 괴롭구나. 죽이는 것은 마음에 차마 할 수 없는 것인데 강한 것과 약한 것이 서로 해치는구나. 생명을 죽여서 생명을 기르다니 여러 겁 동안에 재앙을 쌓는구나."

다시 앞으로 길을 가다가 여러 사람들이 그물을 쳐서 새를 잡고 낚시를 하며 죄 없는 것을 함부로 죽이고 강한 것과 약한 것이 서로 업신여기는 일을 보고 선우태자가 물었다.

"이들은 어떤 사람이며 무슨 일을 하는 것인가?"

"선우태자시여! 새를 잡고, 낚시하는 것입니다. 이와 같은 여러 가지 일로 먹을 것과 입을 것을 얻습니다."

선우태자가 듣고 말을 하지 못하면서 슬퍼하며 두 눈 가득히 눈물을 흘렸다.

'이 세상의 중생이 여러 가지 악의 근본을 지으므로 온갖 중생들의 괴로움이 끊이질 않는구나.'

그러므로 근심스러워져서 즐거워하지 못했다. 곧 수레를 돌려 궁전으로 돌아왔다.

왕이 선우태자에게 물었다.

"나갔다 들어와서 무슨 일이 있었기에 이와 같이 근심스러워하느냐?"

선우태자가 있었던 일을 자세히 부왕(父王)에게 말하였다. 왕이 이 말을 듣고 나서 선우태자에게 말했다.

"그러한 여러 가지 일은 이제까지 계속 있었던 것인데 무엇을 근심하겠느냐?"

"지금 대왕께 한 가지 소원을 말씀드리려고 합니다. 왕께서는 들어주시겠습니까?"라고 선우태자가 말하자, 왕이 대답했다.

"나는 너하나만 너무나 사랑하고 생각하니 너의 뜻을 거스르지 않겠노라"고 대답했다.

선우태자가 말했다.

"부왕은 모든 창고의 재산과 음식을 모든 중생에게 베푸시기를 바랍니다."

"네가 원하는 대로 너의 뜻을 거스르지 않으리라."

선우태자는 곧 곁에 있던 신하에게 왕의 창고를 열게 하여 5백 마리의 큰 코끼리에 값진 보배를 싣고 네 성문 밖으로 나갔다. 그리고 온 나라에 바라는 옷과 음식을 마음껏 가져가라고 선포하였다.

선우태자의 명성이 널리 사방팔방에 두루 퍼지자 모두 구름같이 모여들었다. 얼마 지나지 않아 보물의 삼분의 일을 썼다. 이때 창고를 지키는 신하가 왕에게 아뢰었다.

"모든 창고에 있는 보물 가운데에서 선우태자가 이미 삼분의 일을 썼습니다. 왕께서는 이것을 생각하셔야 합니다."

왕이 말했다.

"이것은 선우태자를 거역할 수 없어서 그런 것이다."

조금 더 시간이 지나자 여러 신하는 논의하였다.

"나라는 국고에 재물이 있어야 합니다. 창고가 텅 비면 나라도 헛되게 있을 것입니다."

그리고 다시 왕에게 아뢰었다.

"모든 재산의 삼분의 이를 썼습니다. 왕께서는 깊이 생각하셔야 합니다."

왕이 말했다.

"나의 선우태자를 거역할 수가 없어서 그러니 그대들은 잠시만 더 기다리라."

그러나 이것은 여러 신하들의 마음에 맞지 않았다. 선우태자가 창고의 문을 열려고 할 때 마침 창고를 지키는 신하는 자리에 있지 않은 것처럼 하여 정중히 쫓았으므로 서로 만날 수가 없었다. 선우태자가 말했다.

"일개 하찮은 창고지기가 어찌 감히 내 뜻을 거역하겠는가? 이것은 분명 부왕이 하게 한 것이리라. 그러나 효자는 부모님의 창고를 텅 비게 해서는 안 된다. 나는 이제 마땅히 스스로 재물을 구하여 백성들에게 나누어 주리라. 내가 만약 모든 중생에게 옷과 음식을 뜻대로 주지 못하면 어떻게 대왕의 선우태자라고 하겠는가?"

그리고 곧 여러 신하들을 모아 놓고 함께 논의하며 말했다.

"재물을 얻는 것은 어떤 일이 가장 좋겠습니까?"

그 중의 첫째 대신이 말했다.

"세상에서 이익을 얻는 것은 밭을 경작하는 것보다 나은 것이 없습니다. 하나를 심으면 만 배를 얻습니다."

또 다른 신하가 말했다.

"세상에서 이익을 얻는 것은 가축을 키우는 것보다 나은 것이 없습니다. 방목을 하여 얻는 이익이 가장 큽니다."

다시 한 대신이 말했다.

"세상에서 이익을 구하는 것은 바다에 들어가서 미묘한 보물을 캐는 것보다 나은 것이 없습니다. 만약 마니보주(摩尼寶珠)를 얻는다면 원하는 대로 모든 중생에게 줄 수 있습니다."

선우태자가 말했다.

"이것이 빠른 방법일 것 같습니다."

곧 궁중으로 들어가 부왕에게 아뢰었다.

"저는 이제 큰 바다에 들어가 미묘한 보물을 캐오려고 합니다."

왕은 이 말을 듣고 마치 목에 무엇이 걸려 삼킬 수도 없고 뱉을 수도 없는 것과 같은 심정으로 선우태자에게 말했다.

"이 나라는 네 것이니 창고의 진귀한 보배를 뜻대로 사용하거라. 어째서 갑자기 바다에 들어가려고 하느냐? 너는 내 아들로 깊은 궁궐에서 태어나서 자랐다. 누워 있을 때 휘장으로 덮어 주고 입에 맞게 먹였다. 이제 멀리 길을 떠나면 배고프거나 춥고 더울 때 누가 알겠느냐? 큰 바다에는 어려움이 적지 않아 악귀나 독룡, 사나운 파도, 거센 바람, 소용돌이쳐 솟구치는 파도, 산 같은 파도의 물거품, 마갈(摩竭)이라는 큰 물고기가 있기도 하다. 그래서 바다에 가는 사람은 천만 명이지만 도착하는 사람은 한둘 뿐이다. 그런데 네가 이제 어떻게 바다에 들어가려고 하느냐? 나는 허락할 수 없다."

선우태자가 곧 온몸을 땅에 던져 팔 다리를 펴고 말했다.

"부모님께서 만약 저를 바다에 들어가게 하지 않으면 저는 여기서 목숨을 다할 때까지 끝내 일어나지 않겠습니다."

대왕과 여러 부인이 이 일을 보면서 잠시도 눈을 떼지 못했다. 곧 선우태자를 달래며 "일어나 음식을 먹거라"라고 말했다. 그러나 선우태자는 이렇게 말했다.

"만약 제가 바다로 들어가는 것을 허락하지 않으신다면 끝내 음식을 먹지 않겠습니다." 왕과 부인은 근심하고 괴로워하였고, 좌우에서는 울며 걱정하다가 정신을 잃고 땅에 쓰러지기도 했다. 이와 같이 하루 동안 아무것도 먹지 않았고, 이렇게 이틀, 사흘이 지나고 엿새가 되었다. 부모님은 그가 죽을까 근심하고 두려워하다가 7일 만에 손발을 끌어안고 울면서 좋은 말로 달랬다.

"일어나서 먹고 마시거라. 몸은 먹고 마시는 것에 의해서 살아갈 수 있느니라. 먹고 마시지 않으면 너의 목숨은 유지될 수 없단다."

선우태자가 말했다.

"부모님께서 만약 허락해 주지 않는다면 여기에서 죽을 때까지 끝내 일어나지 않겠습니다."

이 때 첫째 부인이 왕에게 말했다.

"자식의 뜻을 기울게 하거나 움직이기 어려우니 그 뜻을 바꿀 수 없을 것 같습니다. 어떻게 차마 여기서 목숨을 끊게 할 수 있겠습니까? 부디 대왕은 자비로운 마음으로 바다에 들어가는 것을 허락해 주십시오. 옛부터 만 명 중 한 명은 희망이 있었으니 소원을 들어 주십시오. 이제 들어 주지 않으면 여기에서 죽을 것입니다."

왕은 결국 거절하지 못하고 곧 허락해 주었다. 그제서야 선우태자는 곧 자리에서 일어나 기뻐하며 머리 숙여 부왕의 발에 예를 올렸다. 주변의 여러 부인과 백천만 명의 궁녀들은 자기들끼리 "선우태자는 죽었는가 살았는가?"라고 서로 묻고는 "선우태자는 이미 일어나서 기쁘게 음식을 먹었습니다"라고 하였다.

왕이 선우태자에게 물었다.

"너는 간절하게 큰 바다에 들어가려고 하는데 무엇을 하려고 하느냐?"

"대왕이시여! 마니보주를 얻어 모든 중생에게 필요한 것을 주려고 합니다."

이 때 대왕이 곧 널리 명령을 내렸다.

"누가 바다에 들어가겠느냐? 바다에 들어갔다가 만약 돌아온다면 7대(代) 동안 옷과 음식, 값진 보배를 부족함이 없게 해주겠다. 육지와 뱃길에서 필요한 것은 당연히 공급해 주겠다. 선우태자가 바다에 들어가 진귀한 마니보주를 캐려고 한다."

여러 사람이 이것을 듣고 기뻐하였고 5백 명이 모였다. 그들이 대왕에게 말했다.

"우리들은 이제 선우태자를 따르겠습니다."

그 때 파라나국에는 한 뱃길 안내인이 있었다. 여러 차례 바다에 들어갔다가 돌아와 길이 통하고 막힌 곳을 잘 알았지만 나이는 80살이고 두 눈까지 멀어 있었다. 파라나대왕이 길 안내인이 있는 곳으로 가서 말했다.

"안내자여! 나의 한 아들은 아직 성문을 나선 적이 없습니다. 수고롭겠지만 당신께서 바다에 들어가 이끌어 주시기 바랍니다."

이 때 안내인이 곧 큰소리로 울며 말했다.

"대왕이시여! 큰 바다에는 어려움과 고통이 하나만이 아닙니다. 가는 사람은 천만 명이지만 이르는 사람은 한둘 뿐입니다. 대왕은 이제 어떻게 선우태자를 그 멀고 험한 곳으로 가게 하십니까?"

왕이 안내인에게 말했다.

"가엾게 여기시고 허락해 주십시오."

안내인이 말했다.

"감히 어길 수가 없군요."

이 때 선우태자는 5백 명과 함께 길 떠날 차비를 갖추고 바닷가에 이르렀다.

그의 동생 악우태자는 이런 생각을 하였다.

"선우태자는 부모님께서 항상 아끼고 사랑하셨다. 이제 바다에 미묘한 보물을 캐러 갔다가 만약 돌아온다면 부모님은 나를 내버릴 것이다."

그러고 나서 부모님에게 가 아뢰었다.

"이제 저도 선우태자를 따라 바다에 들어가 보물을 캐려고 합니다."

부모님은 듣고 나서 말했다.

"네 뜻대로 하여라. 길에서 위급하거나 어려운 일이 있을 때 형제가 서로 따르며 구제하고 보호하거라."

바다에 도착하고 나서 우선 일곱 개의 쇠사슬로 배를 묶고 7일을 머물렀다. 첫 날 해가 뜰 때 선우태자는 북을 치고 큰 소리로 명을 내렸다.

"여러분 가운데 누가 바다에 들어가겠습니까?"

그 안에 있는 사람들은 조용하였다.

"만약 부모형제, 아내와 자식, 이 세상인 염부제에 대한 즐거움을 그리워하는 사람은 여기서 돌아가고 나를 위하지 마시오.

왜냐하면 큰 바다에는 어려움이 하나둘이 아니라서 가는 사람은 천만 명인데 이르는 사람은 하나둘일 뿐이기 때문입니다."

이와 같이 소리 높여 말하였으나 대중들은 그대로 침묵하였으므로 곧 한 개의 쇠사슬을 끊고 배 위에 끌어올렸다. 매일 이와 같이 하여 마침내 7일째가 되어 일곱 개의 쇠사슬을 모두 끊고 배 위에 끌어올렸다. 그리고 바람을 맞으며 돛을 올렸다.

선우태자의 자비로운 마음과 복과 덕의 힘으로 큰 어려움 없이 바다 가운데 있는 진보산(珍寶山)에 도착했다. 보배가 있는 곳에 도착하자 선우태자는 곧 북을 쳐서 명령을 내렸다.

"여러분! 길이 멀다는 것을 알아야 합니다. 빨리 7일 동안 보배를 실어야 합니다. 이 보배는 매우 귀하여 염부제에서도 값을 정할 수 없을 것입니다. 너무 무겁게 배에 싣고 가다 침몰하여 갈 곳에 도착하지 못하게 해서도 안 되고, 너무 가볍게 실어 먼 길을 온 수고로움에 대한 대가도 되지 않으면 안 됩니다."

다 싣고 나서 여러 사람들에게 작별을 하며 선우태자는 말했다.

"여러분은 여기서 편안히 돌아가십시오. 나는 마니보주를 얻으러 더 가겠습니다."

선우태자가 눈 먼 안내인과 함께 7일[5]을 더 가자 물이 무릎까지 찼다. 다시 7일을 더 가자 물이 목까지 찼고, 또 다시 7일을 가자 물에 뜨게 되었다. 결국 바다를 건너 바다세계에 도착했다.

---

5. 원문에 '일칠일'(一七日)로 표시되어 있는데 이것은 '칠칠일'(七七日)을 기준으로 그 첫번째 7일 이라는 의미이다. 그러므로 7일째 되는 날로 보아야 하지만 여기서는 7일로 해석하여도 무리가 없으므로 그냥 7일로 하였다.

그 땅의 모래는 순백의 은으로 되어 있었다. 안내인이 물었다.

"이 땅은 어떤 것으로 되어 있습니까?"

선우태자가 답했다.

"이 땅은 순백의 은모래입니다."

안내인이 말했다.

"사방을 보면 하얀 은산이 있을 것인데 당신은 아직 보지 못했습니까?"

선우태자가 말했다.

"동남쪽에 한 하얀 은산이 보입니다."

안내인이 말했다.

"그 길은 그 산 아래에 있습니다."

그 산에 도착하자 안내인이 말했다.

"다음에는 금모래가 있는 곳까지 가야 합니다."

이 때 안내인이 지쳐서 정신을 잃고 땅에 쓰러지면서 선우태자에게 말했다.

"저는 이제 힘이 부족하여 더 가지 못하고 얼마 지나지 않아 여기서 죽을 것 같습니다. 선우태자께서 여기서 동쪽으로 7일을 가시면 금산이 있을 것입니다. 그 산으로부터 다시 7일을 가면 그 땅은 완전히 푸른 연꽃으로 되어 있을 것입니다. 다시 7일을 더 가면 그 땅이 완전히 붉은 연꽃으로 되어 있을 것입니다. 그 꽃으로 된 땅을 지나가면 일곱 가지 보배6로 장식된 성이 있습니다. 망루7가 황금으로 이루어져 있고, 정자는 하얀 은으로 되어

---

6. 금, 은, 산호, 차거, 마노, 진주, 유리 등 일곱 가지 보석(七寶)을 가리킨다.
7. 먼 곳을 볼 수 있도록 높은 곳에 지어진 누각을 가리킨다.

있으며 붉은 산호로 벽을 쌓고 차거8와 마노9가 격자무늬를 이루고 있는 진주그물로 그 위를 덮었습니다. 해자10는 일곱 겹으로 싸여 완전히 검푸른빛 유리로 되어 있는데 바로 그곳이 큰 바다 용왕이 머무는 곳입니다. 그 용왕의 귀에는 모든 것을 뜻대로 이루어 주는 여의마니보주가 있습니다. 선우태자께서 가서 그것을 달라고 부탁하십시오. 만약 이 구슬을 얻으면 염부제의 중생을 만족시킬 수 있어서 일곱 가지 보배로 된 여러 가지 옷, 음식, 병을 치료하는 약, 음악, 기악 등을 비오듯이 베풀어 줄 수 있을 것입니다. 다시 말씀드리면 모든 중생이 필요로 하는 것을 뜻대로 줄 수 있습니다. 그러므로 '마음 먹은 대로 되는 보배구슬'[如意寶珠]이라고 부르는 것입니다. 선우태자께서 만약 이 구슬을 얻으면 바로 당신의 본래 소원을 이룰 수 있습니다."

안내인은 이 말을 마치고 숨을 거뒀다.

선우태자는 안내인을 끌어안고 슬퍼하며 통곡하였다.

"어찌 이렇게 기박한 운명일까? 내가 의지할 하늘을 잃었구나."

곧 안내인을 금모래로 덮어서 땅에 묻었다. 그리고 오른 쪽으로 일곱 바퀴를 돌고 머리 숙여 예를 올리고 길을 떠났다. 앞으로 가자 금산이 나오고 금산을 지나자 푸른 연꽃이 땅에 널리 펼쳐진

---

8. 차거는 '거거'(車渠·硨磲)라고도 읽는다. 거대한 바다 조개로 이것을 갈면 백옥같은 광택이 나서 여러 가지 장식품으로 사용한다.
9. 마노(碼)는 아름다운 광택을 가진 광물인 석영(石英)의 한 가지로 무색투명하여 수정이라고도 한다.
10. 성 밖으로 둘러 판 연못으로 적군이 쳐들어올 때 성안에서 다리가 내려오지 않으면 이곳을 건널 수 없다.

것이 보였다. 그 연꽃 아래에는 푸른 독사가 있었다. 이 독사는
무는 독, 접촉하는 독, 숨으로 불어내는 독을 가지고 있었다. 이
러한 여러 독사가 연꽃 줄기에 몸을 감고 눈을 부릅뜨고 씩씩 숨
을 내쉬며 선우태자를 바라보았다. 이 때 선우태자는 곧 자비심
으로 삼매에 들어가서 삼매의 힘으로 곧 일어나 연꽃잎을 밟고
지나갔다. 그러나 자비의 힘으로 여러 독사에게 다치지 않고 용
왕이 있는 곳까지 이를 수 있었다. 그 성은 사방이 일곱 겹의 해
자로 싸여 있고 그 일곱 겹 사이마다 독룡이 서로 몸을 감고 머리
를 들어 목을 꼰 채 성문을 지키고 있었다.

이 때 선우태자는 성문 밖에 이르러 여러 독룡을 보고 곧 자비
로운 마음으로 염부제의 모든 중생을 생각하였다.

'지금 나의 이 몸이 만약 이 독룡들에게 해를 입는다면 모든
중생은 큰 이익을 잃게 될 것이다.'

선우태자는 곧 오른손을 들고 독룡에게 말하였다.

"너희들은 알아야 한다. 나는 지금 모든 중생을 위하여 용왕을
보려고 하는 것이다."

그러자 여러 독룡이 곧 길을 열고 선우태자를 지나가게 하였
다. 일곱 겹째 독룡이 있는 성문 아래에 이르렀을 때, 두 아름다
운 여인이 파리라는 보석으로 실을 뽑고 있는 것을 보고 선우태자
가 물었다.

"당신들은 누구입니까?"

"우리는 용왕의 바깥문을 지키는 노비입니다."

앞으로 나아가 중간문 아래에 이르렀을 때, 네 명의 아름다운 여
인이 흰은으로 실을 뽑고 있는 것을 보고 선우태자가 다시 물었다.

"당신들은 용왕의 부인입니까?"

"아닙니다. 저희는 용왕의 중간문을 지키는 노비일 뿐입니다."

다시 앞으로 가서 가장 안쪽 문에 이르러서 황금으로 실을 뽑는 여덟 명의 아름다운 여인을 보고 물었다.

"당신들은 누구입니까?"

"우리들은 용왕의 가장 안쪽 문을 지키는 노비일 뿐입니다."

선우태자가 말했다.

"당신들은 나를 위하여 바다의 용왕에게 염부제 파라나왕의 선우태자가 만나려고 와서 지금 문앞에 있다고 알려 주십시오."

이 때 문을 지키는 사람이 곧 이와 같이 아뢰었다.

용왕이 이 말을 듣고 괴이하게 여기며 이렇게 말했다.

"복과 덕을 갖춘 완전히 착한 사람이 아니면 멀리 이와 같은 험한 길을 올 수 없다."

곧 궁전 안으로 들어오라고 하고 왕이 나가서 맞이하였다. 그 용왕의 궁전은 땅은 검푸른 유리로 되어 있었고, 앉는 곳은 일곱 가지 보배로 되어 있어서 그 눈부심이 사람의 눈을 환하게 하였다. 곧 자리를 청하고 서로 인사를 나눴다. 선우태자는 법을 설하여 보여주고, 가르치고, 이익을 얻게 하고, 기쁘게 하는 등 갖가지 교화를 하면서 보시와 계를 지키는 것과 인간과 하늘에 관해 찬탄하여 말하였다. 이 때 바다의 용왕은 크게 기뻐하며 먼 길을 수고롭게 왔는데 필요한 것이 무엇이냐고 물으니 선우태자가 말했다.

"대왕이시여! 염부제의 모든 중생은 옷과 음식 때문에 끝없이 괴로움을 받습니다. 지금 왕의 왼쪽 귀 안에 있는 여의마니보주를 주시기 바랍니다."

용왕이 말했다.

"7일째 되는 날 나의 작은 공양을 받아 준다면 승락하겠습니다."

선우태자는 용왕의 청을 받아들이고 7일이 지난 뒤에 마니보주를 얻어 염부제로 돌아왔다. 이 때 바다의 용왕은 여러 용신들을 공중에 날아오르게 하여 선우태자를 송별하며 이 세상에 돌아오게 하였다.

선우태자는 동생 악우를 보고 물었다.

"너와 함께 간 사람들은 지금 어디에 있느냐?"

"선우형! 배가 침몰하여 모두 죽었습니다. 오직 저 혼자 죽은 시체를 이끌어 의지하면서 온전하게 구제되었고 보물은 모두 잃었습니다."

선우태자가 답했다.

"천하의 큰 보배 중에 자기 몸만한 것이 없단다."

동생은 말했다.

"그렇지 않습니다. 인간은 부자로 죽을지언정 가난하게 살기를 원하지 않습니다. 제가 어떻게 그렇다는 것을 아느냐 하면, 제가 일찍이 무덤 사이에 이르렀을 때 여러 죽은 귀신들이 이렇게 말하는 것을 들었습니다."

선우태자는 그 성품이 참되고 강직하여 사실대로 동생에게 말했다.

"네가 비록 보물을 잃었어도 이것은 작은 것일 뿐이다. 나는 이제 이미 용왕의 여의마니보주를 얻었다."

동생이 말했다.

"지금 그것은 어디에 있습니까?"

선우태자가 답했다.

"지금 내 상투 속에 있다."

동생은 이 말을 듣고 질투심이 생겨 화가 치밀고 고민스러워하며 이런 생각을 하였다.

'부모님은 항상 선우태자만 편애하셨는데 이제 마니보주까지 얻는다면, 나는 이제 부모님에게 기와부스러기만도 못한 모질고 천한 대우를 받을 것이다.'

이런 생각을 하고 선우태자에게 말했다.

"기쁩니다. 정말 잘했습니다. 이 여의마니보주를 얻었으니 이제 험한 길에서 더 잘 보호해야 합니다."

이 때 선우태자가 곧 여의마니보주를 풀러서 동생 악우에게 주면서 조심하게 하였다.

"네가 만약 피곤해서 누워 잠이 들면 내가 지키고, 내가 누워서 잠이 들면 네가 지켜라."

그래서 악우와 차례로 여의마니보주를 지키기로 하였으나 악우태자는 형이 잠들자 곧 자리에서 일어나 두 개의 마른 대나무로 형의 두 눈을 찌르고 구슬을 빼앗아 달아났다.

이 때 선우태자는 곧 동생 악우를 소리쳐 부르며 말했다.

"여기 도적이 나의 두 눈을 찌르고 여의마니보주를 가져간다."

그러나 악우가 아무 말도 하지 않자 형은 곧 괴로워하였다.

'내 동생 악우는 도적들에게 죽은 것 같다. 이와 같이 크게 소리치면 하늘과 땅의 신도 움직일 텐데 한참이 지나도 아무 응답이

없구나.'

이 때 나무의 신이 소리를 내어 말했다.

"네 동생 악우가 그대의 악한 도적이다. 그대의 두 눈을 찌르고 여의마니보주를 가지고 달아났다. 그대가 이제 악우를 불러서 무엇하겠는가?"

선우태자는 이 말을 듣고 놀라서 기가 차기도하고 걱정스럽기도 하며 화를 내보기도 하면서 괴로워하였다.

악우는 여의마니보주를 가지고 본국으로 돌아와서 부모님을 만나 아뢰었다.

"아버님, 어머님. 저는 복과 덕이 있어서 온전히 돌아올 수 있었습니다. 그러나 선우태자는 여러 사람들과 함께 복과 덕이 적어서 바다에 빠져 죽었습니다."

부모님은 이 말을 듣고 큰 소리로 통곡을 하며 괴로워하다가 정신을 잃고 땅에 쓰러졌다. 찬물을 얼굴에 끼얹고 한참이 지난 뒤에야 깨어나서 부모님이 악우에게 말했다.

"너는 어떻게 이것을 가지고 돌아왔느냐?"

악우는 이 말을 듣고 있을 뿐이었다. 그리고 괴로워하다가 곧 여의마니보주를 땅 속에 묻어 버렸다.

이 때 선우태자는 두 눈에 박힌 대나무를 뽑아 줄 사람이 아무도 없어서 이리저리 배회하며 어디로 갈 것인지 알지 못했다. 괴로움과 배고픔과 목마름 때문에 살 수도 죽을 수도 없는 처지에 놓였으나 조금씩 앞으로 나가 이사발(利師跋)왕국에 이르렀다.

이사발왕에게는 한 명의 딸이 있었는데 이미 파라나왕의 선우태자와 혼인이 되어 있었다. 또한 이사발왕에게는 유승(留承)이라는 목동이 있었는데, 이 목동은 이사발왕을 위하여 5백 마리의 소를 방목하여 물과 풀을 찾아 다녔다.

그 때 선우태자가 길에 앉아 있다가 소떼에게 밟힐 상태가 되었는데 그 가운데 있던 소의 왕이 네 다리로 선우태자 위에 걸쳐 타고 여러 소떼들을 모두 지나가게 하였다. 그 후에 다리를 내리고 오른쪽으로 돌아 고개를 돌려 혀를 내밀어 선우태자의 두 눈을 핥으면서 대나무를 뽑아 주었다.

이 때 목동은 뒤에서 이것을 보고 물었다.

"당신은 누구십니까?"

선우태자가 곧 생각하였다.

'내가 이제까지 있었던 일을 자세히 말하면 내 동생이 큰 괴로움에서 벗어날 수 없으리라.'

그리고 답하여 말했다.

"나는 눈 먼 거지일 뿐입니다."

그 때 목동이 두루 그의 몸을 살펴보니 다른 사람의 모습과 달랐으므로 다시 말하였다.

"나의 집은 가까운 곳에 있으니 내가 당신을 대접하겠소."

이 때 목동은 곧 선우태자를 데리고 자기 집으로 돌아와서 갖가지 음식을 주고 집안의 사람들에게 훈계하며 말했다.

"너희들은 이 사람을 나와 다름이 없이 모셔야 한다."

이와 같이 한 달이 지나자 그 집안 사람들이 귀찮아 하며 이런 말을 하였다.

"집안 살림이 풍족하지 않은데 어떻게 이 맹인을 항상 모실 수 있겠는가?"

선우태자가 이 말을 듣고 슬퍼하다가 이 날 밤이 지나고 다음 날 아침이 되자 주인에게 말했다.

"나는 이제 떠나려고 합니다."

주인이 말했다.

"무슨 마음에 맞지 않는 것이 있어서 나를 버리고 가려 합니까?"

선우태자가 답했다.

"손님과 주인의 의리는 오래갈 수 없습니다. 당신이 만약 나를 아끼고 생각한다면 나를 위하여 쟁을 하나 만들어 주시고 많은 사람이 있는 큰 성의 마을로 나를 보내주십시오."

주인이 선우태자의 뜻대로 이사발성의 여러 사람이 있는 곳으로 보내고 마음 편히 돌아왔다.

선우태자는 쟁을 잘 연주하였다. 그 소리가 부드럽고 고와서 사람들의 마음을 기쁘게 하였다. 모든 대중들이 음식을 충분하게 주어서 이사발의 거리에 있는 5백 명의 거지 아이들까지 모두 배부르게 먹었다.

이사발왕에게는 과수원이 하나 있었는데, 항상 참새가 가득하여 걱정이었다. 이 때 과수원을 지키는 감독관이 선우태자에게 말했다.

"나를 위하여 참새를 막아 주면 네게 좋은 것을 주겠다."

선우태자가 말했다.

"나는 두 눈이 없는데 어떻게 당신을 위하여 새들을 쫓겠습니까?"

과수원을 지키는 감독관이 말했다.

"나에게 방법이 있소. 여러 나무의 위쪽을 줄로 매어 연결하고 청동의 방울을 달아놓을 테니 당신은 나무 아래에 앉아서 새소리가 들리면 줄 끝을 당기기만 하면 됩니다."

선우태자가 답했다.

"그렇다면 나를 나무 아래에 데리고 가서 머물게 해주고 곧 가십시오."

선우태자는 새를 지키면서 쟁을 연주하며 스스로 즐겼다. 그때 이사발왕녀가 여러 시종들을 거느리고 과수원으로 와서 이러한 모습을 보고 그가 있는 곳에 가서 물었다.

"당신은 누구시오?"

"눈먼 거지입니다."

왕녀가 보고서 사랑하는 마음이 싹터 떠나갈 수가 없었다. 왕이 신하를 보내어 딸을 불렀으나 그녀는 가지 않았다. 도리어 자기를 위하여 음식을 보내라고 하여 그 맹인과 함께 먹으며 대왕에게 말했다.

"왕께서 이제 저를 이 맹인에게 시집보내 주신다면 제 마음이 아주 흡족하겠습니다."

왕이 말했다.

"네가 귀신에게 홀려 정신이 없고 마음이 혼란하구나. 어떻게 맹인과 함께 산다는 말이냐? 너는 모르느냐? 부모님이 이미 너를 파라나왕의 선우태자와 혼인할 것을 허락했다. 선우태자는 지금 바다에 들어가 아직 돌아오지 않았는데 너는 어떻게 거지의 아내가 된단 말이냐?"

딸이 말했다.

"비록 제가 목숨을 버릴지언정 끝내 여기를 떠나지 않을 것입니다."

왕이 이 말을 듣고 반대할 수 없어서 곧 심부름꾼을 보내 맹인을 데리고 와서 조용한 방에 가두어 두었다.

이 때 왕녀가 맹인이 있는 곳에 가서 말하였다.

"아시겠습니까? 저는 이제 당신과 부부가 되려고 합니다."

선우태자가 말했다.

"당신은 어느 집안의 아가씨인데 나의 아내가 되려고 합니까?"

"저는 이사발왕의 딸입니다."

선우태자가 답했다.

"당신은 왕녀이고 나는 거지인데 어떻게 서로 공경할 수 있겠습니까?"

그녀가 답했다.

"저는 온 마음을 다하여 당신을 공경하고 받들 것입니다. 부디 저의 뜻을 거스르지 말아주십시오."

이와 같이 90일이 지났다. 하루는 그의 부인이 된 왕녀가 남편에게 말하지 않고 작은 일로 밖에 나갔다가 얼마 지나지 않아 돌아왔는데 선우태자가 이것을 나무랐다.

"당신은 사사로운 일로 밖에 나가면서도 나에게 알리지 않았소. 어디에 갔다온 것이요?"

부인이 말했다.

"나는 사사로운 일로 나간 것이 아닙니다."

선우가 말했다.

"사사로운 일인지 아닌지 누가 알겠소."

그 부인은 괴로워하고 두 눈 가득히 눈물을 흘리며 곧 저주를 하면서 맹세하였다.

"제가 만약 사사로운 일로 나갔다면 당신의 두 눈이 차도가 없을 것이고, 만약 그렇지 않다면 당신의 한쪽 눈이 원래대로 회복될 것입니다."

이 맹세를 마치자 마자 남편의 한 눈이 원래대로 회복되고 맑은 눈빛이 반짝이는 것이 유성과 같아지며 시선이 밝아져서 그 아내를 볼 수 있게 되었다.

부인이 말했다.

"어째서 당신은 나를 믿지 않습니까?"

선우태자가 미소를 짓자 부인이 말했다.

"당신은 받들어 준 은혜를 모르는 사람입니다. 저는 큰 나라의 왕녀이고 당신은 소인배입니다. 그렇지만 저는 온 마음으로 당신을 섬겼습니다. 그런데 나를 믿지 않았습니다."

남편이 말했다.

"당신은 나를 아시오?"

"나는 당신을 압니다. 당신은 거지입니다."

남편이 말했다.

"그렇지 않소. 나는 파라나왕의 선우태자입니다."

아내가 말했다.

"당신은 크게 어리석은 사람입니다. 어째서 이런 말을 하십니까? 파라나왕의 선우태자는 바다에 들어가서 돌아오지 않았는데 당신이 지금 어떻게 그 사람이라고 말하십니까? 이것은 망령된 말일 뿐이니 저는 믿지 않겠습니다."

선우태자가 말했다.

"나는 태어나서부터 지금까지 망령된 말을 한 적이 없습니다."

부인이 말했다.

"헛된 말이든 사실이든 누가 이것을 믿겠습니까?"

남편이 말했다.

"내가 만약 망령된 말로 당신을 속인다면 나의 한쪽 눈은 영원히 낫지 않을 것입니다. 만약 사실이라면 나의 한쪽 눈이 원래대로 회복되어 당신에게 보게 할 것입니다."

이렇게 말을 마치자 곧 맹세대로 되어 푸른색이 빛나는 것이 처음과 다름이 없었다. 선우태자의 두 눈이 원래대로 회복되자 얼굴이 단정하며 보기 좋은 인간의 모습이 모두 갖추어지고 아름다운 피부색은 세상에 비교할 사람이 없을 만큼 뛰어났다.

그 부인이 이것을 보고 기뻐하며 현인과 성자의 은혜를 입은 것과 같이 여기고 그 모습을 두루 바라보며 잠시도 눈을 떼지 않았다. 곧 궁으로 들어가 부왕에게 말했다.

"지금 저의 남편이 바로 선우태자입니다."

왕이 말했다.

"이런 말을 하다니 어리석고 미친 귀신에게 홀렸구나. 선우태자는 바다에 들어가서 아직 돌아오지 않았다. 너는 이제 어째서 그 거지를 선우태자라고 하느냐?"

"그렇지 않습니다. 믿지 않으신다면 한 번 보면 알 수 있을 것입니다."

왕이 곧 가서 보고는 한 눈에 선우태자라는 것을 알았으나 두려워하며 이런 말을 하였다.

"파라나왕이 만약 이 일을 알면 나를 적지 않게 미워할 것이다."

곧 그 앞에서 선우태자에게 참회를 하며 사죄하였다.

"나는 사실을 알지 못했소."

선우태자는 말했다.

"괴로워하지 마시고 저를 위하여 목동에게 사례하여 주십시오."

이사발왕은 금은과 값진 보배, 옷, 음식, 방목하고 있던 5백 마리의 소들을 목동에게 주었다. 그 사람은 기뻐하며 한량없이 칭찬하였다.

"나는 선우태자에게 얼마되지 않는 은혜를 베풀었는데 이제 나에게 이와 같은 재물로 갚으시는구나."

이 때 목동이 대중에게 큰 소리로 말했다.

"남몰래 베풀었는데 드러나게 받으니 보시의 일은 정말 과보가 크도다."

이 때 한량없는 대중이 기뻐하며 보시하려는 마음을 내어 모든 사람을 괴로움에서 구제하려고 하였다. 또 그들이 깨달음을 구하는 것을 근본으로 여기자 허공의 신과 천신들이 그 사람들을 찬탄하며 '그 말이 이와 같고 이와 같이 이루어지리라'라고 하였다.

한편, 선우태자가 바다에 들어가기 전 궁전에 있었을 때 흰 기러기 한 마리를 키웠었다. 옷 입을 때나 음식을 먹을 때, 움직이거나 서고 앉고 누울 때 항상 함께 하였다. 어느 날 선우태자의 어머니는 선우태자가 있던 곳에 가서 그 기러기에게 말했다.

"선우태자는 시간이 있을 때마다 항상 너와 함께 하였다. 이제 바다에 들어가서 아직 돌아오지 않고 있으니 살았는지 죽었는지도 모르겠다. 그런데 네가 이제 어떻게 선우태자를 생각하지 않을 수 있겠느냐?"

기러기가 이 말을 듣고 슬프게 울며 땅을 돌면서 두 눈에 눈물이 가득한 채 "대왕의 부인이여! 선우태자를 찾아가라고 하면 감히 명령을 어기지 않겠습니다"라고 하며 울었다.

이 때 부인은 손수 글을 써서 기러기의 목에 매어 주며 그 기러기가 알아들을 소리로 선우태자가 어디에 있는지 물었다. 그러자 기러기는 몸을 허공으로 솟구쳐 날아 올라가 뱅뱅 돌고는 떠나갔다. 부인은 이 기러기가 보이지 않게 되자 마음에 믿음이 생겼다.

'이제 이 기러기는 반드시 나의 아들이 살았는지 죽었는지 분명한 소식을 알아다 줄 것이다.'

기러기는 바다로 날아가서 여러 곳을 지나며 찾았으나 찾지 못하고 이사발국에 이르렀을 때이다. 선우태자를 멀리서 보고 그가 있는 궁전 앞으로 갔다. 기러기는 몸을 움츠려 날개를 접고 선우태자 앞에 나아가서 슬픈 소리로 지저귀며 기뻐하였다. 선우태자는 어머니의 글을 보자 머리를 땅에 대고 예를 올린 후 편지를 펴서 읽었다. 편지를 읽고 부모님이 밤낮으로 슬퍼하며 선우태자를 생각하다가 두 눈까지 실명한 것을 알게 되었다. 이 때 선우태자는 그간에 있었던 일들을 부모님에게 글로 적어서 그 기러기의 목에 매달았다. 기러기는 기뻐하며 파라나로 돌아갔다. 부모님은 선우태자의 글을 보고 기뻐서 뛰며 기러기를 칭찬하였다. 선우태자가 동생 악우에게 해침을 받아 여의마니보주를 빼앗기고 한없는 괴로움을 받았다는 것을 모두 알고, 곧 악우의 손발에 쇠고랑을 채우고 목에는 칼을 씌워서 감옥에 가두었다.

그리고 이사발왕에게 사자를 보내어 말했다.

"당신은 어째서 선우태자를 잡고 감추어서 나를 괴롭게 합니까?"

이사발왕이 이 말을 듣고 두려워하였으나 곧 선우태자를 잘 꾸며서 국경 지역에 보냈다. 선우태자는 심부름꾼을 보내어 이사발왕에게 선우태자가 바다로부터 돌아왔다는 것을 알렸다. 그러자 이사발왕은 기악을 연주하며 앞뒤에서 이끌게 하고 청소를 하고 향을 사르면서 깃발과 종을 걸고 북을 치며 멀리까지 선우태자를 맞이하였다. 선우태자가 궁전으로 돌아오고 난 뒤 딸과 결혼시키고 파라나국으로 보냈다.

부모님은 선우태자가 돌아온다는 것을 듣고 한없이 기뻐하며 크고 이름난 코끼리를 타고 기악을 울리며 길을 청소하고 향을 사르며 깃발을 걸어두고 멀리까지 선우태자를 마중하러 갔다. 온 나라의 남녀 백성들은 선우태자가 바다로부터 무사히 돌아온다는 것을 듣고 기뻐하며 모두 나가서 영접하였다. 선우태자가 부모님에게 머리 숙여 발에 예를 올렸으나 왕과 부인은 눈이 멀어 선우태자의 모습을 볼 수 없었으므로 손으로 더듬으며 말했다.

"네가 바로 내 아들 선우태자란 말이냐? 부모님이 너를 사랑하여 근심하느라 눈까지 멀었느니라."

선우태자는 부모님에게 문안을 올리고 일어나서 손을 들고 소리 높여 여러 작은 나라의 왕과 신하들과 국가의 관리와 백성 등 모든 대중에게 감사하면서 이렇게 말했다.

"여러분에게 걱정을 끼쳐 죄송합니다. 이제 돌아왔습니다."

선우태자는 부왕에게 물었다.

"제 동생 악우는 지금 어디에 있습니까?"

왕이 말했다.

"너는 물을 필요가 없다. 이와 같은 악한 인간은 지금 감옥에 있으며 절대 풀어 줄 수 없다."

선우태자가 말했다.

"악우를 풀어 주어서 만나게 해주십시오."

이와 같이 세 번을 말하자 왕은 차마 거절하지 못하고 감옥 문을 열어 주었다.

악우가 손발에 쇠고랑을 차고 목에는 칼을 차고 선우태자를 만나러 오자 형은 이것을 보고 부모님에게 동생의 쇠고랑을 풀어 주라고 말했다. 쇠고랑이 벗겨지자 악우를 끌어안고 좋은 말로 타이르며 부드러운 말로 안부를 물었다.

"네가 고생이 매우 많았구나. 너는 나의 여의마니보주를 지금 어디에 두었느냐?"

이와 같이 세 번 묻자 비로소 말했다.

"저 땅 속에 있습니다."

선우태자는 여의마니보주를 찾아서 부모님에게 가서 꿇어 앉아 좋은 향을 사르고 주문을 외우며 말했다.

"이 여의마니보주가 뜻대로 다 들어 주는 보물이라면 나의 부모님의 두 눈을 이전처럼 밝고 맑게 하여 주십시오."

소원을 마치자 곧 두 눈이 본래대로 회복되어 부모님이 그 아들을 볼 수 있게 되자 기뻐서 뛰며 한없이 좋아하였다.

이 때 선우태자는 그 달 15일 아침에 깨끗하게 목욕을 하고 깨끗한 옷을 입고 향을 사르고 높은 누각에 올라가서 손에는 향로를 잡고 머리 숙여 여의마니보주에 예를 올리며 서원을 세웠다.

"나는 염부제의 모든 중생을 위하여 큰 괴로움을 참고 이 여의마니보주를 얻었나이다."

이 때 동쪽에서 큰바람이 불어 구름과 안개를 불어 없애자 허공 가운데가 환하게 밝아지고 염부제의 모든 더러움과 대소변·횟가루·풀들도 싸늘한 바람이 불고 지나가자 모두 깨끗해졌다. 구슬의 높은 덕으로 염부제의 땅에 저절로 잘 숙성된 쌀이 비처럼 두루 쏟아져 내렸는데, 향기가 달고 부드럽고 미세하며 색과 맛을 갖춘 것으로 해자와 도랑을 가득 채우고 무릎까지 쌓였다. 다음에는 귀한 옷과 구슬팔찌와 비녀들이 비처럼 내리고 다음에는 금은과 일곱 가지 보물·여러 가지 묘한 악기가 비처럼 내려 모든 중생이 필요로 하는 즐거움의 도구가 모두 충족되게 하였다. 보살이 크게 자비로운 행동을 하여 보시를 베풀어 중생이 필요로 하는 모든 즐거움의 도구를 주었던 것이 이와 같았다."

부처님께서 아난에게 말씀하셨다.

"이 때 파라나 대왕은 지금의 나의 아버지 슈도다나〔悅頭檀〕 왕이다. 어머니는 지금의 나의 어머니 마야부인(摩耶夫人)이다. 악우태자는 지금의 제바달다이다. 선우태자는 바로 지금 나의 몸이다. 아난아. 제바달다는 과거의 여러 생에서도 항상 악한 마음을 품고 나를 해치려고 하였다. 그러나 나는 인내의 힘으로 항상 은혜를 베풀어 그를 구제하려고 생각했다. 하물며 지금 성불한 뒤에야 말할 것이 있겠느냐?"

부처님께서 이 법을 설할 때 한량없는 백천 명의 사람이 수다원과
에서 아라한과까지 얻었다. 다시 한량없는 백천만 명의 사람이 깨달
음을 얻으려는 마음을 일으켰고, 또 모두 성문과 벽지불이 되려는 마
음을 일으켰다.

아난이 부처님께 아뢰었다.

"이 경을 무엇이라고 이름하며 어떻게 받들어 지닐까요?"

부처님께서 말씀하셨다.

"이 경은 '불보은방편'(佛報恩方便)이라고 하며 모든 중생에게 주
어 만족하게 하라."11

모임에 있던 대중들이 경을 듣고 기뻐하며 예를 올리고 물러갔
다.12

제바달다는 비록 부처님을 따라서 출가하였지만 질투하는 마음이
깊어서 이익만을 엿보고 있었다. 비록 6만 마리의 코끼리에 실을 수
있을 만큼의 경을 독송하였으나 아비지옥에 떨어지는 죄를 면할 수
없었다. 그는 아사세왕(阿闍世王)과 서로 절친하여 마음으로 서로
아끼며 믿었다.

---

11. 역경원에서 번역한 책은 이 부분을 '불보은방편급족일체중생(佛報恩方便給
足一切衆生)이라고 하거라'라고 하였지만, 질문에 대한 답변이므로 경의 명
칭과 받들어 지니는 방법을 모두 표현해야 하므로 이렇게 해석하였다.
12. 여기까지는 제바달다와 부처님의 본생담이고, 이후는 실제로 석가모니부처
님이 제바달다와 함께 생존할 당시에 있었던 제바달다의 행적이다.

제바달다는 아사세왕에게 말하였다.

"당신은 새 왕이 될 것이요. 나도 새 부처가 되려고 합니다."

아사세왕이 말했다.

"이 일은 그렇지 않습니다. 부왕이 아직 계십니다."

제바달다가 말했다.

"당신은 그를 없애야 합니다. 나도 부처를 죽일 것입니다. 그런 후에 새 왕과 새 부처가 중생을 교화하면 기쁘지 않겠습니까?"

이 때 아사세는 곧 그 말을 따라서 부왕을 죽이고 파라나국의 왕이 되었다.

제바달다가 아사세왕에게 말했다.

"나는 여래를 해치려고 합니다."

아사세가 말했다.

"여래는 큰 신력이 있고 다른 사람의 생각을 미리 안다고 하는데 당신이 이제 어떻게 해칠 수 있겠습니까? 여래는 또한 사리불(舍利弗), 대목건련(大目犍連), 흠파라(欽婆羅), 아누루다(阿樓馱) 등 여러 큰 제자가 있습니다."

제바달다가 왕에게 말했다.

"왕이 이제 나를 도와주십시오."

아사세왕이 말했다.

"내가 어떻게 할까요?"

"대왕이시여! 명령을 내려 백성들이 여러 비구에게 옷과 음식을 보시하지 못하게 하십시오."

아사세왕이 널리 선포하며 말했다.

"만약 여러 비구에게 옷과 음식을 보시하면 그의 손발을 자르리라."

여러 큰 제자들은 모두 부처님과 함께 기사굴산에 머무르며 차례로 걸식을 하였으나 음식은 점점 더 얻을 수 없었다. 이렇게 하루가 지나고 7일이 지나자 사리불과 같은 여러 큰 제자들이 모두 신통력을 부려 여러 곳으로 옷과 음식을 구하러 갔다. 이 때 제바달다가 아사세왕에게 말했다.

"지금 부처의 여러 큰 제자들은 모두 없고 여래 혼자 있습니다. 왕이 사신을 보내어 여래를 청해 오십시오. 만약 궁성에 들어오면 술취한 5백 마리의 크고 험악한 검은 코끼리를 내몰아 주십시오. 그래서 부처가 성에 들어오면 술취한 코끼리가 그를 밟아 죽이게 하십시오."

아사세왕이 사신을 보내어 여래를 초청하자 부처님과 5백 명의 아라한은 곧 왕의 청을 받아들여 왕사성으로 들어갔다. 이 때 아사세왕은 곧 5백 마리의 술취한 코끼리를 풀어놓아 이리저리 날뛰게 하자 나무를 꺾고 담장을 무너뜨리고 큰 소리로 울부짖으며 여래를 향해 달려들었다. 이 때 5백 명의 아라한은 모두 크게 놀라서 허공 중으로 뛰어올라 부처님 위를 배회하였다. 아난은 여래를 에워싸고 두려워하면서도 갈 수가 없었다. 이 때 여래께서 자비의 힘으로 오른손을 들자 다섯 손가락에서 다섯 마리의 사자가 뛰어나왔다. 사자가 입을 열고 포효하자 5백 마리의 술취한 코끼리는 놀라서 땅에 쓰러졌다. 그 후 여래가 아라한들에게 둘러싸여 왕궁으로 들어가자 아사세왕은 곧 나가서 영접하였다. 부처님을 청하여 자리를 내주고 자리에 앉자 애원하고 참회하며 부처님께 아뢰었다.

"세존이시여! 이것은 저의 잘못이 아닙니다. 제바달다가 시킨 것입니다."

부처님께서 대왕에게 말했다.

"나도 압니다. 제바달다는 항상 나를 해치려고 하였는데, 지금만 그런 것이 아닙니다. 과거 세상에서도 항상 나를 해치려고 하였지만 나는 자비의 힘으로 위기를 모면했습니다."

이 때 아사세왕이 손을 모아 부처님께 말했다.

"세존이시여! 제바달다는 과거 세상에서 어떻게 여래를 해치려고 하였습니까?"

부처님께서 말씀하셨다.

"잘 들으십시오. 내가 그대를 위하여 잘 이해하도록 설명하겠습니다."

아주 오랜 옛날에 어떤 큰 나라의 왕이 있었습니다. 그는 기러기 고기를 매우 좋아하여 한 사냥꾼에게 새 그물을 쳐서 기러기를 잡아오게 하였습니다. 이 때 5백 마리의 기러기가 북쪽으로부터 허공을 날아 남쪽을 지나가다가 기러기 왕이 새그물 가운데 떨어졌습니다. 이 때 사냥꾼이 크게 기뻐하며 곧 수풀더미 속에서 나와 죽이려고 했습니다. 이 때 한 기러기가 슬피 울며 피를 토하고 배회하면서 가지 않았죠. 사냥꾼이 활을 당겨 쏘려고 해도 활을 피하지 않고 잠시도 눈을 떼지 않으면서 곧 양 날개를 퍼덕이면서 기러기 왕에게 몸을 던져 감쌌습니다. 5백 마리의 기러기도 허공을 배회하면서 가지 않았습니다. 그 때 사냥꾼이 이런 생각을 하였죠.

'조수도 오히려 서로 사랑하여 목숨을 아끼지 않는 것이 이와 같구나. 내가 이제 무슨 마음으로 이 기러기 왕을 죽이겠는가?'

곧 그물을 열어서 기러기를 놓아 가게 하자 기러기들이 지저귀며 기뻐하고 깃을 치며 5백 마리의 기러기가 앞뒤에서 둘러싸고 허공을 날아서 갔습니다.

사냥꾼이 왕에게 가서 아뢰었죠.

"그물을 쳐서 기러기 왕을 잡았습니다. 마땅히 왕의 밥상에 올려 드실 수 있게 해야 하는 것이지만 어떤 한 기러기가 슬피 울며 피를 토하고 활도 피하지 않고 배회하면서 가지 않았습니다. 그래서 이 기러기를 생각하여 기러기 왕을 놓아주었더니 5백 마리가 따르며 앞뒤에서 둘러싸고 허공을 날아갔습니다."

대왕이 이 말을 듣고 부끄러운 마음이 들면서 곧 자비심이 일어났습니다.

'금수도 서로 사랑하여 그 생명을 보호하고 아끼는 것이 이와 같구나.'

대왕이 곧 기러기 고기를 끊고 다시는 잡아 먹지 않겠다고 맹세했습니다.

"대왕이여! 아셔야 합니다. 이 때의 왕은 바로 대왕이시고 사냥꾼은 바로 지금의 제바달다입니다. 이 때 슬프게 지저귀며 피를 토한 기러기는 지금의 아난입니다. 또한 5백 마리의 기러기는 지금의 5백 명의 아라한입니다. 그리고 이 때 기러기왕은 지금의 나입니다. 아난이 나의 생명을 돌보고 아낀 것이 그 때와 다르지 않고 5백 명의 아라한이 허공을 날아오른 것도 그 때와 다르지 않습니다. 제바달다가 항상 나를 해치려고 했지만 나는 자비의 힘으로 위험을 넘겼습니다."

이 법을 설할 때 한량없는 백천 명이 수다원과에서 아라한과까지 얻었고 어떤 이는 보리심[阿耨多羅三藐三菩提心]과 성문심(聲聞心)과 벽지불심(辟支佛心)을 얻었다.

그러나 제바달다는 또다시 악한 마음을 끊지 않고 이런 생각을 하였다.

'나는 이제 열 손가락의 손톱을 길러서 아주 날카롭게 하고 손톱 아래에 독약을 발라 여래가 있는 곳으로 가서 머리 숙여 발에 대고 예를 올릴 때 손톱으로 발 위를 긁어야겠다. 그러면 독약이 몸으로 들어가 반드시 죽을 것이다.'

그리고는 생각한 대로 준비하고 여래가 있는 곳으로 갔다. 그리고 머리 숙여 예를 행하고 손으로 발을 긁었지만 독약은 감로(甘露)13로 변하여 여래의 몸은 아무렇지도 않았다.

제바달다는 소원을 이루지 못하고 다시 이런 생각을 하였다.

'여래는 지금 기사굴산 아래에 앉아 있다. 나는 이제 산꼭대기로

---

13. 불사(不死) 또는 천주(天酒)라고도 하며 한번 맛보면 불로장생(不老長生)한다는 이슬이다. 불교에서는 달고 담백하게 맛있는 음식의 맛을 표현할 때 자주 쓴다.

올라가 산 위에 있는 돌을 굴려 아래로 떨어뜨려 죽여야겠다.'

그리고는 산위로 올라가 바위를 밀쳤지만 부처님은 발가락에만 상처를 입었다. 그 때 부처님께서는 "나의 자비심은 원수와 친척에게 동등하다"라고 하시고 계속해서 옛일을 말씀하셨다.

아주 먼 옛날 응현(應現)이라는 부처님이 세상에 나셨다가 멸도하신 후 상법기간에 좌선하는 한 비구가 있었다. 그는 산림 가운데 혼자 머물렀는데 항상 몸에 있는 이때문에 괴로워하였다. 그래서 곧 이에게 약속을 하였다.

"내가 만약 좌선을 하면 너희는 조용히 몸을 숨기고 고요히 살아다오."

이는 그대로 하였는데 하루는 땅벼룩 하나가 이 옆에 와서 물었다.

"너는 어떤 몸에 있으면서 살을 먹고 빵빵해졌는가?"

이가 대답했다.

"내가 의지하는 주인은 항상 선정을 닦으며 나에게 때맞춰 먹게 한다. 나는 그대로 먹을 따름이다. 그러므로 몸이 신선하고 빵빵하다."

벼룩이 말했다.

"나도 그 방법을 배우고 싶다."

이가 말했다.

"원하는 대로 해라."

그러나 비구가 좌선에 들었을 때 땅벼룩이 피와 살의 향기

를 맡고 곧 빨아먹었다. 비구는 괴로워하다가 옷을 벗어 불에
태웠다.

부처님께서 다시 대중들에게 말씀하셨다.

"이 때 좌선한 비구는 지금의 가섭불(迦葉佛)이고 땅벼룩은 지금
의 제바달다이다. 이 때 이는 지금의 나의 몸이다. 제바달다는 이익을
위하여 나를 해치려고 하였었다. 오늘날 부처가 되었는데도 이익을
위하여 부처님의 몸에서 피가 나게 하였으므로 살아서 지옥에 빠졌
다. 제바달다는 항상 악한 마음을 품고 여래를 해치려고 하였다. 만약
그 일을 다 설명하려면 겁이 다해도 끝이 없을 것이지만 여래는 항상
자비의 힘으로 그를 불쌍히 여긴다. 나는 제바달다를 만났기 때문에
빨리 부처가 될 수 있었다. 그것을 은혜로 생각하기 때문에 항상 자비
심과 연민을 가진다."

여래는 곧 아난을 지옥으로 보내어 제바달다에게 고통을 참을 만한
지 물었다. 아난은 여래의 가르침을 받아 지옥문 밖에 이르러서 소머
리를 한 지옥의 옥졸에게 물었다.

"나를 위하여 제바달다를 불러주시오."

그 옥졸이 말했다.

"당신은 어떤 부처님의 제바달다를 묻는 것입니까? 과거의 모든
부처님에게는 모두 제바달다가 있기 때문입니다."

아난이 말했다.

"나는 석가모니불의 제바달다를 말하는 것입니다."

이 때 소머리를 한 지옥의 옥졸은 곧 제바달다에게 말했다.

"아난이 밖에서 너를 만나려고 한다."

제바달다가 말했다.

"아난이여, 잘 왔소. 여래는 지금도 역시 나를 가엾게 여기시는가?"

아난이 말했다.

"여래가 나에게 안부를 물으러 보내셨습니다. 고통은 참을 만하십니까?"

제바달다가 말했다.

"나는 비록 아비지옥에 있지만 비구가 세 가지 선정의 즐거움에 들어간 것과 같이 편안하네."

부처님께서 말씀하셨다.

"보살은 큰 방편을 닦아 중생들을 이끌며 태어나고 죽으며 한없이 큰 괴로움을 받지만 근심으로 여기지 않는다. 어떤 사람이 '제바달다는 진실로 악한 사람이기 때문에 아비지옥에 들어갔다'라고 하는 것은 있을 수 없다."

여래는 대중을 위하여 제바달다가 미묘하고 비밀스럽게 큰 방편을 행하는 것을 드러내어 밝혔다. 이 때 한없는 백천 명의 보살이 무생법인을 얻었다. 한없는 백천 명이 보리심을 발했고 한량없는 백천 명의 사람이 수다원과에서 아라한과까지 얻었다. 허공의 귀신과 천신은 하늘 꽃을 비오듯 내려 대중들을 두루 덮고, 하늘의 기악을 울리고 큰 광명을 비추며 "거룩하옵니다. 여래가 설한 법은 이전에 없던 것입니다"라고 찬탄하였다.

모든 대중이 부처님께서 법을 설하는 것을 듣고 머리 숙여 예를 올리고 기뻐하며 물러갔다.

7. 부처님의 자비[慈品]

세존은 대중들에게 둘러싸여 공양과 공경과 존중과 찬탄을 받았다.
그 때 여래는 한없이 깊고 깊은 곳을 돌아다니면서 삼유[1]에 있는 중생
들의 심각한 고통을 없애 주고, 다섯 가지 근본 번뇌[五蓋]와 번뇌로
인한 열 가지 속박[十纏]에서 벗어나게 하며, 모든 중생들이 해탈을
얻어 편안한 곳에서 무위(無爲)하게 하려고 곧 두 가지 복전[2]을 열어
보였다. 하나는 구하려는 것이 있어서 공양하는 대상[有作福田]이

---

1. 삼계(三界)에 사는 존재를 삼유(三有)라고 한다. 욕유(欲有)는 욕계(欲
   界), 색유(色有)는 색계(色界), 무색유(無色有)는 무색계(無色界)에 거주
   한다. 첫째, 욕유는 욕계의 천(天)·인(人)·수라(修羅)·축생(畜生)·아
   귀(餓鬼)·지옥(地獄) 등으로 그 업의 원인에 따라 과보를 받으므로 욕유
   라 한다. 둘째, 색유는 선정에 들어간 네 하늘[四禪諸天]이다. 비록 욕계의
   조잡하게 물든 육신은 벗어났지만 깨끗한 육신이 남아 있으므로 색유라고
   한다. 셋째, 무색유는 하늘에 있는 네 하늘[四空諸天]을 가리킨다. 비록 육
   신에 의해 장애를 받는 일은 없지만 그 이전에 지은 업에 따라 그 과보를
   받으므로 무색유라 한다.
2. 부처님이나 승가 등 공양을 받을 만한 법력이 있는 자에게 공양하면 복이 되
   는데, 이것은 마치 농부가 밭에 씨를 뿌리면 수확할 수 있으므로 복전(福田)
   이라고 하였다.

고 다른 하나는 구하려는 것이 없이 공양하는 대상[無作福田]이다.
그 대상은 부모님과 스승과 어른, 모든 부처님과 법과 스님과 보살
등으로 모든 중생은 이들을 공양하여 복을 얻고 도를 이룰 수 있다.
이 때 세존께서 사리불에게 말씀하셨다.

"큰 제자들과 여러 큰 지혜있는 그대들은 알아야 한다. 오래지 않아
여래는 열반에 들 것이다."

이 때 사리불이 이 말을 듣고 몸의 모든 뼈마디가 바늘로 찌르는
것처럼 아프며 괴로워하고 근심하다가 정신을 잃고 쓰러졌다. 얼굴에
찬물을 끼얹고 한참 뒤에 깨어나 곧 일어나서 합장을 하며 게송으로
부처님을 찬탄하였다.

부처님은 단 이슬과 같아
그의 음성, 듣고 들어도 싫증나지 않으니
부처님이 게으르다면 모두에게 무익하리라.
다섯 가지 윤회의 길[五道] 안에서의 삶과 죽음은
더러운 진흙탕에 빠짐과 같네.
애욕에 얽히므로 무지하게 되어 세상에 미혹되네.
전세의 행위가 올바르시니 평등하게 베풀고
그 때문에 양 눈썹 사이에서 한량없는 빛을 비추네.
그 눈은 초생달과 같이 모든 나라를 꿰뚫어 보시니
인간의 마음과 눈으로 보게 되면
보는 자는 크게 기뻐하네.

이 때 사리불은 이와 같은 백천의 게송으로 여래를 찬탄하고 나서 머리 숙여 발에 예를 올리고 부처님을 백천 번 돌았다. 그리고 여러 대중과 천룡, 귀신 등 사람과 사람 아닌 존재들에게 말했다.

"여러 선남자여! 세간은 헛되고 공하니 기이하고 기이합니다. 세간의 공허함이 괴롭고 괴롭습니다. 세간의 눈이신 부처님이 열반하신다니 애통하고 애통합니다. 미묘한 법보(法寶)의 다리가 부서질 것이며, 위 없는 도의 나무가 이제 꺾어질 것입니다. 미묘한 보배 깃발은 넘어지고 위 없는 깨달음의 태양은 대열반의 산으로 저물 것입니다."

일체 대중이 이 말을 듣고 놀라서 털이 곤두서며 두려움을 느꼈다. 해는 밝은 빛을 잃고 모든 산은 무너지며 땅이 크게 진동하였다. 이 때 사리불이 대중 가운데에서 게송으로 말했다.

내가 부처님의 몸을 보니 자금산3과 같은데
보기 좋은 모습을 지니는 모든 덕이 없어지면4
오직 이름만이 남으리.
마땅히 정진하여 삼계를 벗어나야만 하니
여러 착한 일을 골라 보아도 열반이 가장 안락하네.

이 때 사리불이 이 게송을 말하며 여러 대중들을 위로하고 나서

---

3. 자금(紫金)은 구리의 다른 이름으로 부처님의 피부색이 구리색과 같음을 비유한 표현이다.
4. 육체적인 아름다움이 모두 없어진다는 의미로 곧 죽음을 말한다.

큰 신력을 나타내었다. 몸이 허공에 솟구쳐 올라 천 마리의 보배 코끼리로 변화하였다. 하나 하나의 코끼리는 서로 몸을 꼬고 천 개의 머리는 몸 밖으로 향하고 있었다. 모든 코끼리는 각각 일곱 개의 상아가 있었고 각각의 상아 위에는 일곱 개의 목욕할 수 있는 연못이 있었다. 각각의 연못에는 일곱 송이 연꽃이 있었고 그 꽃받침 위에 일곱 명의 화신불[5]이 있었다. 하나 하나의 화신불은 모두 사리불을 심부름꾼으로 두고 있었다. 각각의 사리불이 큰 광명을 발하자 시방의 한없는 갠지스 강의 모래만큼 많은 세계를 널리 비추어 멀리까지 인연 있는 존재를 모두 불러 모았다.

이 때 사리불이 다시 신력을 나타내었는데 몸이 허공 가운데 가득 차게 커졌다가 다시 작아지며 물처럼 땅으로 스며들어가니 나올 틈이 없고 들어갈 틈도 없었다. 또 몸 아래에서 불을 내뿜고 몸 위로 물을 내뿜기도 하고, 허공으로 튀어 올랐다가 없어지기도 하며 수없이 반복해서 여러 가지 신통변화를 나타내었다. 그리고 허공으로부터 아래로 내려와 대중 속으로 가서 법을 설하여 보이고 가르치며 이익되게 하고 즐겁게 하여 수많은 백천 명의 중생이 보리심을 일으키게 하였

---

5. 원래 화신은 변화하여 나타난 몸이라는 뜻으로, 화신불(化身佛)은 다른 몸으로 변화하여 나타난 부처님을 말한다. 부처님은 일종의 분신술처럼 자신의 몸을 여러 개로 나타낼 수도 있고, 또 아주 다른 몸으로 변신하여 나타날 수도 있다. 그러나 좀더 말하자면 중생을 제도하기 위하여 그 중생이 있는 곳에 모습을 나타내신 부처님은 모두 화신불로 각처의 부처님의 이름은 다를 수 있다. 예를 들어 우리가 사는 이 세상인 염부제에 나타난 화신불은 바로 석가모니불이다.

다. 또 수많은 백천 명의 중생이 수다원과에서 아라한과까지 얻게 하였고, 또 한량없는 백천 명의 중생에게 성문과 벽지불이 되려는 마음을 일으키게 하였다.

이 때 사리불이 이와 같이 무수한 이익을 얻게 하고 대중에게 다음과 같이 말했다.

"내가 이제 어떻게 차마 여래가 열반에 드는 것을 보겠습니까?"

이렇게 말하고 나서 곧 허공으로 솟아올라 몸에서 불을 뿜어내며 스스로 몸을 태우고 열반에 들었다. 이 때 대중들이 사리불을 그리워하며 잠시도 눈을 떼지 않다가 사모하는 마음을 품고 큰 소리로 통곡을 하면서 나뒹굴었다. 해가 밝은 빛을 잃고 하늘과 땅은 크게 진동하였다. 이 때 대중들은 사리를 거두어 탑을 세우고 공양하였다. 수많은 백천 명의 대중들이 탑을 에워싸고, 사리불을 생각하고 괴로워하면서 미친 듯이 돌아다니며 바른 생각을 잊어버렸다.

이 때 여래는 자비의 힘으로 사리불로 변화하여 대중 가운데 계셨다. 대중들은 사리불을 보고 기뻐하며 고뇌와 근심이 없어졌고 기뻐하는 마음 때문에 모두 보리심을 일으켰다. 이 때 아난이 여래의 신통력을 입고서 대중들의 마음을 살피니 모두 이 일을 의심스러워하고 있었다. 그러므로 곧 자리에서 일어나 옷을 단정히 하고 오른쪽 어깨를 드러내고 오른쪽 무릎을 땅에 꿇고 손을 모으며 다리를 길게 괴고서 부처님께 아뢰었다.

"세존이시여! 사리불은 무슨 까닭으로 여래보다 먼저 열반에 들어서 이토록 여러 대중들을 고뇌하게 하옵니까?"

부처님께서 아난과 모든 대중에게 말씀하셨다.

"사리불은 과거 세상에서도 내가 열반에 드는 것을 볼 수 없어서 나보다 먼저 열반에 들었다."

아난이 부처님께 아뢰었다.

"세존이시여! 사리불이 과거 세상에서 먼저 열반에 든 일은 어떠한 것이었습니까?"

부처님께서 말씀하셨다.

"잘 듣거라."

아주 오랜 옛날에 '파라나'라는 나라가 있었다. 파라나의 국왕은 대광명(大光明)이라고 하며 그에게는 60개의 작은 나라와 8백 개의 마을이 있었다. 그 왕은 항상 자비로와 모든 것을 보시하며 다른 사람의 뜻을 거스르지 않았다. 이 때 한 변방의 작은 나라의 왕은 항상 역모의 마음을 품고 있었다.

대광명왕은 항상 제사 때마다 5백 마리 큰 코끼리에 값진 보배와 돈·의복·음식 등을 싣고 큰 시내와 네 성문 밖에 가서 이것을 모두 보시하였다. 적국의 원수도 대광명왕이 모든 것을 보시하며 다른 사람의 뜻을 거스르지 않는다는 것을 듣고, 의복과 음식·금은의 값진 보배를 마음대로 가지고 가버렸다.

이 때 변방의 작은 나라의 왕은 대광명왕이 보시의 덕을 베푼다는 말을 듣고 질투심을 일으키고, 여러 군신들을 모아 놓고 누가 파라나국에 가서 대광명왕의 목을 구해 올 것인가를 물었다. 그러나 여러 대신들 중 아무도 가려는 사람이 없었다. 왕은 다시

저 파라나국에 가서 대광명왕의 목을 구하러 가는 자에게 상금 천 근을 준다고 선포하였다. 이에 그 나라의 한 바라문이 말했다.

"제가 구하러 가겠습니다만 먼저 저에게 식량을 주십시오. 이 나라에서 파라나는 6천여 리(里)나 떨어져 있기 때문입니다."

왕은 곧 식량을 주어 파라나국으로 보냈다.

이 때 이 바라문이 파라나국의 국경선에 이르자, 그 땅은 여섯 가지로 진동하였고 여러 종류의 금수들은 사방으로 흩어져 달아나고 해와 달은 빛을 잃었다. 별들은 정상궤도를 벗어나고 붉고 검고 흰 무지개가 밤낮으로 계속 나타났으며 유성이 떨어졌다. 그 나라에는 여러 개의 흐르는 샘물과 꽃과 열매가 풍성하여 항상 아끼고 좋아하던 것들이었는데 모두 말라 버렸다.

그 때 바라문이 파라나성에 이르러 문 밖에 서 있었다. 문을 지키는 신이 문지기에게 말했다.

"아주 나쁜 바라문이 멀리서 와서 대광명왕의 목을 베려고 할 것이니 너는 들여보내지 말아야 한다."

이 때 바라문이 문 밖에서 머물며 들어가지 못하고서 7일째 되는 날 문지기에게 말하였다.

"나는 멀리서 대왕을 만나려고 왔다."

이 때 문지기는 대왕에게 "멀리서 온 한 바라문이 문 밖에 대왕을 뵙고자 서 있습니다"라고 아뢰었다. 왕이 이 말을 듣고 곧 나가서 맞아들이는데, 마치 자식이 부모님을 만난 것과 같이 예를 올렸다.

"어디서 오셨습니까? 오는 길이 힘들지는 않으셨습니까?"

"저는 다른 지방에서 왕이 다른 사람의 뜻을 거스르지 않고 보시를 하는 공덕을 익히 들었습니다. 또한 그 명성이 널리 알려져 온 세상과 황천에까지 알려졌습니다. 멀고 가까운 곳에서 노래하고 찬탄하며 진실로 거짓말이 아니라고 하므로 멀리서 산과 강을 건너왔습니다. 이제 제가 얻고 싶은 것이 있기 때문입니다."

왕이 말했다.

"이제 내가 이미 모든 것을 보시한다는 명성을 얻었으니, 원하는 것이 있으면 의심하거나 어려워 마십시오."

바라문이 말했다.

"사실이 그렇습니까? 나는 다른 것은 필요없습니다. 이제 큰 제사를 지내려고 하여 왕의 목을 구하러 왔습니다."

왕이 이 말을 듣고 깊이 생각하였다.

'내가 시작도 알 수 없는 오랜 옛날부터 계속해서 태어나고 죽는 생을 반복했지만 헛되이 이 몸을 잃기만 하고 아직 법을 이루지 못했다. 또 헛되이 삶과 죽음의 굴레에서 나의 정신을 수고롭게 하였다. 이제 이 몸으로 깨달음을 구하고 그것을 중생에게까지 미치도록 하리라. 이제 만약 내 목을 주지 않는다면 나의 본심을 어기는 것이며, 이 몸을 보시하지 않는다면 무슨 인연으로 깨달음을 얻을 수 있겠는가?'

왕이 말했다.

"매우 거룩하십니다. 저는 스스로 생각할 것이 있고 부인과 태자에게 나라를 맡겨야 하니 7일이 지난 뒤에 제 목을 드리겠습니다."

대왕은 곧 궁전으로 들어가 여러 부인에게 말했다.

"세상의 사랑하는 사람들은 모두 헤어집니다. 사람이 태어나

면 죽음이 있고 이루어지면 반드시 없어지는 것입니다. 만물은
봄에 태어나 가을과 겨울이면 저절로 메마릅니다."

　부인과 태자가 이 말을 듣고 마치 목에 무엇이 걸려 삼킬 수도
없고 뱉을 수도 없는 것과 같은 심정으로 말했다.

　"대왕이시여! 지금 무슨 까닭으로 이와 같은 말을 하십니까?"

　"한 바라문이 멀리서 와서 나의 목을 원하길래 나는 이미 허락
하였소."

　부인과 태자는 이 말을 듣고 몸을 땅에 던지며 큰 소리로 통곡
하였다. 그리고는 스스로 머리를 풀고 옷을 찢으며 말했다.

　"대왕이시여! 세상에서 자신의 몸보다 소중한 것이 없습니다.
어떻게 버리기 어려운 것을 버리면서 보시하려고 하십니까?"

　이 때 5백 명의 대신들이 바라문에게 말했다.

　"당신은 이 더럽고 냄새나고 썩어 문드러지고 피로 된 머리를
가지고 무엇을 하려는가?"

　"내가 스스로 얻은 것인데 내가 무엇을 할 것인지를 물어서 무
슨 소용이 있습니까?"

　"당신이 우리 나라에 들어왔으니 우리는 당신에게 물을 수 있
으며 당신은 우리에게 답해야 합니다."

　이 때 바라문은 사실대로 말하려고 하다가 두려운 마음이 들어
서 대신들을 무서워하며 자신의 목숨을 끊으려고 하였다. 이 때
5백 명의 대신이 바라문에게 말했다.

　"그대는 두려워 마시오. 우리들이 그대를 두렵게 하려 한 것이
아니고 다만 대왕 때문에 그런 것이오. 가난한 바라문이 무슨 급
한 일로 이 피고름 나는 머리를 쓰려는 것입니까? 우리들 5백

사람이 각각 7개의 보배로운 목을 만들어 서로 바꾸어 가며 필요한 대로 주면서 7번 나고 죽는 동안 당신에게 부족함이 없게 하겠소."

"나는 필요하지 않소."

그래서 여러 대신은 바라는 결과를 얻지 못하고 괴로워하며 큰 소리로 통곡하며 대왕에게 아뢰었다.

"대왕이시여! 어떻게 차마 이 나라와 백성과 부인과 자식을 버리고 한 바라문을 위하여 영원히 외롭게 저버리려 하십니까?"

왕이 말했다.

"이제 그대들과 모든 중생을 위하여 이 몸을 보시하려고 하는 것이니라."

이 때 첫째 대신은 왕이 끝내 목숨을 버려 바라문에게 목을 줄 것이라는 말을 듣고 스스로 생각하였다.

'내가 어떻게 대왕이 목숨을 버리는 것을 보겠는가?'

이렇게 생각하고 곧 고요한 방에 들어가 자살하였다.

이 때 대왕은 곧 후원에 들어가 바라문을 불러오게 하였다.

"당신은 멀리서 와서 저의 머리를 구하려고 하였습니다. 저는 자비심으로 그대를 불쌍히 여기기에 당신의 뜻을 거스르지 않겠습니다. 저는 미래 세상에서 지혜로운 머리를 얻기 위하여 이 머리를 당신에게 보시하겠습니다."

이 말을 마치고 곧 합장을 하고 시방을 향하여 예를 올리고 이렇게 서원하며 말했다.

"시방의 여러 부처님께서는 불쌍하고 가엾게 여기십시오. 여러 보살의 위력으로 보호하고 도와주십시오. 내가 이 일을 하여 반드시 해야 할 일을 모두 마치게 하소서."

그리고 바라문에게 가져가라고 말하였다.

그 때 바라문이 말했다.

"왕께서는 장사의 힘이 있습니다. 잠시 고통을 벗어나려고 후회하며 고통을 참지 못할 수도 있고 어쩌면 도리어 저를 해칠 수도 있을 것입니다. 왕께서 진실로 목을 보시할 생각이라면 어째서 스스로 머리를 나뭇가지에 매달지 않으십니까?"

왕이 이 말을 듣고 자비롭고 가엾은 마음이 생겼다.

'이 바라문은 겁이 많고 야위었는데, 만약 나의 머리를 베지 못하면 큰 이익을 잃는 것이 되리라.'

곧 그 말에 따라서 머리를 스스로 나뭇가지에 매고 바라문에게 말했다.

"당신이 저의 머리를 베어 제 손에 되돌려 주면 제가 손으로 받아서 당신에게 주겠습니다."

이 때 바라문이 손으로 칼을 잡고 나무 앞에 섰는데, 나무신이 곧 가지로 바라문의 머리를 쳐서 땅에 쓰러뜨렸다.

대광명왕이 나무신에게 말했다.

"당신이 이렇게 하는 것은 나를 돕지 않고 도리어 착한 법을 어렵게 만드는 것입니다."

나무신이 이 말을 듣고 괴로운 마음이 들어 곧 소리내어 말했다.

"괴이하도다. 괴롭도다."

이 때 허공 가운데서 구름은 없는데 피의 비가 내리고, 하늘과 땅은 크게 진동하며 해는 밝은 빛을 잃었다. 바라문은 곧 왕의 머리를 베어 자기 나라로 돌아갔다. 그리고 5백 명의 태자와 여러 군신은 곧 대광명왕의 남은 몸과 뼈를 거두어 탑을 세우고 공양하였다.

부처님께서 아난에게 이르셨다.

"이 때 첫째 대신은 대광명왕이 머리를 보시한다는 말을 듣고 차마 이것을 감당할 수가 없어서 곧 스스로 목숨을 버렸다. 이 사람이 바로 지금의 사리불이다. 이 때 대광명왕은 지금의 나 석가여래이다. 보살은 이와 같은 고행을 닦는다. 중생을 위하여 서원을 세우고 여러 부처님의 은혜를 생각하게 한다. 그러므로 어려움을 뛰어넘어 깨달음을 얻을 수 있다. 이와 같이 사리불이 여래가 열반에 든다는 것을 듣고 눈으로 차마 볼 수 없어서 먼저 열반에 드는 것은 이전과 다름이 없다. 과거 세상에도 내가 목숨을 버리는 것을 차마 보지 못했다. 내가 후원의 이 나무 아래서 전륜성왕의 머리를 버려 보시한 것이 천 번이다. 하물며 다른 신분으로서의 몸과 손발은 말할 것이 있겠는가!"

이 고행의 인연을 설할 때 수많은 백천 명의 중생이 모두 보리심을 일으켰다. 또 수많은 백천 명이 수다원과에서 아라한과까지 얻었다. 또 수많은 백천 명이 성문과 벽지불이 되려는 마음을 일으키고 모든 중생과 천신·용·귀신 등 사람과 사람 아닌 존재들이 부처님의 설법을 듣고 기뻐하며 물러갔다.

마가다국에는 5백 명의 도적이 있어서 항상 길을 막고 사람을 위협하며 함부로 죄없는 사람을 겁주어 왕래하는 길이 끊어졌다. 이 때

마가다왕은 곧 네 부대의 병사를 거느리고 가서 도적을 잡아 깊은 산과 험한 계곡으로 데리고 가서, 잡은 도적을 차례대로 두 눈을 파고 귀와 코를 베었다. 5백 명의 도적은 괴로워하였고 그 목숨은 경각에 달려 있었다. 그 때 5백 명 가운데 부처님의 제자인 한 사람이 여러 대중에게 말했다.

"우리들은 이제 머지 않아 죽을 것인데, 어떻게 지극한 마음으로 부처님께 귀의하지 않습니까?"

그러자 5백 사람이 곧 소리내어 '나무석가모니불'(南無釋迦牟尼佛)6이라고 말하였다.

이 때 여래가 기사굴산에서 자비의 힘으로 건타산(乾陀山)으로 오셨다. 그러자 큰 바람이 불며 나무들은 흔들리며 향나무의 티끌들이 허공에 가득하게 되고, 바람은 곧바로 이것들을 저 깊은 산의 여러 도적들이 있는 곳으로 불어갔다. 여러 도적들의 눈과 몸의 상처에 티끌이 묻자 원래대로 회복되었다. 여러 도적들은 다시 두 눈을 얻고 몸의 상처가 원래대로 회복되고 피가 우유로 변하자 모두 이런 말을 하였다.

"우리들은 이제 부처님의 무거운 은혜를 입어 몸이 편안하게 되었다. 부처님의 은혜를 갚는 것은 빨리 보리심을 일으키는 것이리라."

이렇게 말하고 모든 대중이 함께 같은 소리로 말했다.

"아직 평안을 얻지 못한 모든 중생은 내가 평안하게 하리라. 아직

---

6. 석가모니 부처님에게 귀의한다는 의미이다. 보통 염불이라고 하면 '나무' 뒤에 한 부처님의 명칭을 붙여 외우면서 그 부처님을 생각하는 것이다.

해탈을 얻지 못한 중생은 내가 마땅히 윤회에서 벗어나게 하리라. 아직 제도되지 못한 중생들은 내가 제도하리라. 아직 도를 얻지 못한 중생은 내가 열반에 들게 하리라."

또 여래의 자비로운 방편의 힘은 불가사의하다. 부처님이 사위성에 계실 때 기사굴산에 5백 사람이 살고 있었는데, 그들은 길을 막고 사람을 위협하며 여러 가지 그릇된 일을 행하였다. 여래는 방편의 힘으로 크고 이름난 코끼리를 타고 몸에는 갑옷을 입고 활과 화살을 메고 손에는 칼을 지닌 사람으로 변화하였다. 큰 코끼리는 모두 칠보로 꾸미고 자신도 칠보와 구슬과 팔찌로 잘 꾸며서 모두 빛이 나게 했다. 그는 코끼리를 타고 혼자서 험한 길로 들어가 기사굴산에 이르렀다.

이 때 산에 있던 5백의 도적은 멀리서 이 사람을 보고 서로 말하였다.

"우리들이 몇 년 동안 도적질을 했지만 아직 이런 것을 보지 못했다."

도적 두목이 여러 사람에게 물었다.

"너희들은 무엇을 보고 있느냐?"

"한 사람이 크고 이름난 코끼리를 타고 오는데 옷은 여의마니보주로 꾸며져 있고 그 코끼리도 모두 칠보로 장식되었습니다. 여기서 큰 광명이 비치어 하늘과 땅을 비추고 땅을 진동시키면서 길을 따라서 오고 있습니다. 거기다가 혼자서 오니 우리들이 이 사람이 가진 것을 얻는다면 일곱 번 나고 죽을 때까지 먹고 입는 데에 부족함이 없을 것입니다."

그러자 도적 두목이 이 말을 듣고 기뻐하며 몰래 명을 내려 말했다.

"신중하여 활을 쏘거나 베지 말고 천천히 잡도록 하라."

곧 앞뒤에서 둘러싸고 일시에 쏟아져 나오며 5백 명이 함께 같은 소리를 질렀다. 변화한 사람은 자비의 힘으로 그들을 가엾게 여기면서 곧 길게 활대를 늘려서 활을 쏘았다. 이 때 5백 사람에게 각각 한 대씩을 쏘니 상처의 고통은 차마 참기 어려웠다. 땅에 쓰러져 구르며 큰 소리로 울면서 활을 뽑으려 했으나 화살이 견고하여 힘으로 당해낼 수 없었다. 이 때 5백 사람은 곧 두려워하며 말했다.

"우리들은 이제 반드시 죽을 것이다. 이 사람처럼 대항하기 어려웠던 적은 이전에 없었다."

곧 함께 게송으로 읊으며 말했다.

당신은 어떤 사람인가?
이것은 주술의 힘인가?
용이나 귀신인가?
화살 한 개로 5백 명을 맞히니 고통은 말하기 어렵네.
우리들이 그대에게 귀의할 테니
우리를 위하여 독화살을 뽑아 준다면
감히 거역하지 않고 따르겠습니다.

이 때 변화한 사람이 게송으로 답했다.

나쁜 짓은 찔린 상처보다 더 심하고
분노는 쏘는 화살보다 더 강하니
이것은 건장함으로도 뽑을 수 없고
오직 법을 많이 들어야만이 없앨 수 있네.

이 때 변화한 사람이 게송을 마치자 마자 부처님의 몸으로 돌아와 큰 광명을 발하며 시방을 두루 비추었다. 이 빛을 쪼인 대중 중에 맹인은 볼 수 있게 되고 곱추는 몸이 펴졌으며 절름발이는 걸을 수 있게 되고 곰배팔이는 팔이 펴졌다. 또 그릇되고 미혹되었던 사람은 참된 말을 얻을 수 있게 되었다. 결국 모든 뜻에 맞지 않는 것이 바라던 대로 되었다. 여래는 5백 사람에게 보이고 가르치고 이익되게 하고 기쁘게 하며 여러 가지 법을 설하였다. 5백 사람은 법을 듣고 기뻐하였고, 또한 몸의 상처가 회복되고 피는 도리어 우유가 되었다. 보리심을 일으키고 나서 함께 같은 소리로 게송을 말하였다.

우리들은 이미 보리심을 일으켰으니
모든 중생을 널리 이롭게 하리.
마땅히 항상 공경하면서
여러 부처님의 가르침을 배워 따르리.
부처님이 자비의 힘으로 괴로움을 뽑고
몸과 마음을 편안히 하셨으니
마땅히 부처님의 은혜를 생각하며

보살과 착한 벗,
스승과 부모님과 모든 중생들의 은혜를 생각하고
원수와 친지에게 마음을 평등하게 하리니
은혜와 덕은 다름이 없으리라.

이 때 허공 가운데 욕계의 여러 천신과 제석천 등이 하늘 꽃을 비오
듯 내리고 하늘 기악을 울리며 여래를 공양하면서 모두 함께 같은
소리로 게송을 말하였다.

저희들이 지난 세상의 복으로
광명을 아주 엄숙하게 꾸며서
대중들에게 훌륭한 공양의 도구로
모든 중생을 이익되게 하였네.
세존은 매우 만나기 어려우며
미묘한 법도 듣기 어려운데
지난 세상에 심은 여러 가지 덕의 뿌리로
이제 석가족(釋迦族)의 거룩한 분을 만났네.
우리들은 부처님의 은혜를 생각하여 도심을 발해야 하네.
우리는 이제 부처를 보고 얻은
모든 세 가지 업의 선함을
모든 중생을 위하여 끝없는 도에 회향하겠나이다.

여러 천신은 이 게송을 마치고 수없이 부처님을 주위를 돌고 머리 숙여 부처님께 예를 올리고 공중으로 날아갔다.

또 여래의 방편과 자비의 힘은 불가사의하다. 비사리국(毘舍離國)에는 그릇된 견해에 집착하고 아만(我慢)에 탐착하여 사리불과 대목건련이 그 집에 가서 설법을 하여 달래도 믿고 받아들이지 않는 한 바라문이 있었다. 그릇된 논의에 집착하였으며 집은 크게 부유하여 재산과 보물이 한없이 많았지만 아들이 없었다. 그가 하루 아침에 죽게 되면 재산이 국가에 몰수될 것이라고 생각하였다. 그래서 여러 산신과 수풀신에게 제사를 올려 90일이 지나자 부인이 임신을 하였고 달이 차서 아들을 낳았다.

그 아들은 단정하여 보기 좋은 인간의 모습을 모두 갖추어서 부모님이 사랑하고 여러 사람들이 따르고 공경하였다. 그러나 12세가 되자 여러 벗들과 함께 밖으로 유람을 나갔다가 길에서 술취한 코끼리에게 쫓기다 밟혀서 죽었다. 부모님이 이 소리를 듣고 큰소리로 통곡을 하며 스스로 땅에 몸을 던지며 미칠 것만 같은 마음으로 흙을 몸에 바르고 스스로 머리를 잡아 뽑으며 말했다.

"어찌 이렇게 기박한 운명이란 말인가? 나의 보배를 잃어버리다니."

죽은 아들의 시체를 끌어안고 소리 높여 통곡을 하다가 기절하였다. 다시 깨어났으나 미칠 듯한 마음이 들어 옷을 벗고 다니다가 여래를 만나게 되었다. 이 때 여래는 자비의 선한 힘으로 그 아이로 변화하였다. 그 부모님은 곧 끌어안고 한없이 기뻐하여 미칠 것 같은 마음이 사라지고 본심을 얻었다. 여래가 이 때 설법을 하였고 이 법을 듣고 부모님은 곧 보리심을 일으켰다.

또 여래의 자비의 선한 힘은 불가사의하다. 한 때 유리왕이 네 부대를 일으켜 사유국(舍維國)을 정벌하였다. 모든 석가족 자손을 땅에 구덩이를 파고 넣어 모두 겨드랑이를 나란히 하고 꼼짝도 하지 못하게 묻었다. 7일째 되던 날 여래는 자비의 힘으로 곧 그 땅을 목욕하는 연못으로 바꾸었다. 그 연못의 물은 여덟 가지 공덕을 갖추고 있으며, 푸르고 노랗고 붉고 희며 미묘한 향기를 지닌 수레바퀴만한 크기의 잎을 가진 여러 가지 연꽃들이 있었다. 여러 종류의 새들이 서로 화답하며 슬프게 지저귀었다. 여러 석가족 자손은 이 일을 보고 기뻐하다가 갑자기 보리심을 일으켰다.

보리심을 일으켰을 때 유리왕은 곧 5백 마리의 코끼리에게 술을 먹여 매우 취하게 하였다. 다리에는 철갑을 씌우고 코에는 날카로운 칼을 매어 두었다. 곧 요란하게 북을 울려 여러 코끼리를 풀어주고 여러 석가족의 자손을 밟혀 죽게 하였다. 몸의 모든 뼈마디와 살과 뼈가 부서져 땅에 흩어졌으나 여래의 자비의 힘 때문에 몸과 마음이 편안하였다. 몸과 마음이 편안하므로 보리심을 일으켰다. 보리심을 일으켰기 때문에 여러 중생들에 대해 평등한 마음을 내었다. 마음을 평등하게 하였기 때문에 화를 내지 않았다. 화를 내지 않기 때문에 죽어서 하늘에 태어났다. 하늘에 태어나서 곧 천안(天眼)을 얻어 본래의 모습을 볼 수 있게 되자 서로 말하였다.

"우리들은 부처님의 자비로운 은혜를 입어 하늘에 태어났다. 칠보로 된 궁전과 좋은 의복을 입고 몸에는 광명이 있다. 미묘한 기악과 모든 음악을 갖추게 된 것은 모두 여래의 신통력 때문이다. 그러므로 우리들은 자비심을 일으켜 중생을 이익되게 하자. 부처님의 법이 유포될 곳이 있으면 성읍이거나 마을·산림·궁전·개인의 사택이라도 가서 그 뜻을 읽고 외우며 쓰고 해설하리라. 유포될 곳에 적절하게 뜻대로 공급해 주어 부족함이 없게 하리라. 만약 전쟁과 질병·기아가 있어도 우리들이 밤낮으로 보호하여 마음에서 잠시도 멀어지지 않게 하리라."

이 때 여러 천인이 이 서원을 말하고 나자 몸의 빛깔과 힘과 광명이 보통 때보다 배는 더 빛났다. 그들은 기뻐하면서 뛰다가 공중으로 날아갔다.

또 여래의 방편과 자비의 힘은 불가사의하다. 유리왕이 사유국을 정벌하여 모든 석가족을 해치고, 단정하고 재능이 남보다 뛰어난 석가족의 여인을 선별하였다. 여러 가지 기악을 연주하는 5백 사람들이 앞뒤에서 그 여인들을 둘러싸고 악기를 연주하며 본국으로 돌아갔다. 그리고 부인과 궁녀들과 함께 국정을 논의하는 정전에 올라 결가부좌하고 대중들에게 말하였다.

"나는 지금 말할 수 없이 좋다."

이 때 모든 석가족 여인들이 유리왕에게 물었다.

"당신은 무엇이 즐겁습니까?"

"나는 원수를 이겼다."

석가족 여인들이 말했다.

"당신은 이길 수 없습니다. 설사 당신 나라의 모든 네 부대가 와도 우리 석가족의 한 사람을 대적할 수 없습니다. 그러나 우리 석가족은 부처님의 제자로서 다른 존재와 더불어 다투지 않기 때문에 지금 당신이 이긴 것입니다. 만약 악한 마음을 일으켰다면 서너 차례 병사를 일으켜 사유국으로 향했더라도 항상 퇴각하고 위축되었을 것입니다. 당신이 처음 쳐들어 왔을 때 우리 석가종족은 이런 말을 했습니다.

'이 유리왕은 은혜를 알지 못하여 악독하고 반역하는 마음을 일으켰다. 만약 우리들이 그와 전쟁을 한다면 현명함과 어리석음이 가려지지 않고 검고 흰 것이 분명하게 밝혀지지 않을 것이다. 우리들은 이제 마땅히 그가 두려워 물러가게 해야 한다.'

그리고 곧 맹세하고 명령하였습니다.

'이제 모든 사람들은 활을 쏘아도 화살에 상처입지 않게 하라.'

곧 네 부대의 병사를 일으켜 유리왕을 대적하러 갔지만 40리나 떨어져서 활을 쏘았습니다. 화살을 계속 쏘면 오늬[7]들이 서로 괴어지면서 화살끼리 지탱하였고 당신은 이것을 보고 두려워하며 물러나 돌아갔습니다.

90일이 지나 다시 네 부대의 병사를 일으켜 석가족을 정벌하였을 때 여러 석가족들이 함께 논의하였습니다.

'유리왕은 악한 사람이라 창피한 줄을 모르고 다시 와서 해치려고 하는구나.'

---

7. 활시위에 화살을 끼울 때 화살이 걸리는 홈이 패인 부분을 가리킨다.

여러 석가족들은 다시 맹세하며 갑옷을 쏘고 사람을 다치게 하지 말라고 경계하였습니다. 여러 석가족이 모두 나란히 활을 쏘아 여러 사람의 갑옷을 쏘았으므로 갑옷이 벗겨져 몸이 드러났습니다. 이 때 당신은 두려워하며 곧 여러 신하를 모아 서로 논의하였습니다.

'우리들은 아마도 온전히 구제될 수 없을 것 같다.'

그 가운데 첫째 대신이 대왕에게 말했습니다.

'이 석가족은 모두 부처님의 제자로서 불살생계(不殺生戒)[8]를 지키며 자비를 닦았습니다. 만약 그렇지 않다면 우리들의 목숨은 이미 오래 전에 없어졌을 것입니다.'

그 때 당신은 사실이 그렇다면 다시 전진하자고 하였습니다.

여러 석가족은 손을 거두고 있었는데 당신의 군마가 가까이에 이르자 석가족의 한 바라문이 석가족의 자손에게 말했습니다.

'이제 재화가 이르렀는데 어떻게 의젓할 수 있겠습니까?'

그 때 여러 석가족이 답했습니다.

'우리들은 이제 다른 존재와 다투지 않겠습니다. 만약 저들과 다툰다면 부처님의 제자가 아닙니다.'

이 때 바라문이 곧 그 말을 듣고 싫어하며 석가족 앞으로 나가 유리왕의 병사를 향하여 화살 하나로 일곱 명을 쏘았습니다. 얼마 지나지 않는 사이에 다치고 죽는 사람이 점점 많아졌고 당신의 네 부대는 곧 퇴각하였습니다. 이 때 여러 석가족은 다시 이런 생각을 하였습니다.

---

8. 함부로 생명 있는 존재를 죽이는 않는다는 계율로, 불교의 가장 기본적인 다섯 가지 계율[五戒] 가운데서도 가장 중요한 계이다.

'우리들은 이제 이 나쁜 사람과 함께 한 무리가 되지 않을 것이다.'

곧 석가족들을 모아 놓고 이 바라문족을 쫓아내었고 그러고 나서 당신의 네 부대가 사유국을 무너뜨렸습니다. 이 인연으로 당신이 승리를 얻었던 것입니다."

이 때 유리왕은 곧 부끄럽고 참담하여 전다라(旃陀羅)를 시켜서 석가족 여인들의 귀와 코를 베고 손발을 잘라 수레에 싣고 무덤 사이에 가져다 버렸다. 여러 석가족 여인들은 손발이 없었으므로 비통한 외침소리가 처절하였고, 괴로움이 온몸을 감싸고 있는 채 죽어 갔다. 이 때 여러 석가족 여인들은 각각 부모형제 자매를 부르고 하늘과 땅을 소리쳐 불렀으나 극심한 고통은 끝이 없었다. 오직 한 석가족 여인이 여러 여인들에게 말했다.

"자매들이여! 아셔야 합니다. 나는 일찍이 부처님께 들었습니다. 만약 한 사람이 죽음이 임박한 때에 오직 한 마음으로 부처님을 생각하며 지극한 마음으로 귀의하면 곧 편안함을 얻고 소원한 것을 얻을 것입니다."

이 때 5백 명의 석가족 여인들이 지극한 마음으로 부처님을 생각하며 같은 소리로 '나무석가모니 다타아가도 아라하 삼막삼불타'라고 하였다. 그리고 다시 소리 높여 '괴롭고 괴롭도다. 아프고 아프도다. 아아! 부처님이시여!9'라고 외쳤다. 이와 같이 말할 때 허공 가운데

---

9. 원문은 '바가바수가타'(婆伽婆修伽陀)이다. '바가바'는 세존의 음사어이고, 수가타는 선서(善逝, 부처님의 열 가지 다른 호칭의 하나)이다. 모두 부처님의 다른 호칭이므로 통일하여 부처님이라고 번역하였다.

에서 여래의 자비의 힘으로 큰 자비의 구름이 생기고 큰 자비의 비가 내렸다. 여러 여인의 몸에 비가 내리자 몸의 손발이 다시 처음과 같아졌다. 여러 여인이 기뻐하며 함께 이런 말을 하였다.

"여래는 자비로운 아버지이며 세상에서 가장 존귀한 분이시다. 세상의 미묘하고 좋은 약이 되며 세상의 밝은 눈이시다. 삼계의 고통을 뽑아 즐거움을 주시는구나. 우리들은 이제 괴로움과 어려움에서 벗어났으니 이제 부처님의 은혜를 생각하여 은혜 갚을 것을 생각해야 하리라."

여러 여인들이 생각하며 말했다.

"어떤 일을 해야 부처님의 은혜를 갚을 수 있을까? 여래의 몸은 금강석처럼 튼튼한 몸이며 항상 머물러 있는〔常住〕 몸이며 배고픔과 목마름이 없는 몸이며 미묘한 몸이다. 수많은 선정·오근·십력·칠각지·팔정도 등의 헤아릴 수 없는 수행을 닦아 공덕을 지니고 32가지 좋은 상호와 80가지의 뛰어난 모습을 갖추셨고 복과 덕을 가지고 대열반에 머무르신다. 중생을 똑같이 부처님의 아들인 나후라로 보시고 원수와 친지를 똑같은 마음으로 보지만 보답을 바라지 않으신다. 우리들이 이제 부처님의 은혜에 보답하려면 마땅히 출가하여 계를 지키고 정법을 지켜야 하리라."

생각을 마치고 옷과 발우를 구하여 그 나라의 비구니 절에 가서 출가하기를 바랐다.

이 때 여섯 무리의 비구니는 여러 석가족 여인이 젊고 아름답고 단정한 것을 보고 생각했다.

'오늘 어째서 이렇게 버리기 어려운 것을 버리고 출가하려 할까? 우리들은 마땅히 세간의 다섯 가지 욕망과 쾌락에 대해 말해 주어야겠다. 시간이 지난 후에 출가하는 것이 또한 즐겁지 않겠는가? 만약 그들이 환속하면 반드시 옷과 발우는 우리들에게 받들어 보시할 것이다.'

이렇게 생각하고 나서 석씨 여인들 앞에서 생각한 것을 말하였다. 여러 여인들은 이 말을 듣고 괴로워하였다.

"이 안온한 곳에 무슨 이런 커다란 공포가 있을까? 향기롭고 맛있는 음식에 독약이 섞여 있는 것과 같으니 이 비구니들이 말한 것이 이와 같구나. 세간의 욕망은 여러 가지 근심 걱정이 따른다. 우리는 이미 이것을 알고 있는데 어째서 도리어 그 아름다움을 찬탄하며, 우리들을 타일러 집으로 돌아가 욕망 가운데 있게 하려 할까?"

이 말을 하고 나서 큰 소리로 통곡하며 승방을 나왔다.

이 때 화색(華色)이라는 비구니가 여러 여인에게 왜 우냐고 물었다. 여러 여인이 답했다.

"바라는 결과를 얻지 못했습니다."

비구니가 말했다.

"너희들의 소원이 무엇이냐?"

"출가하려고 했지만 허락을 받지 못했습니다."

이 때 화색비구니가 물었다.

"너희들이 출가하기를 원한다면 내가 너희를 제도할 것이다."

여러 여인이 이 말을 듣고 기뻐하며 곧 그를 따라 제자가 되었다. 여러 석가족 여인은 출가의 허락을 받고 기뻐하며 모여서 이런 말을 하였다.

"스님은 아셔야 합니다. 저희들이 출가하기 전에 받은 고통이 한 둘이 아닙니다. 친족은 사망하여 없어지고 귀와 코와 손발이 잘리는 등 재앙이 매우 심했습니다."

그 스님이 여러 제자에게 말했다.

"너희들의 고생을 어찌 말로 다하겠느냐? 나도 출가하기 전에 심한 고통을 많이 받았다."

이 때 여러 석씨 여인이 길게 꿇어앉아 스승에게 아뢰었다.

"부디 출가하기 전에 고생했던 일을 말씀해주십시오."

이 때 화색비구니는 곧 삼매에 들어 신통력을 발휘했다. 큰 광명으로 염부제를 비추어서 인연이 있는 천신·용·귀신·사람·사람 아닌 존재를 불러들이고 대중 가운데에서 곧 스스로 말하였다.

나는 출가하기 이전에 사위국 사람이었는데 부모님이 나를 북쪽 사람에게 시집을 보냈다. 그 나라의 풍속은 부인이 임신하여 애를 낳으려고 하면 부모님의 집으로 돌려보냈다. 이와 같이 여러 차례 아들을 낳았다. 그 후 다시 임신을 하게 되고 애 낳을 때가 되어 모두 수레와 말을 타고 우리 부부는 함께 부모님의 집으로 돌아가고 있었다. 그런데 중간에 하천의 물이 불어서 길은 텅 비고 인적이 끊어지고 도적이 있는 등 많은 어려움도 따랐다. 이미 강을 건널 수 없게 되자 강가에서 하루를 묶으며 머물렀다.

초저녁에 나는 갑자기 배가 아파서 일어났다가 얼마 지나지 않아 곧 한 사내아이를 낳았다. 그런데 강가의 풀 속에 있던 큰 독사가 신선한 피냄새를 맡고서 나를 향해 달려들었다. 내가 있는 곳에 다다르기 전에 나의 남편과 노비들이 길 중간에서 자고 있었다. 뱀은 노비를 물어 죽이고 나의 남편이 있는 곳에 이르렀다. 나의 남편은 잠에서 깨지 않아 역시 물려 죽었다. 내가 '뱀이 온다, 뱀이 온다'고 소리쳤으나 남편은 응답이 없었다. 남편과 노비를 이미 죽이고 독사는 또 소와 말도 물어 죽였다.

해가 떠오르자 남편의 몸에 종기가 나고 부패하며 뼈마디는 갈라져 땅에 흩어졌고, 나는 근심과 슬픔과 공포로 정신을 잃고 땅에 쓰러졌다. 후에 큰 소리를 내며 손으로 가슴을 치고 머리카락을 뽑으며 땅에 굴렀다. 다시 기절하였다가 깨어나 남편의 뼈에 온몸을 내던졌다. 이와 같이 근심과 고통 속에서 며칠 동안 혼자 강가에 있었다. 물이 점점 줄어들었으므로 어린아이를 업고 손으로 받치며 새로 낳은 아기는 치마에 감싸고 끈을 입에 물고서 물 속으로 들어갔다.

강의 한가운데에 이르렀을 때 큰 아이를 돌아보니 호랑이와 물소가 쫓아오고 있었다. 입을 열어 소리치려 하자 곧 치마를 놓쳐 갓난아이가 물에 떨어졌다. 손으로 더듬었으나 끝내 찾을 수 없었고 등에 업고 있던 아이도 손을 놓쳐 물에 빠져 다시 잃어버렸다. 저쪽 강 언덕은 호랑이가 먹이를 먹는 곳이었다. 나는 이것을 보고 나서 심장이 찢어지는 것 같았다. 입으로 뜨거운 피를 쏟으며 큰 소리로 통곡을 하였다.

"괴이하고 괴이하다. 나는 이제 하루 아침에 이런 혹독한 재난을 당하는구나."

강 언덕에 이르자 기절하여 땅에 쓰러졌다.

얼마 지나지 않아 한 떼의 사람들이 왔는데 그들 가운데 한 장자는 나의 부모님이 옛날부터 아는 사람이라서 나는 부모님의 소식을 물어보았다. 이 때 장자는 나에게 부모님의 집에 어젯밤 불이 나서 재산은 모두 불에 탔고 부모님도 죽었다고 말해 주었다. 나는 이 말을 듣고 기절하여 쓰러졌다가 한참 뒤에 깨어났다. 그로부터 얼마 지나지 않아 5백 명의 도적이 몰려와서 이 사람들을 해치고 나를 잡아갔다. 그리고 나를 도적 두목의 아내로 삼고서 항상 문을 지키게 하였다. 만약 돌발적인 상황이 발생하여 사람들에게 쫓기면 재빨리 문을 열어 주어야 했다.

훗날 남편과 도적들이 함께 노략질을 하러 갔다가 재산가와 왕과 부락의 사람들이 힘을 합하여 몰아 내었기 때문에 본거지로 돌아왔다. 그 때 나는 집안에서 임신하여 곧 아이를 낳게 될 상황이었기 때문에 문 밖에서 두세 번 불러도 집안에 있으면서 문을 열어 주지 못했다. 이 때 도적 두목은 내가 자신을 해치려 한다고 생각하고 곧 담을 넘어 들어와 내게 말했다.

"무슨 일 때문에 문을 열지 않았소?"

나는 아이를 낳느라고 그럴 수 없었다고 말했다. 도적 두목은 이 일을 보고 화를 가라앉히고 나에게 말했다.

"사람이 임신을 하면 아이를 낳아야 하지만 그로 인해 나를 해칠 뻔하였다. 이 아이 때문이니 빨리 가서 죽여 버려라."

그러나 나는 가련한 마음이 들어서 차마 죽이지 못했다. 이 때 도적 두목이 갑자기 칼을 뽑아 나의 손발을 자르고 나에게 말했다.

"너는 이것을 씹어 먹어라. 그렇지 않으면 너의 목을 벨 것이다."

나는 두려워서 먹었고 다 먹고 나자 도적은 화가 풀렸다. 그는 계속 도적질을 하다가 왕에게 잡혀서 그 죄과를 받게 되었는데, 그 형벌은 그를 죽여서 부인과 함께 생매장하는 것이었다.

나는 이 때 몸에 아름다운 여의마니보주를 걸고 있었는데 여의마니보주를 탐내는 어떤 사람이 밤에 무덤을 파헤쳤다. 그 사람은 나의 여의마니보주를 가져가면서 나도 함께 데리고 갔지만 다시 얼마 못가고 왕가의 관리에게 들켜 또 붙잡혔다. 법에 의해 처벌받았는데 도적을 다스리는 것과 같았으므로 그를 죽이고 그와 함께 나를 생매장하였다. 그러나 묻은 것이 단단하지 않아서 밤에 여러 마리의 호랑이와 이리가 와 무덤을 파고 시체를 먹었다. 나는 이 때를 틈타 벗어날 수 있었다.

벗어나게 되었지만 당황하여 길을 잃고 동서를 분간하지 못하고 달려가기만 했다. 도중에 길에서 많은 사람들을 만나 물었다.

"여러분 저는 지금 괴롭습니다. 어디로 가야 이 근심과 괴로움을 없앨 수 있을까요?"

이 때 어떤 나이 많은 바라문이 나를 가엾게 여기고 말했다.

"일찍이 석가모니불의 법 안에 편안함이 많고 근심이 없다고 하는 것을 들었소이다."

나는 이 말을 듣고 기뻐하며 부처님의 양어머니인 교담미(橋曇彌)비구니에게 가 출가하였다. 그러고 나서 가르침을 배우고 익혀서 그 가르침의 과보를 얻고 세 가지 밝은 지혜와 여섯 가지 신통력과 여덟 가지 해탈을 갖추었다. 그대들은 이런 인연이 있

었음을 알아야 한다. 나는 출가하기 전에 이와 같은 괴로움이 있
었고 이 인연으로 스스로 도를 얻게 되었다.

모든 석씨 여인들이 이 말을 듣고 기뻐하면서 법안(法眼)이 깨끗
해졌고 여러 곳에서 왔던 청중들은 각각 소원을 세우고 떠나갔다.
교담미비구니는 모든 부처님의 여자제자인 비구니와 출가하였지
만 아직 구족계10를 받지 않은 비구니 · 아직 계를 받지 않은 어린
견습 사미니 · 출가하지 않은 여자 신도 등에게 말씀하셨다.

부처님의 법은 크게 이롭고 모든 공덕은 세 가지 과보가 있습
니다. 오직 여래의 가르침만이 이것을 갖추고 있습니다. 모든 중

---

10. 구족계(具足戒, ⑤Ⓟupasaṃpanna, upasaṃpadā)는 비구나 비구니임
을 갖추는 일, 또는 비구와 비구니가 받는 계를 말한다. 오파삼발나(鄔波三
鉢那)라고 음사하며, 열반에 가까이 간다는 뜻으로 근원(近圓)이라고 한역
하는데 구계(具戒) 혹은 대계(大戒)라고도 한다. 교진여(憍陣如) 등의 다
섯 비구가 귀의하여 최초로 교단이 만들어질 당시에 비구로서의 입단은 '잘
왔구나, 비구여'〔善來比丘〕라는 부처님의 허락만으로 입단이 이루어졌다.
그러므로 이것을 구족계라고 하였기 때문에 구족의 원래의 의미는 비구임을
구족하는 일이라고 할 수 있다. 비구(니)가 되면 계를 수지(受持)해야 하기
때문에 비구(니)가 되는 일이 곧 비구(니)계를 수지하는 일이 된다. 중국이
나 한국 · 일본 등의 북방권에서는 구족계를 비구(니)계라고 바꾸어서 비구
(니)의 계품(戒品)이 갖추어진다〔具足〕는 뜻으로 해석한다. 따라서 사미
(니)의 십계 등은 구족계라고 하지 않고 불교교단의 스님 가운데 오직 비구와
비구니가 받는 계가 구족계이다. 구족계를 받으려면 만 20세 이상 사미니로,
사미계(沙彌戒)를 받은 후 20세 이상이 되고, 계율에 정해진 허물이 없는
자에 한하여 수계할 수 있다. 『사분율』(四分律)에서 비구의 경우 구족계가
250계, 비구니의 경우 348계로 되어 있다.

생은 다 그 몫[分]이 있지만 우리 여인들에게는 여래가 허락하지 않았습니다. 여인은 의심과 의혹과 집착을 버리기 어렵기 때문입니다. 집착하기 때문에 여러 번뇌와 지은 행위에 한없이 얽매이고 어리석음과 애착이 마음을 가립니다. 이처럼 여인은 마음을 가린 것이 두텁고, 사랑에 빠져 스스로 벗어날 수 없으며, 가장 뛰어난 지혜가 아니라 그 아래 등급의 지혜를 가지고 나태하고 게으르며, 덕이 있는 몸을 갖출 수 없고 깨달음을 얻어 32가지 좋은 상호를 얻을 수 없습니다. 그러므로 나고 죽는 동안에 전륜성왕이 되어 열 가지 선법(善法)으로 중생을 포용할 수 없습니다. 또한 천상계의 가장 높은 범천왕의 지위에서 바른 법을 세워 타이르고 자문하여 모든 중생을 이익되고 기쁘게 할 수 없습니다. 그러므로 여래는 여인이 제자가 되는 것을 허락하지 않았습니다.11 나는 모든 여인을 위하여 여래에게 세 번이나 간청하여 부처님의 법을 배우고자 하였으나 역시 허락하지 않았습니다. 그래서 나는 원하는 것을 이루지 못하고 슬프고 한스러운 마음에 근심하고 괴로워하며 기원정사의 정원에서 슬프게 울고 있었습니다.

이 때 아난이 나에게 물었습니다.

"어머니는 어째서 이와 같이 근심하시나요?"

나는 곧 부처님의 시중을 드는 아난에게 말했습니다.

---

11. 원문을 해석하면 다음의 내용이 이어진다. "하늘의 마왕인 파순(波旬)과 모든 여러 그릇된 외도는 오랜 세월 악하고 그릇된 논의에 집착하여 바른 법을 멸하고 부처님과 가르침과 승단을 헐뜯었습니다. 그러므로 여래는 여인이 불법에 들어오는 것을 허락하지 않았습니다." 그러나 이 내용이 문맥이 전개되는데 이해할 수 없는 맥락이라고 생각하여 글에서 빼기로 하였다.

"나는 출가하여 부처님의 법을 닦고 싶어 세 번이나 여래에게 청하였으나 허락하지 않으셨다. 그래서 나는 슬퍼하는 것이다."

아난이 나에게 말했습니다.

"어머니는 근심하지 마십시오. 제가 여래에게 청하여 어머니가 부처님의 승단에 들어오도록 하겠습니다."

나는 이 말을 듣고 크게 기뻐하였습니다. 아난은 부처님께 가서 아뢰었습니다.

"세존이시여! 이제 소원이 있으니 부처님께서 들어 주시기 바랍니다."

부처님께서 말씀하셨다.

"들을 테니 말하라."

아난이 부처님께 아뢰었다.

"어머니 교담미는 젖을 먹여 여래의 몸을 키워 주었습니다. 이제 부처가 되신 것은 어머님이 있었기에 그럴 수 있었던 것이므로 어머니는 여래에게 큰 은혜가 있습니다. 여래께서는 이전에 모든 중생을 불법에 들게 한다고 하였는데 하물며 어머니에게 허락하지 않으십니까?"

이 때 부처님께서 아난에게 말씀하셨다.

"네가 말한 것과 같이 나도 어머니가 나에게 깊은 은혜가 있다는 것을 모르는 것이 아니지만 여인이 승단에 들어오는 것을 좋아하지는 않는다. 내가 만약 여인이 출가하여 승단에 들어오는 것을 허락하면 바른 법은 점점 약해져서 5백 년 후에 없어질 것이다. 그러므로 여래는 여인이 승단에 들어오는 것을 좋아하지 않는 것이다."

이 때 아난이 머리 숙여 부처님의 발에 예를 올리고 길게 발을 꿇고 손을 모아 부처님께 아뢰었다.

"세존이시여! 저는 과거의 모든 부처님께서는 출가한 남자와 여자제자, 출가하지 않은 남자와 여자제자인 네 종류 무리들을 갖추셨는데 우리 석가여래만이 갖추지 못했다고 생각했습니다."

부처님께서 아난에게 말씀하셨다.

"만약 교담미가 부처님의 가르침을 아끼고 좋아하며 열심히 정진하고 여덟 가지 공경법을 깨끗이 닦고 익힌다면 승단에 들어오는 것을 허락하겠다."

아난이 곧 머리 숙여 부처님께 예를 올리고 오른쪽으로 세 바퀴를 돌고 밖으로 나와서 나에게 말했다.

"제가 이미 여래에게 권유하고 청하여 어머니가 부처님의 법을 받들어 지닐 수 있게 되었습니다."

나는 이 말을 듣고 크게 기뻐하며 아난에게 말했다.

"장하구나, 아난아! 이제 은근하고 끈기있게 여래에게 권유하여 이 어머니의 본래의 소원을 이루게 되었구나."

아난이 여래의 은근한 가르침을 모두 말하자 나는 이 말을 듣고 희비가 교차하며 말하였다.

"나의 몸은 무상한 몸이지만 오늘 비로소 보배로운 몸을 얻게 되었다. 지금까지 나의 생명은 순간 순간 옮겨 사라지고 번갈아 가며 바뀌는 것이 일정하지 않았는데 오늘에야 비로소 보배로운 생명으로 바뀌게 되었다. 지금까지 나의 모든 생명과 재산은 여러 가지 인연으로 함께 있을 뿐 진정한 주인이 없는 것이었는데 오늘에야 보배로운 재산으로 바뀌게 되었다."

나는 이렇게 공덕과 이익을 생각하기 때문에 아난에게 깊은 공경과 공양의 마음을 가지고 아난에게 말했다.

"큰 덕을 지닌 아난이여! 걱정마십시오. 여래의 은밀한 가르침을 받들어 행하며 설사 목숨을 잃더라도 끝까지 물러나거나 잃어버리지 않겠습니다. 여래가 말씀하신 미묘한 여덟 가지 공경법은 헐뜯거나 어기지 않겠습니다."

교담미는 큰 자비심으로 그 마음을 닦고 널리 미래의 모든 여인들을 위하여 다시 부처님께 아뢰었다.

"세존이시여! 만약 미래의 험악한 세상에서 어떤 착한 여인이 부처님의 법을 믿고 좋아하며 아끼고 공경하면 이처럼 승단에 들어오는 것을 허락하시기 바랍니다."

부처님께서 말씀하셨다.

"좋습니다. 만약 어떤 여인이 부처님의 법을 보호하여 지니고 점차 계를 지키고 보시하며 법을 많이 듣고, 또 여러 가지 선법을 배우고 닦으면서 출가했거나 안 했거나 부처님과 가르침과 승단에 귀의하며 오계와 구족계를 지키고 모든 바라밀과 도를 돕는 법을 행하여 닦는다면 모두 다 뜻대로 닦기를 허락합니다. 또한 인간세상과 천상계의 즐거움과 열반을 얻는 세 가지 과보를 얻을 것입니다."

이 때 교담미는 이 말을 듣고 기뻐하며 부처님께 아뢰었다.

"세존이시여! 이와 같은 과보는 바로 부처님의 은혜입니다."

부처님께서 말씀하셨다.

"그런 말하지 마십시오. 여래는 끝내 모든 중생에 대해 은혜가 없으며 여러 중생에 대해서 은혜가 있다고 생각하지 않습니다. 은혜가 있다고 생각한다면 여래는 평등한 마음을 깨뜨린 것입니다. 교담미여! 여래가 모든 중생에 대해서 은혜가 있는지 없는지 따진다면 평등함이 없는 것임을 아셔야 합니다. 왜냐하면 만약 어떤 중생이 부처님을 해치려고 해도 여래는 화내지 않고 전단나무의 향이 있는 기름을 여래의 몸에 바른다고 해도 여래는 기뻐하지 않기 때문입니다. 여래는 원수나 친척에 대해 모두 평등하게 바라봅니다. 이 일은 오직 아난이 한 것이지 여래가 그렇게 한 것이 아닙니다. 아난 때문에 이제 모든 여인이 불법을 얻을 수 있게 된 것입니다. 교담미여! 미래의 말세에 만약 비구니와 모든 착한 여인이 항상 지극한 마음으로 아난의 은혜를 생각하여 이름을 부르고 공경하고 공양하며 존중하고 찬탄하여 끊어짐이 없게 하십시오. 만약 그럴 수 없으면 밤낮으로 여섯 때만이라도 잊지 않도록 하십시오."

이 때 교담미가 여러 비구니와 모든 착한 여인에게 이와 같은 말을 하였다.

"우리들은 마땅히 지극한 마음으로 큰 스승인 아난을 받들고 따라야 합니다. 만약 어떤 여인이 편안함과 좋은 과보를 구하려고 하면 마땅히 2월 8일과 8월 8일에 깨끗한 옷을 입고 지극한 마음으로 팔계재12의 법을 받아 지니고 밤낮으로 여섯 때에 크게 정진하십시오.

---

12. 원문은 '팔계재'(八戒齋)이지만 팔관재계(八關齋戒)·팔계라고도 한다. 여기서 재과 계는 모두 계의 의미이다. 그러므로 율과는 달리 어겼다고 해서

아난이 곧 큰 위엄과 신통력으로 그 소리에 응하여 보호하고 도와서 원하는 것을 얻을 것입니다."

이 때 모여 있던 대중들이 법을 듣고 기뻐하였고, 오른쪽으로 돌고 물러갔다.

벌을 받지는 않는다. 출가하지 않은 사람도 하루 동안 출가한 사람과 같이 생활하려면 반드시 이 여덟 가지 계를 지켜야 한다. 팔계의 내용에 관해서는 여러 가지 설이 많지만 가장 일반적인 것은 다음과 같다. 첫째, 살생을 하지 않는 것이다. 둘째, 남이 주지 않는 것을 갖지 않는 것이다. 셋째, 음란한 행위를 하지 않는 것이며 넷째, 말조심 할 것이다. 다섯째, 술 마시지 않는 것이며 여섯째, 높은 침대나 화려한 곳에서 자지 않는 것이고, 일곱째, 화려한 장식으로 꾸미거나 춤과 노래를 삼가할 것이다. 여덟째, 점심을 지나서는 음식을 먹지 않는 것이다.

8. 계율에 관하여[優波離品]

여래는 대중들에게 둘러싸여 공양과 공경과 존중과 찬탄을 받고 있었다. 그 때 아난이 자리에서 일어나 대중들의 마음을 살펴보니 모두 이런 의심을 하고 있었다.

'여래께서는 어째서 천한 우파리1에게 부처님을 따라 출가하도록 허락하였을까? 그에게 출가를 허락하였기 때문에 같이 출가한 모든 왕족 출신을 욕되게 하며 공경하지 않는 마음이 늘어난다. 믿는 마음이 더럽혀졌기 때문에 영원한 복을 잃고 백정왕의 아들인 난타비구에 대해 업신여기는 마음을 내게 하였다.'

부처님께서 아난과 여러 대중에게 말씀하셨다.

"너희들은 잘 들어라. 너희들은 이제 '여래는 평등심·대비심·세 가지 염처2·다섯 가지 지혜3·깊은 선정4이 없다'고 말할 수 있지만

---

1. 우파리는 부처님의 열 명의 뛰어난 제자 가운데 한 명으로 계율을 가장 잘 지키는 제자였다. 본래 석가족의 왕궁에서 왕자들의 머리를 깎던 이발사였는데 아난 등이 출가할 때 부처님의 허락을 받아 함께 출가하였다.
2. 원문은 '삼념처'(三念處)이다. 원래 삼십칠조도품에 속하는 염처는 모두 네 종류이고, 사념처(四念處)는 육신, 감각, 마음, 법에 대해서 바르게 관찰하

'우파리비구는 진실로 천한 사람이라 낮은 행을 닦고 낮은 소원을 세우고 낮은 정진을 닦고 익힌다'고 말할 수는 없다. 너희들은 이제 '여래는 번뇌하며 영원하지 않고 변화한다'고 말할 수 있지만 '우파리가 천한데도 출가하였다'고 말할 수는 없다. 여래가 바른 지혜로 진실을 말할 테니 너희들은 내 말을 믿고 받아들여야 한다.

여래는 나고 죽는 동안의 걱정과 괴로움을 보고 홀로 깨달아 부처가 되었다. 우파리도 출가하여 세 가지 밝은 지혜와 여섯 가지 신통력과 여덟 가지 해탈을 갖추어 천인과 사람들이 점점 더 우러러보게 되었다. 바른 법을 보호하여 지녀서 계율을 가장 잘 지키는 제자(持律第一)로 공양을 받을 만하다. 중생들에게 과거·현재·미래의 세 가지 미묘한 과보를 얻게 할 수 있으므로 우파리는 특별하고 미묘한 행을 행하는 큰 자비의 보살이라는 것을 알아야 한다. 이미 과거의 수없이 많은 부처님 처소에서 여러 가지 덕의 근본을 심었고 그 모든 부처님의 법에 대해서도 계율을 가장 잘 지키는 사람이었다. 또한 석가모니 부처님의 법 안에서도 계율을 가장 잘 지킨다."

이 때 난타비구가 부처님의 말씀을 듣고 자리에서 일어나 대교진여(大橋陳如)비구의 발에 머리 숙여 예를 올리고, 다음에 우파리 앞에 이르러 머리 숙이고 우러러보며 합장을 하였다. 여래가 곧 난타를 위

는 것이다.
3. 원문은 '오지'(五智)이다. 열반에 이르는 수행의 단계의 하나로 삼십칠조도품에 속한다. 오력(五力)이라고도 하며 불가사의한 작용이 있는 다섯 가지 지혜의 힘을 말한다.
4. 원문은 '삼매'(三昧)이다.

하여 게송으로 말씀하셨다.

난타여 마땅히 알라.
너는 가난하다고 천대하지 말며
부유하다고 높이지 말 것이니5
출가법은 이와 같느니라.

난타는 부처님이 보이고 가르치고 이익되게 하고 기쁘게 하는 여러
가지 말씀을 듣고 기뻐하며 곧 옷을 단정히 하고 머리 숙여 우파리의
발에 예를 올렸다. 이 때 하늘과 땅은 여섯 가지로 진동하였고 난타의
몸과 마음은 부드러워져서 이로움을 얻고 해야 할 일을 다 마쳤다.
부처님께서 우파리에게 말씀하셨다.
"너는 어서 부처님·법·승가의 삼보(三寶)나 고(苦)·집(集)·
멸(滅)·도(道)의 네 가지 성스러운 진리〔四諦〕,6 출가했거나 출가

---

5. 원문은 '막우빈궁역부실부귀'(莫憂貧窮亦不失富貴)이므로 '가난한 것을 근
   심하지 말며 또한 부귀한 것도 잃지 않을 것이다'로 해석하는 것이 옳겠지만,
   역경원에서 번역한 것에는 '가난하다고 천대하지 말며, 부유하다고 높이지
   말'라고 했다. 이것은 난타의 출신이 왕족이므로 우파리를 천하게 여기는 것
   을 보고 출가한 자에게는 그러한 구분이 없는 것을 나타내는 게송으로 보인
   다. 그러나 한문의 해석만으로는 그렇게 보기 어렵지만 넓은 의미로 해석하
   면 역경원 쪽의 해석이 타당하여 이것을 택했다.
6. 사제(四諦)는 네 가지 성스러운 진리이며 부처님이 깨달음을 얻고 가장 처
   음 설한 내용이라고 전해진다. 첫째는 고(苦)성제이다. 세상의 참모습은 모
   두 괴로운 것이라고 관찰하는 것이다. 둘째는 집(集)성제이다. 괴로움의 원
   인이 되는 것을 관찰한다. 그것은 번뇌인데 특히 애욕과 업을 말한다. 셋째

하지 않은 부처님의 일곱 부류의 제자7가 계율을 지키는 차이 등을 큰 소리로 말해 주거라. 말하자면 그 계율은 세 가지 귀의처, 다섯 가지 계율과 그밖에 중생을 이익되게 하는 계율, 번뇌를 깨끗하게 없애는 계율, 위엄과 의식을 조절하는 계율, 선정에 관한 계율, 번뇌가 없는 계율 등이다. 이것을 말하여 삼보를 크게 일으키라."

우파리가 부처님께 아뢰었다.

"세존이시여! 여래께서 거룩한 신력으로 이끌어 보호하시면 저는 이제 몇 가지 여쭈어 보겠습니다. 무엇을 세 가지 보배인 삼보라고 부릅니까? 삼보가 만약 근본적인 자성(自性)이 없다면 어떻게 구별하여 법과 승가를 다르게 부릅니까? 삼보에 귀의하는 것은 어떻게 받들어 행하는 것입니까? 세 가지 귀의처가 만약 하나라면 '세 가지'라고 말할 수 없으며, 세 가지 귀의처가 있다고 말한다면 어째서 일곱 부류의 제자라고 부르는 것입니까?"8

그리고 다시 우파리는 부처님께 자세하게 질문하였고 여래9께서는

는 멸(滅)성제이다. 이 괴로움을 없앤 이상적인 경지로 열반을 말한다. 넷째는 도(道)성제이다. 열반에 이르는 바른 방법으로 여덟 가지가 있으므로 팔정도(八正道)라고 한다.

7. 원문은 '칠중'(七衆)이다. 부처님의 제자를 일곱 부류로 나눈 것으로 칠부대중(七部大衆)이라고도 한다. 그들은 비구, 비구니, 식차마나, 사미, 사미니(이상은 출가한 승려 가운데 받은 계의 종류와 기간에 따라 정해지는 명칭이다), 우바새, 우바이(이들은 출가하지 않은 부처님의 남녀신도이다)이다.

8. 세 가지 귀의처와 일곱 대중이라는 명칭이 어떤 관련이 있는지 문맥에서 밝혀지지 않았는데, 중간에 문장이 생략된 것으로 보인다.

9. 이 우파리품에서는 원문에서 부처님을 주로 여래라는 명칭으로 표기하고 있다. 이것은 원래 『대방편불보은경』이 편집될 때 채록한 경전에 따라 부처님

하나 하나 풀어서 대답하였다.[10]

우파리 – 세존이시여! 무엇에 귀의하는 것을 부처님께 귀의한다고 합니까?

여래 – 불타(佛陀)란 깨달음[覺]이라는 뜻이니 모든 법의 모습을 깨달았기 때문이다. 또 모든 중생이 삼계에서 오랫동안 잠을 자고 있는데 부처는 이미 깨달음의 눈을 떠서 스스로 깨달았고 다른 중생도 깨닫게 하려고 하기 때문에 '깨달음'이라고 한다. 부처는 모든 법에 대하여 모든 것을 얻었고 모든 것을 말할 수 있다.

우파리 – 부처님은 어떻게 모든 것을 설할 수 있습니까? 때마침 모인 사람들에게 적당하게 맞추어서 설하는 것입니까? 각기 그 듣는 대상에 따라 나누어서 설하는 것입니까?

여래 – 부처는 듣는 대상과 때에 맞추어서 모든 법을 설한다. 후에 여러 제자들이 모여 법을 모으고 분류에 따라 정리할 것이다. 부처님이 어느 때 여러 제자들을 위하여 계의 가볍고 무거움, 해롭고 해롭지 않다고 말한 것을 뽑아 율장(律藏)이라고 하리라. 혹은 원인과 결과가 서로 모든 번뇌를 낳는 것과 행위[業]의 모습을 설한 것을 모아

을 부르는 주요한 명칭이 약간 달랐을 것이라고 생각하여 이 품(品)에서는 여래라는 명호를 그대로 쓴 것임을 밝힌다.

10. 이후부터는 원문에는 없는 형식이지만 역자가 편의상 대화형식으로 번역하였음을 밝힌다. 그리고 역경원에서 나온 번역본과 대화의 끊어짐이 다른데, 이것도 대화형식에 맞도록 역자가 바꾼 것임을 밝혀둔다.

아비담장[論藏]이라고 하리라. 여러 천신과 세상의 사람을 위하여 때마다 설법한 것을 모아 증일아함(增一阿含)이라 하리라. 이것은 다른 사람을 타이르고 교화하는 자가 익히는 것이다. 근본 자질이 뛰어난 중생을 위하여 깊고 오묘한 뜻을 설한 것을 중아함(中阿含)이라고 하리라. 이것은 배우는 자가 익히는 것이다. 여러 가지 선정에 따라 법을 설하는 것을 잡아함(雜阿含)이라고 하며 좌선하는 사람이 익히는 것이리라. 여러 외도를 깨뜨리는 내용은 장아함(長阿含)이라고 하리라.

우파리 - 부처님께서 모든 것을 설한다고 하셨습니다. 그런데 어떤 경에 '부처님께서 한 나무 아래에 앉아 있다가 나뭇가지 하나를 잡고 제자에게 그 가지의 잎이 많은지 나무 위의 잎이 많은지 물었다. 제자가 나무 위의 잎이 많다고 답하자 부처님께서 자신이 아는 법은 나무 위의 잎과 같고 자신이 설한 법은 손 안의 잎과 같다'고 했습니다.[11] 그런데 어째서 부처님께서는 모든 것을 설한다고 말하십니까?

여래 - '각기 다른 모습[別相]이라는 의미에서의 모든 것'과 '전체와 통하는 모습[總相]이라는 의미에서의 모든 것'이 있다. 지금 말한 내용은 다른 모습이라는 의미에서의 모든 것이다. 부처는 서로 다른 모든 것을 설할 수 있다. 그러나 중생이 다 받아들일 수가 없는 것이

---

11. 이 내용은 다른 경에 실려 있다고 했지만 부처님 당시에 글로 쓰여진 경전이 있었던 것은 아니다. 따라서 이것은 전체적으로 후대에 당시 상황과 문헌을 참작하여 다른 경에서 발췌하고 편찬한 것임을 알 수 있다.

지 부처가 설할 수 없는 것이 아니다. 또한 마땅히 모든 아는 것을 그대로 말해야 하지만 모든 것을 설할 수 있는 말이 없다.

우파리 - 만약 부처님이 지혜를 가지고 말할 수 있다면 성문(聲聞)과 연각(緣覺)도 지혜에 의하여 말할 수 있는데 왜 부처라고 말하지 않는 것입니까?

여래 - 그렇지 않다. 부처님의 지혜는 모든 것을 다 말할 수 있지만 성문과 연각의 지혜로운 법12에 대해서 다 말할 수 없다. 또 부처는 모든 존재를 알아서 이름을 지을 수 있지만 이승13은 그럴 수 없다. 또 부처는 모든 법〔無邊法〕을 얻어서 그것을 설할 수 있지만 이승은 그럴 수 없다. 또 이승은 '함께 할 수 있는 공덕'〔有共〕을 얻지만 부처는 '함께 할 수 없는 공덕'〔不共〕을 얻는다. 성문이 아는 것은 연각과 부처가 다 아는 것이고 연각이 아는 것은 성문이 아는 것과 같다. 오직 부처가 아는 것만은 이승이 알 수 없고 부처님만이 안다.

또 상자가 크면 뚜껑도 크듯이 법이 크면 법의 모양도 끝없이 다양하다. 부처님께서는 모든 것을 아는 지혜로 모든 법을 설하지만 이승의 지혜는 한계가 있기 때문에 법의 모양을 다 말할 수 없다. 또 근본

---

12. 원문인 '법'(法)은 존재, 사물, 사물을 유지시키는 속성, 진리, 부처님의 가르침 등을 뜻한다. 예를 들어 '일체법'(一切法)이라고 할 때는 '모든 존재'라는 뜻으로 보는 것이 일반적이다. 그러나 '부처님은 법을 설한다'고 할 때는 단지 어느 한 가지 뜻이라고 할 수 없어서, 문맥에 따라서 진리, 존재, 가르침 등으로 풀이하거나 그대로 '법'으로 두었다.
13. 성문과 연각을 가리킨다. 연각은 벽지불(辟支佛)이라고도 한다.

〔根〕과 뜻〔義〕이 있는데 근본이란 지혜의 뿌리〔慧根〕이고 뜻이란 지혜가 대상으로 하는 법〔所緣法〕이다. 부처님은 근본과 뜻을 모두 원만하게 갖추었지만 이승은 이것을 모두 원만하게 갖추지 못했다. 또 부처님은 실상과 같이 아는 지혜〔如實智〕를 갖춘 분이라고 하는데 모든 존재의 모습에 대해 실상과 같이 이해하기 때문이다. 그러나 이승이 존재를 아는 것은 근원까지 다 알지 못하고 두루 다 아는 것도 아니다. 그러므로 실상과 같이 아는 지혜를 갖추었다고 할 수 없다. 이러한 여러 가지의 이유 때문에 이승은 부처라고 부를 수 없다.

바가바(婆伽婆)14란 소리음으로 전달할 수 없고 뜻으로 풀이할 수도 없는데 어떻게 세존을 모든 존재를 다스리는 법〔對治法〕으로 알 수 있겠는가! 세상 사람들은 자신들이 말하는 것과 다른 소리는 서로 이해하지 못한다. 그러나 부처님은 이것을 모두 알기 때문에 세존이라고 한다. 또 이승은 스스로 법을 얻었다고 말하면서 고요한 침묵을 좋아하거나 선정에 들기도 하고 나머지 인연은 은밀하게 아껴 설하지 않는다. 그러나 부처님은 자비의 힘으로 즐거이 다른 존재를 위하여 자신이 얻은 법을 설한다. 또 탐욕·성냄·어리석음의 세 가지 독(毒)을 깨뜨렸기 때문에 세존이라고 부른다.

우파리 – 이승도 세 가지 독을 깨뜨렸는데 어째서 세존이라고 부르지 않습니까?

---

14. 바가바(⑤.bhagavat)는 음사어로 세존이라는 뜻이다.

여래 - 그렇지 않다. 이승은 퇴보하지만 부처는 퇴보가 없기 때문이다. 퇴보에는 과위15에 오르고 나서 퇴보하는 것〔果退〕·과위에 오르지 않고 퇴보하는 것〔不果退〕·쓰이는 데서 퇴보하는 것〔所用退〕 등 세 종류가 있다. 과위에 오르고 나서 퇴보하는 것은 다음과 같다. 성문은 세 과위에서는 퇴보하고 그 아래의 과위에서는 퇴보하지 않는다. 벽지불〔緣覺〕은 퇴보하는 것과 퇴보하지 않는 것 두 종류가 있다. 만약 백 겁을 익히고 수행하여 벽지불과를 이루면 퇴보하지 않는다. 만약 본래 성문의 세 과위에서 수행하여 벽지불과를 얻었다면 퇴보한다. 부처님의 과위에서는 퇴보가 없다.

과위에 오르지 않고 퇴보하는 것은 다음과 같다. 만약 성문과 연각과 부처가 되려고 했으나 아직 얻지 못하면 퇴보하는 것이다. 만약 비구가 마음과 몸과 입으로 하는 행동을 닦았으나 게을러 진전이 없으면 모든 닦고 익히는 것에서 퇴보하며 게을러진다. 이것이 과위에 오르지 않고 퇴보하는 것이다.

쓰이는 데서 퇴보하는 것이란 모든 얻은 법이 지금 다 쓰이지 못하는 것이다. 예를 들면 부처님의 열 가지 능력과 소승의 열 가지 지혜는 하나를 쓰면 나머지는 쓰지 못하는 것이니, 10만 어구의 경을 외우는 것과 같다. 만약 경을 외울 때마다 다 외우지 않으면 쓰이는 데서 퇴보하는 것이다.

성문은 과위에 오르지 못하고 퇴보한다. 연각도 과위에 오르지 못

---

15. 깨달음의 결과로 얻는 일정한 성과를 말한다.

하고 퇴보할 수 있다. 그러나 부처는 과위에 오르지 못하고 퇴보하는 것이 없다. 모든 행위를 하는 데 있어서 부지런하지 않음이 없기 때문이다. 성문과 연각은 쓰이는 데서 퇴보할 수 있지만 부처라면 일정하게 말할 수 없다. 열 가지 능력 가운데에서 하나가 쓰이고 아홉이 쓰이지 않으면 퇴보라고 한다. 그러나 쓰려면 곧 쓸 수가 있는 것이므로 '쓰이지 못해서 퇴보하는 것'〔不用退〕은 없다. 예를 들면 20만 어구의 경을 외우는데 사람의 능력으로는 하루 이틀을 외워야 하지만 부처는 즉시 외울 수 있다. 이처럼 부처님의 열 가지 능력도 쓰려면 곧 쓸 수가 있어서 거리낌이 없기 때문에 쓰이지 못해서 퇴보하는 것은 없다. 또 부처에게 쓰이지 못해서 퇴보하는 것이 없다는 것은 곧바로 열반에 들지 않는 것과 같고, 세상 사람의 법이 중생을 이롭게 하기 위해 이익이 있으면 쓰고 이익이 없으면 쓰지 않는 것과 같다. 쓸 수 없는 것은 아니지만 쓸데가 없기 때문에 퇴보하는 것이다. 그러므로 비록 각각 이해할 수 있다고 해도 부처가 쓰이는 데서 퇴보하는 것은 일정하지 않다고 말한다. 부처님의 뜻은 불가사의하다.

우파리 - 성문은 왜 세 과위에서는 퇴보하고 그 아래의 과위에서는 퇴보하지 않습니까?

여래 - 세 과위에서는 이미 얻었기 때문에 퇴보하지만 아래의 과위에서는 아직 얻지 못하였기 때문에 퇴보하지 않는다. 예를 들면 배고픈 사람이 좋은 음식을 얻고 오래도록 잊지 못하는 것과 같다. 또 아래 과위에서는 인내가 장애없는 도를 짓고 지혜가 해탈도를 짓지만, 세 과위에서는 다만 지혜가 장애없는 도와 해탈도를 짓기 때문에 퇴보한다. 또 견제도(見諦道)에는 퇴보가 없지만 사유도(思惟道)에는 퇴보가 있다. 깨끗하지 못한 것을 깨끗하게 하려는 생각으로 번뇌를 끊으려 하기 때문에 사유도는 긴장이 있다. 그러나 견제도에는 긴장이 없다. 견제는 긴장이 없다는 말은 견제의 번뇌가 있는 데서 이치를 본다는 것이다. 사유는 미약하게 생기기 때문에 긴장에서 벗어날 수 없다. 또 견제지(見諦智)의 힘은 강하여 큰 대들보로 누르는 것과 같지만, 사유지(思惟智)는 약하여 퇴보한다고 말한다. 또 견제는 욕계에서 인내와 지혜 두 마음으로 구품의 미혹을 끊을 수 있다. 그리고 색계와 무색계에서는 인내와 지혜의 두 마음으로 칠십이품의 미혹을 끊은 세계이기 때문에 퇴보가 없다. 이러한 뜻 때문에 부처님만이 세상에서 가장 존귀한 분이라고 한다.

또 부처님은 남은 번뇌[習氣]16를 끊었지만 성문과 연각은 남은 번뇌가 다 끊어지지 않았다. 예를 들면 우사비구(牛司比丘)가 항상 소처럼 되새김질을 하는 것은 계속해서 소로 태어났었기 때문이다. 또 어떤 비구가 비록 번뇌가 다 없어진 누진통(漏盡通)이라는 신통력을 얻었지만, 항상 거울을 들여다 보는 것은 계속해서 음탕한 여인으로 태어났었기 때문이다. 그리고 어떤 비구가 판자나 기둥 다리와

---

16. 습기(習氣)는 번뇌를 끊어 없앤 뒤에 남아 있는 기분같은 것으로 일종의 습관적인 버릇이다. 번뇌는 끊어 없애고도 그 여운이 남아서 습관적으로 행하던 것은 처음부터 완전히 없어지는 것이 아니다. 일반적으로 보살은 아직 습기가 남아 있고 부처님은 습기를 없앤 분을 말한다.

누각을 뛰어 오르는 것은 계속해서 원숭이로 태어났었기 때문이다. 이와 같다면 세존이라고 부를 수 없다.

우파리 - '나는 이와 같이 들었다'〔如是我聞〕라는 말은 부처님께서 계실 때의 말이고, '나는 들었다'〔我聞〕라는 말은 부처님이 멸도하신 후 가르침을 뽑아 기록한 사람이 들은 것이라고 말합니다. 그런데 아난은 부처님이 20년 동안 하신 설법은 듣지 않았는데17 어떻게 아문이라고 말할 수 있습니까?

여래 - 모든 천신이 아난에게 말해 주었다고도 하고, 부처님이 세속의 마음으로 들어가서 아난에게 알게 한 것이라고 말한다. 또 여러 들에게 곳곳에서 들은 것이라고도 말하고, 아난이 부처님께 다음과 같이 애원한 것이라고도 말한다.

"부처님께서는 저에게 헌옷을 주지 말고 다른 사람이 저를 청하여 음식을 공양하지 못하게 하십시오. 저는 법을 구하기 위하여 부처님을 공경하는 것이지 옷과 밥을 위해서 그렇게 한 것이 아닙니다. 여러 비구들은 새벽과 저녁에 세존을 뵙지만 저에게는 그렇게 하지 말고, 보고 싶으면 곧 보게 해주십시오. 그리고 부처님이 지난 20년 동안

---

17. 부처님이 설법하신 40년의 기간 중에 아난이 출가한 것은 후반부의 20년 동안의 일이므로 그 이전에 하신 말씀에도 '여시아문'(如是我聞)이라고 시작하는 경이 있는 것을 가지고 질문한 것이다. 이것은 지금의 관점에서 보면 모순이 된다. 왜냐하면 이 대화는 부처님이 살아계실 때 우파리와 부처님이 나누는 대화이기 때문이다. 이것으로 볼 때 이 경이 후대에 편집되어 만들어졌다는 것을 쉽게 알 수 있다.

설법하신 것을 저를 위하여 해주십시오."

우파리 - 20년 동안에 설한 법 구절을 어떻게 설하신 것입니까?

여래 - 부처님은 방편을 잘 쓰셔서 하나의 법 안에서 한없는 법을 말한다. 또한 한없는 법 안에서 하나의 뜻을 말할 수 있다. 부처가 대략 그 단서만 비쳐도 아난은 빠르고 강한 기억력으로 이미 알 수 있었다. 팔만 가지 법이란 비유하면 다음과 같다. 나무의 뿌리와 줄기와 가지와 잎을 한 나무라고 부르듯이 부처가 중생을 위하여 계속 설법한 것을 일장(一藏)18이라고 하는 것과 같다. 이 8만 가지 법은 16글자로 반 게송이 되고, 32글자로 한 게송이 되기도 한다. 또 이 8만 가지 법은 길고 짧은 게송 42글자로 한 게송이 되기도 한다. 또 이 8만 가지 법은 반달 동안 말한 계율로 한 장을 삼기도 하고, 부처가 스스로 설한〔自說〕 육만육천 게송을 한 장으로 하기도 한다. 또한 부처님이 말한 번뇌가 팔만 가지가 있어서 치료약이 되는 법도 8만 가지가 있게 되므로 팔만법장(八萬法藏)이라고 한다.

우파리 - 계경(契經=經)과 논의 서술에서는 처음에 '부처님께서'〔佛在〕가 없다. 오직 율송(律頌)만이 처음에 '부처님께서'가 있습니다.19

---

18. 장(藏)은 원래 '모아 놓다', '포함한다'는 뜻이다. 경전은 글과 뜻을 포함하고 모아 놓은 곳이므로 장이라고 한다.
19. 경·율·논은 부처님의 가르침을 모아 놓은 것으로 이것을 삼장(三藏)이라

여래 - 율송이 뛰어나기 때문이며 부처만이 계율을 정할 수 있기 때문이다. 계경과 같은 것은 여러 제자들이 법을 설한 것이다. 예를 들면 어느 때 제석천이 스스로 보시가 제일 좋다고 설하며 다음과 같이 말한다.

"왜냐하면 나는 보시하였기 때문에 하늘의 왕이 되어 소원대로 얻을 수 있습니다."

그리고 경전에서 '부처님의 말씀이 이와 같다'〔佛言如是〕라는 것은 어느 때 부처님이 다른 부처로 변화하여 그 변화한 부처가 설법한다는 말이다. 그러나 율(律)은 그렇지 않고 모두 부처가 설한다. 그러므로 부처님이 살았던 당시 초기에 있었다. 또 계경은 장소에 따라 그것을 설하여 끝맺지만 율은 그렇지 않다. 만약 집안에 일이 생기면 끝맺지 못하고 바깥에 나가야만 한다. 만약 출가하지 않은 사람 주위에서 일이 생기면 반드시 대중들 안에서 끝맺음을 해야 하고 마을에 일이 생겨도 대중 속에서 설하여 끝맺어야 한다. 만약 오부대중의 주위에서 일이 생기면 반드시 비구와 비구니들 속에서 설하고 끝맺음을 해야 한다. 그러므로 율의 처음에 '부처님께서'라고 하는 것이다.

비야리(毘耶離)는 나라의 왕 이름으로 부르기도 하고 땅 이름이나 그 나라의 성을 그렇게 부르기도 한다. 이 나라는 용을 주요 상징

고 한다. 이 가운데 경과 율은 부처님께서 직접 말씀하신 것을 모아 놓은 것이고, 논은 부처님의 제자나 후대의 뛰어난 논사(論師)들이 부처님의 경과 율에 대해서 주석한 것을 말한다.

으로 삼았기 때문에 이렇게 이름지은 것이다. 또 가란다(迦蘭陀) 마을은 새의 이름에서 명칭을 따온 것이다. 그 마을의 주인은 수제나(須提那)라고 부른다. 부모님이 하늘과 땅의 신에게 빌어서 그 자식을 얻었기 때문에 구득(求得)이라는 뜻의 이름인 수제나라고 한 것이다. 부귀한 것에는 다음의 두 종류가 있는 것인데, 하나는 중생류(衆生類)이고, 다른 하나는 중생이 아니 부류〔非衆生〕이다. 중생이 아닌 부류는 금은·칠보·창고재산·비단·논밭·주택이며, 중생류는 노비·일꾼·코끼리·말·소·양·촌락과 마을이다. 이것들이 있으면 '부귀하다'라고 부른다. 고귀하다는 것은 영토의 주인이 되거나, 미덕이 있어서 다른 사람이 존경하여 우두머리가 되는 것이다. 그러므로 이것을 '고귀하다'고 부른다.20

　　우파리 - 스스로 삼보에 귀의하고 삼귀법을 받는다면, 이 삼귀의21 는 무엇으로 근본 성품〔體性〕을 삼은 것입니까?

---

20. 이 부분은 우파리와 부처님, 어느 사람의 대사인지 알 수 없다. 어쩌면 편집을 잘못하여 좀더 많은 부분이 실린 것인지도 모른다. 따라서 이 부분만 따로 떼어서 실었다. 억지로 문맥에 끼워맞춰 추측을 해본다면, 이 내용이 모두 어떤 명칭이 유래하게 되는 원인을 설명하고 있으므로, 다음에 나오는 대목이 바로 삼귀의를 삼귀의라고 하는 근거가 되는 이유를 묻는 것으로 보면 우파리의 대사라고 볼 수 있다. 그러나 '문왈'(問曰)이라는 단어가 뒤에 나오고 있으며, 답변의 내용도 앞에서 추측한 것과는 다르므로 반드시 옳다고 할 수 없다. 참고로 역경원의 번역문에서는 이것을 부처님의 대사로 번역하였지만 그렇게 해석한 근거를 알 수 없다.
21. 부처님·법·승가인 삼보에 귀의하는 것으로 귀의는 믿고 따른다는 뜻이다.

여래 - 어떤 논자는 말한다.

"삼귀의는 가르침[敎]과 가르침이 없음[無敎]을 근본 성품으로 한다. 삼귀법을 받을 때 무릎을 꿇고 합장하고 입으로 삼귀의를 세 번 말하면 이것을 몸과 입의 가르침이라고 한다. 순수하고 깊은 마음 만 있으면 몸과 입으로는 가르침이 없는 것이다. 이것이 '가르침'과 '가르침이 없음'이다."

또 삼귀의는 몸과 입과 마음의 세 가지 업을 근본 성품으로 한다고 도 말한다. 또 삼귀의는 오음22(五陰)을 선하게 하는 것이라고 말하 는데, 중생이 오음을 선하게 하여 삼보에게 귀의하게 됨으로써 귀의 하는 대상이 구제하고 보호해 줄 것을 근본 의미로 한다. 이것을 비유 하면 다음과 같다.

어떤 사람이 왕에게 죄가 있어서 다른 나라에 도움과 보호해 줄 것을 요청하자 다른 나라의 왕이 말했다.

"네가 두렵지 않으려면 나의 국경을 벗어나지 말라. 나의 가르침을 어기지 않으면 반드시 서로 돕고 보호하리라."

중생도 그러하다. 마귀에게 속박되고 삶과 죽음 속에서 잘못이 있

---

22. 오음은 오온(五蘊), 오취온(五聚蘊)이라고도 한다. '온'은 모아서 쌓아 놓은 것, 화합하여 모인 것이라는 뜻이다. 인간을 구성하는 다섯 가지 요소로써, 생겨났다가 없어지고 변화하는 것을 다섯 가지로 구분하는 것이다. 첫째, 색 온(色蘊)은 물질로서의 육체를 말한다. 둘째, 수온(受蘊)은 괴로움을 느끼 는 감수작용을 말한다. 셋째, 상온(想蘊)은 상상력 등을 포함한 개념표상능 력이다. 넷째, 행온(行蘊)은 의지작용을 가리키고, 다섯째, 식온(識蘊)은 인 식판단작용을 말한다.

어서 삼보를 향하여 귀의하면서 도움과 보호를 바란다. 만약 진실한 마음으로 삼보를 대하고 다른 곳으로 향하지 않고 부처님의 가르침을 어기지 않으면 마왕이 아무리 사악해도 어쩔 수 없다.

옛날 집비둘기 한 마리가 독수리에게 쫓기다가 사리불의 그림자 속으로 들어갔으나 두려운 마음이 그치지 않았다. 부처님의 그림자로 옮겨 들어가자 태연하여 두려움이 없어져서 큰 바다를 옮길 수는 있어도 이 집비둘기는 동요하게 할 수 없었다. 이것은 부처님께는 큰 자비가 있고 사리불에게는 큰 자비가 없기 때문이다. 부처님은 남은 번뇌가 없지만 사리불은 남은 번뇌가 있기 때문이다. 부처님은 삼아 승기겁 동안에 보살행을 닦았지만 사리불은 겨우 육십 겁 동안에 고행을 닦고 익혔기 때문이다. 이런 이유로 집비둘기는 사리불의 그림자에 들어가서는 두려워했고, 부처님의 그림자 속으로 들어가서는 두려워하지 않았다.

우파리 - 삼보에 귀의하면 죄와 잘못을 없애고 두려움을 끊을 수 있다고 하셨습니다. 제바달다도 삼보에 귀의하고 출가하여 구족계를 받았는데 세 가지 심한 잘못을 저지르고는 아비지옥에 떨어졌습니다.

여래 - 돕고 보호하는 것은 구할 만한 것을 구제하는 것이다. 제바달다의 죄와 악함은 너무 커서 이미 결정된 업보였으므로 구제하기 어려웠다.

우파리 - 큰 죄가 있으면 부처님도 구제할 수 없다는 말씀입니까?

만약 죄 없는 사람이라면 부처님이 구제하실 필요도 없습니다. 삼보가 구제하고 보호한다고 하는 것은 무엇입니까?

여래 - 제바달다는 삼보에 귀의하였지만 마음이 진실하지 않았으므로 세 가지 귀의가 원만하게 갖추어지지 않았다. 항상 이익과 뛰어난 명성을 구하여 스스로 모든 것을 아는 사람이라고 말하면서 부처님과 경쟁하였다. 이 때문에 삼보가 비록 큰 힘이 있으나 구제할 수 없었다. 아사세왕은 비록 부모님을 죽이는 큰 죄를 지어 아비지옥에 들어가야 하지만 후에 성실한 마음으로 부처님께 귀의했기 때문에 아비지옥에 들어갈 죄업을 면하고 흑승지옥(黑繩地獄)으로 들어갔다. 보통 사람은 죄가 무거워도 7일이 지나면 모두 없어지니, 이것이 삼보가 구제하고 보호하는 힘이다.

우파리 - 제바달다의 죄가 구제할 수 없는 것이라면 어떤 경전에서 '인간이 부처님께 귀의하면 지옥·아귀·축생의 세 가지 가장 나쁜 세계에 떨어지지 않는다'고 말한 뜻은 무엇입니까?

여래 - 제바달다는 삼보에 귀의했기 때문에 비록 아비지옥에 들어갔으나 가벼운 고통을 받았고 또 잠시 휴식을 얻기도 하였다. 또 어떤 사람이 산과 텅 빈 들판과 같은 무서운 곳에 있을 때 부처님의 공덕을 생각하면 두려움이 곧 사라진다. 그러므로 삼보에 귀의하면 구제되고 보호받는 것이 허튼 것이 아니다.

우파리 - 삼보는 고·집·멸·도의 네 가지 진리[諦] 가운데서 어떤 제에 포함됩니까? 이십이근23 가운데 어느 근에 포함됩니까? 십 팔계24 가운데 어느 계에 속합니까? 십이입25 가운데 어디에 속합니까? 오음 가운데 어느 음에 포함됩니까?

여래 – 삼보는 사제 가운데 진제(盡諦＝멸제)에 포함되고 도제(道諦)에는 조금 들어간다. 이십이근 가운데는 미지근(未知根)·이지근(已知根)·무지근(無知根)에 포함된다. 십팔계 가운데에서는 의계(意界)·의식계(意識界)·법계(法界)에 포함된다. 십이입 가운데에서는 의입(意入)·법입(法入)에 포함된다. 오음 가운데에서는 번뇌가 없는 무루오음(無漏五陰)에 포함된다. 삼보 가운데 부처님〔佛寶〕은 사제 가운데 도제에 약간 들어간다. 법〔法寶〕은 사제 가운데 멸제에 포함된다. 승가〔僧寶〕는 사제 가운데에서 도제에 조금 들어간다. 불보는 이십이근 중에서 무지근에 포함된다. 법보는 멸제에

---

23. 이십이근(二十二根)은 모든 법 가운데 작용이 가장 뛰어난 스물두 가지 법을 선택한 것이다. 근은 가장 뛰어난 것, 자재한 것이라는 뜻으로 작용이 우수한 것이다. 이것은 육근(六根:안, 이, 비, 설, 신, 의)·남근(男根)·여근(女根)·명근(命根)·오수근(受根:좋아하고 괴로워하는 등의 감수작용과 관련된 다섯 가지 작용이 뛰어남)·오선근(善根:온갖 선을 내는 근본)·삼무루근(無漏根:미지근, 이지근, 구지근)이다.
24. 십팔계는 감각기관이 그것의 대상을 만나서 의식(판단)작용이 이루어지는 것을 말한다. 그것들은 육근(六根:여섯 가지 감각기관 眼耳鼻舌身意)·육경(六境:여섯 가지 감각기관의 대상 色聲香味觸法)·육식(六識:판단작용 眼耳鼻舌身意)이다. 예를 들면 우리의 눈〔眼根〕이 꽃〔色境〕을 보고 예쁘다〔眼識〕고 판단하는 것이나, 코〔鼻根〕로 향냄새〔香境〕을 맡고 향기롭다〔鼻識〕고 생각하는 것이다.
25. 십이입(十二入)은 십이처(十二處)라고도 하는데 육근과 육경을 합쳐서 말하는 것이다.

들어가고 무위(無爲)이기 때문에 근에 포함되지 않는다. 승보는 이 십이근 중에서 세 가지 무루근에 들어간다. 불보는 십팔계 가운데에서 의계와 의식계·법계에 조금 들어가고 십이입 가운데에서 의입과 법입에 조금 들어간다. 그리고 오음 가운데 무루오음에 조금 들어간다. 법보는 십팔계 가운데 법계에 조금 들어갔고 십이입 가운데에서 법입에 조금 들어간다. 법보는 오음에 포함되지 않는데 음(陰)이란 유위(有爲)의 요소인데 법보는 무위이기 때문이다. 승보는 십팔계 가운데 의계·의식계·법계에 조금 들어간다. 십이입 가운데에서는 의입과 법입에 조금 들어가고 오음 가운데에서는 무루오음에 조금 들어간다.

우파리 - 부처님께 귀의한다는 것은 석가모니 부처님에게 귀의하는 것입니까, 과거·현재·미래 삼세(世)의 부처님에게 귀의하는 것입니까?

여래 - 삼세의 부처님께 귀의하는 것이다. 진리인 부처님의 법신은 같기 때문에 한 부처님께 귀의하면 삼세의 부처님께 귀의하는 것이다. 부처님은 다르지 않기 때문이다.

우파리 - 삼세의 모든 부처님께 귀의한다고 한다면 왜 어떤 천신은 스스로 "나는 가섭불의 제자이다", "나는 구류손불(拘留孫佛)의 제자이다"라고 하면서, 과거 칠불 가운데서 각각 나는 어떤 부처님의 제자라고 말하는 것입니까? 이 때문에 바로 한 부처님께 귀의하는 것이지 삼세의 부처님께 귀의하는 것이 아닌 것 같습니다.

여래 - 그렇지 않다. 왜냐하면 『비사문경』(毘沙門經)에 다음과 같이 말하였다.

"비사문왕(毘沙門王)이 삼보에 귀의한 것은 과거·현재·미래의 부처님께 귀의한 것이다."

이렇기 때문에 삼세의 모든 부처님께 귀의하는 것이다.

우파리 - 만약 그렇다면 여러 천신이 각각 어떤 부처님의 제자라고 하는 것은 무슨 뜻입니까?

여래 - 모든 천신이 말하는 것이 무슨 정해진 뜻이 있겠는가? 어떤 천신이 각각 한 부처님을 스승으로 하는 것도 역시 삼세 모든 부처님께 귀의하는 것이니 곧바로 한 부처님을 증명의 대상으로 삼았을 따름이다.

우파리 - 무엇에 귀의하는 것이 부처님께 귀의하는 것입니까?

여래 -귀의라는 말은 일체지(一切智)와 더 배울 것이 없는[無學] 공덕에 돌아가 의지한다는 것이다.

우파리 - 부처님의 육신[色身]에 귀의하는 것입니까? 부처님이 설하신 가르침의 진리[法身]에 귀의하는 것입니까?

여래 - 법신에 귀의하는 것이지 색신에 귀의하는 것이 아니니 색신은 부처가 아니기 때문이다.

우파리 – 만약 색신이 부처가 아니라면 왜 부처님 몸에서 피를 나게 하면 가장 큰 죄를 얻게 됩니까?

여래 – 부처님의 육신은 진리를 담는 그릇이며 법신이 의지하는 곳이기 때문이다. 색신을 해치면 큰 죄를 얻게 되지만 색신이 부처는 아니다. 그러므로 (색신에서 피를 내면) 죄를 얻게 되는 것이다.

우파리 – 무엇에 귀의하는 것이 가르침에 귀의하는 것입니까?

여래 – 귀의라는 말은 욕심을 끊고 욕심이 없어져 다한 곳인 열반에 돌아가 의지한다는 것이다. 이것을 가르침에 귀의한다고 한다.

우파리 – 내 몸이 다하는 곳에 귀의하는 것입니까, 다른 사람의 몸이 다하는 곳에 귀의하는 것입니까?

여래 – 자기 몸이 다한 곳과 다른 사람의 몸이 다하는 곳에 귀의한다. 이것을 가르침에 귀의한다고 한다.

우파리 – 무엇에 귀의하는 것이 승가에게 귀의하는 것입니까?

여래 – 귀의라는 말은 공양을 받는 대상인 성문승려 중에서 아직 배우고 있거나 더 이상 배울 것이 없는 자들의 공덕에 돌아가 의지한다는 것이다. 이것을 승가에게 귀의한다고 한다.

우파리 – 속제(俗諦)의 승가에게 귀의하는 것입니까? 제일의제(第一義諦)의 승가에게 귀의하는 것입니까? 만약 제일의제의 승가에 귀의하는 것이라면 부처님께서 제위와 파리26라는 두 상인에게 삼자귀(三自歸)를 주시면서 '미래에 승가가 있으니 너는 귀의해야 한다'고 말하지 않으셨는데, 제일의제의 승가는 항상 세간에 있는 것입니까?

여래 – 속제의 승가는 제일의제의 승가가 귀의하는 곳이기 때문에 미래에 승가가 있으면 너는 귀의해야만 한다고 말하였다. 또한 속제의 승가를 존중하려고 하여 이렇게 말한다. 부처님은 모든 대중 가운데 부처님의 대중이 제일이라고 스스로 말씀하셨다. 비유하자면 우유로부터 진한 유즙이 나오고 유즙으로부터 연유가 나오고 연유로부터 버터가 나오는데 버터가 가장 우수한 것과 같다. 부처님의 제자도 그러하다. 만약 여러 스님이 모여 있다면 이들 가운데에 네 가지 깨달음의 과위를 지향하는 과보〔四向〕와 네 가지 도과〔四得＝四果〕를 얻은 위 없는 공양의 대상이 있다. 이들은 모든 96가지 부류의 외도 가운데서 가장 존귀하고 뛰어나 미칠 자가 없다. 그러므로 미래에 승가가 있으면 너는 귀의해야만 한다고 말해도 올바른 뜻을 해치는 것이 아니다.

우파리 – 부처님도 법이고 가르침도 법이며 승가도 법이다. 이것은 다 한 법인데 무슨 차별이 있습니까?

---

26. 제위(提謂)와 파리(波利)는 부처님께서 성도하신 후 처음 그에게 공양을 하고 귀의한 상인이다. 그들은 형제로 부처님의 첫 재가남자 신도이다. 이들과 관련된 경전은 『제위파리경』(提謂波利經)이 있다.

여래 – 비록 한 법이지만 뜻으로 말하면 자연히 차별이 있다. 삼보로 말하자면 스승 없이 큰 지혜를 얻고 배울 것이 없는 지위의 모든 공덕은 불보이다. 사제 가운데의 멸제와 무위는 법보이다. 성문승려 가운데 배울 것이 있는 지위와 배울 것이 없는 지위의 사람의 공덕과 지혜는 승보이다. 법으로 말하면 스승이 없고 배울 것이 없는 법은 불보라고 이름한다. 멸제·무위와 배울 것이 있는 것도 아니고 없는 것도 아닌 법은 법보라고 이름한다. 성문 가운데 배울 것이 있는 것과 배울 것이 없는 법은 승보라고 이름한다.

이십이근으로 말하자면 부처님은 무지근(無知根)이고 법보는 근법(根法)이 아니다. 승가는 세 가지 무루근이다. 사제로 말하자면, 부처님은 도제(道諦)에 조금 들어간다. 법보는 멸제(滅諦, 盡諦)이고 승가는 도제에 조금 들어간다. 사문의 결과[果]로 말하자면, 부처님은 사문이고 법보는 사문의 결과이다. 승가는 사문이며 법보는 사문의 결과이다. 바라문으로 말하자면, 부처님은 바라문이고 법보는 바라문의 결과이다. 승가는 바라문이고 법보는 바라문의 결과이다. 청정한 행위인 범행[梵行]으로 말하자면, 부처님은 범행이고 법보는 범행의 결과이다. 승가는 범행이며 법보는 범행의 결과이다. 원인과 결과로 말하자면, 부처님은 원인이고 법보는 결과이다. 승가는 원인이고 법보는 결과이다. 수행의 도와 그 결과인 과위(果位)로 말하자면, 부처님은 도이고 법보는 과위이다. 승가는 도이고 법보는 과위이다. 부처님은 법을 스승으로 삼고 법에서 태어난다. 그러므로 법은 부처님의 어머니이며 부처님은 법에 의하여 머무른다.

우파리 - 부처님이 만약 법을 스승으로 삼는다면 어째서 삼보 가운데 법이 처음이 아닙니까?

여래 - 법이 비록 부처님의 스승이라고 해도 법은 부처님이 아니면 널리 전해질 수 없다. 도는 사람으로 인하여 널리 전해지는 것이다. 그러므로 부처님이 처음에 있다.

우파리 - 세존이시여! 만약 삼귀의계[三歸戒]를 받을 때 먼저 법보를 부르고, 나중에 부처님을 부르면 삼귀의가 성립됩니까, 안됩니까?

여래 - 잘 모르고 순서없이 말했다면 스스로 죄가 되지 않고 삼귀의가 성립한다. 만약 알면서도 일부러 바꾸어서 말했다면 죄가 되어 삼귀의가 성립되지 않는다.

우파리 -만약 부처님과 법을 부르고 승가를 부르지 않았으면 삼귀의가 성립합니까? 만약 법과 승가를 부르고 부처님을 부르지 않았으면 삼귀의가 성립합니까? 부처님과 승가를 부르고 법보를 부르지 않으면 삼귀의가 성립합니까?

여래 - 성립하지 않는다.

우파리 - 삼귀의계를 받지 않고 오계를 받을 수 있습니까? 삼귀의계를 받지 않고 팔계를 받을 수 있습니까? 삼귀의계를 받지 않고 십계를 받을 수 있습니까? 또 백사갈마법27을 행하지 않고도 구족계를 얻을 수 있습니까, 없습니까?

여래 – 아무것도 얻을 수 없다. 만약 오계를 받으려면 먼저 삼귀의 계를 받아야 한다. 삼귀의계가 마쳐져야만 오계를 받을 수 있다. 오계 의 명칭을 말하는 이유는 앞사람에게 계(戒)의 이름을 알게 하려는 것이다. 백사갈마를 마치고 나서야 구족계를 얻는다. 사의28와 사 타29와 십삼승잔30을 말하는 이유는 원인을 다만 알게 하려고 말하 는 것이다.

우파리 – 또 삼귀의계를 받은 뒤에 살생하지 말라는 계를 말하면 이 때 계가 성립합니까?

여래 – 하나의 계를 말해도 오계를 얻는다고 하는 까닭은 만약 하나

---

27. 승가에서 수계나 구족계의 의식을 할 때 관련된 법이다. 맨 처음 3명의 스승 가운데 갈마스승이 여러 스님대중에게 '누구 누구가 출가하려고 아룁니다 〔白〕'라고 한다. 다음에 승가대중에게 찬성여부를 세 번 묻는다(三羯磨:갈마 는 행위라는 뜻이다). 별다른 이의가 없다면 수계를 주고 승려가 된다. 처음 아뢰고 세 번 행동한다고 하여 백사갈마(白四羯磨)이다.
28. 출가한 사람이 닦아야 할 네 가지 법〔四依〕이다. 기운 옷을 입고, 항상 밥을 빌어 먹으며, 나무 아래 정좌하고, 병이 났을 때도 남이 버린 약재를 모아 치료하는 것이다. 이러한 수행을 통하여 욕심과 집착하는 마음을 버리게 한다.
29. 이것〔四墮〕을 범하면 승단에서 쫓겨나는 중죄로 살인, 도적질, 음행, 망어를 말한다.
30. 비구가 지니는 250계 가운데 열 세 가지〔十三僧殘〕로, 승단에서 쫓겨나는 죄보다는 가볍지만 그래도 무거운 죄에 속한다. 잘못을 하면 그 다음에도 죄가 몸에 남아 있으므로, 다른 승려들 앞에서 잘못을 말하고 죄를 없애는 것이다.

의 계를 지닐 수 있으면 오계를 지닐 수 있기 때문이다. 또 오계의 형세와 하나 하나의 계가 서로 연관되어 있기 때문이며 아울러 본래의 마음으로 오계 받기를 서원하기 때문이다. 또 오계를 받은 후에야 계를 얻는다고 말하지만, 여러 설법에서 삼귀를 받고 난 후에야 오계를 얻는다고 하는데 이것이 바른 뜻이다. 백사갈마법을 하여 팔계를 받거나 십계를 받을 때도 오계를 받을 때와 같다.

우파리 – 먼저 삼귀의계를 받아서 재가남자신도가 된 후에 다시 오계를 받거나 팔계를 받거나 십계를 받으려면 다시 삼귀의계를 받아야 합니까?

여래 – 삼귀의계를 받지 않아도 모든 계를 얻을 수 있다. 먼저 삼귀의계를 받았기 때문이다.

우파리 – 만약 먼저 삼귀의계를 받지 않고 바로 백사갈마법을 행하여도 계를 받을 수 있습니까?

여래 – 오계·팔계·십계를 받는 것은 다만 삼귀의계를 받아야 계를 얻을 수 있다. 만약 구족계를 받으려면 백사갈마법을 해야 구족계를 얻을 수 있으며 삼귀의계는 받을 필요가 없다. 구족계는 공덕이 깊고 무거워 여러 가지 인연과 힘을 쓰지 않으면 이루어지지 않는다. 그러므로 삼귀의계·십승(僧)·백사갈마법을 한 후에야 받는다. 오계·팔계·십계의 공덕의 힘은 적으므로 삼귀의계를 받으면 곧 계를 얻을 수 있다. 계를 얻는데 많은 인연과 힘을 필요로 하지 않는다.

우파리 – 구족계를 받고 나서 어째서 사타, 십삼승잔만을 설하고 나머지 편(篇)은 설하지 않습니까?

여래 – 이 두 편의 계가 가장 중요하다. 한 계를 범하면 영원히 두 번째 계를 일으킬 수 없다. 비록 (두 번째 계를) 일으킬 수 있다 해도 일으키기 어렵다. 예를 들면 파리파사(波利婆沙)와 마나타(摩那埵)31는 20명의 대중 앞에서 잘못을 참회한 뒤에야 죄에서 벗어날 수 있는 것과 같다. 만약 지니기 어려운 것을 지닐 수 있다면 나머지 편은 쉽게 지닐 것이니 계를 설할 필요가 없다. 그러므로 이 두 편만 설하고 나머지 편은 설하지 않는다.

우파리 – 이 바라제목차계(波羅提木叉戒)32는 무루계입니까, 선계(禪戒)입니까?

여래 – 무루계도 아니고 선계도 아니다. 바라제목차계는 만약 부처

---

31. 마나타는 승려가 십삼승잔의 죄를 범했을 때 6일 낮과 밤을 근신하고 참회하여 죄를 없애는 방법을 말한다. 원래 범어 마나타(mānatta)의 뜻은 대중을 기쁘게 한다는 뜻으로, 잘못을 하자마자 바로 20명의 비구와 다른 비구 앞에서 숨김없이 잘못을 드러내어 밝히고 참회하는 것이다. 그 방법은 6일 낮과 밤을 자신이 머무는 거처가 아닌 곳에서 승려들을 위한 노역을 담당하는 것이다. 탑을 청소하고 승방과 절을 청소하지만 다른 승려들과 대화하지 않고 오직 참회만 해야 한다.
32. 바라제목차계는 여러 가지 번뇌와 미혹된 행업을 멀리 떠나 해탈을 얻기 위해 지켜야 할 계율이다. 만약 이 계율을 지키면 번뇌의 속박을 벗어나 청정한 지혜를 얻을 수 있으므로 세간에서 가장 높은 위치에 처한 계율이다. 이 계는 모든 감각기관으로 들어오는 미혹을 막고 보호하고 선법을 증장하는 것이다. 그러므로 여러 선법 가운데 최초의 문이라는 뜻으로 이런 이름을 얻었다.

님 세상에 있다면 이 계가 있고 부처님이 세상에 있지 않다면 이 계는 없다. 선계와 무루계는 부처님이 세상에 계시거나 계시지 않거나 항상 있다. 바라제목차계는 부처님의 가르침으로부터 얻는다. 선계와 무루계는 가르침으로부터 얻어지는 것이 아니다. 바라제목차계는 다른 존재로부터 얻는다. 선계와 무루계는 다른 존재로부터 얻는 것이 아니다. 바라제목차계는 잠을 자거나 잠을 자지 않거나를 논하지 않고 선·악·선하지도 악하지도 않은 무기(無記)의 마음에 언제나 있다. 선계와 무루계는 반드시 선정과 무루의 마음 가운데에서만 있고 나머지 마음 가운데는 이 계가 없다. 바라제목차계는 단지 인간세계 가운데에만 있다. 선계와 무루계는 인간과 천상계에 모두 있다. 바라제목차계는 단지 삼계 가운데 욕계에만 있다. 선계와 무루계는 욕계와 색계에 있다. 무루계와 바라제목차계는 단지 부처님의 제자에게만 있고 선계는 외도들에게도 모두 있다.

우파리 - 남자 재가신도인 우바새가 받는 오계에서 직접 죄가 성립되는 실죄(實罪)는 몇 개이고 다른 죄를 유발하거나 이끌어 내는 원인이 되는 차죄(遮罪)는 몇 개입니까?

여래 - 네 가지는 실죄이고 '술마시지 말라'의 불음주계(不飮酒戒)는 차죄이다. 네 가지 실죄와 함께 술을 마시지 않는 계가 오계에 포함된 까닭은 술을 마시면 방탕해져서 다른 네 가지 계를 범하게 되기 때문이다. 예를 들면 가섭불 당시에 한 우바새가 술을 마시고 다른 사람의 아내를 폭행하고 남의 닭을 훔쳐서 죽였다. 다른 사람이 어째서 그랬냐고 물으니 술을 마시고 정신이 혼미해져서 잠시 네 가지 계를 깨뜨린 것이라고 답했다. 술을 마셨기 때문에 다섯 가지 극악한 죄 가운데 네 가지를 범했던 것이다. 오직 승가의 화합만은 깨뜨릴 수 없다. 비록 여러 과거세에서 한 행동으로 어리석고 광폭한 것에 대한 과보가 있는 것은 아니지만, 술을 먹었기 때문에 미혹되고 그릇된 견해를 가지게 되어 마치 미친 사람과 같게 된다. 또 술에 취했기 때문에 바른 행위와 좌선과 경을 외우거나 도를 닦는데 도움이 되는 여러 가지 일을 할 수 없게 된다. 그러므로 비록 실죄는 아니지만 이런 이유로 실죄와 같다.

우파리 - 우바새계는 다만 중생에게 있어서만 계가 성립하는 것입니까? 아니면 중생이 아닌 비중생(非衆生)에게서도 계가 성립하는 것입니까? 다시 말해서 죽일 수 있고, 도적질할 수 있고, 음란한 행위를 할 수 있고, 망령된 말을 할 수 있는 중생에게서만 계가 성립하는 것입니까? 아니면 위와 같은 행위를 할 수 없는 중생에게서도 계가 성립하는 것입니까?

여래 - 중생에 대해서 네 가지 계가 성립한다. 비중생에 대해서는 불음주계가 성립한다. 만약 중생에 대해서라면 죽일 수 있거나 없거나, 음란한 행위를 할 수 있거나 없거나, 도적질할 수 있거나 없거나, 망령된 말을 할 수 있거나 없거나, 모두 계가 성립한다. 아비지옥에서 비비상처33까지 또한 삼천 세계에서 여래와 세상에 있는 일체의 생명 있는 존재에 이르기까지 이 네 가지 계는 성립한다. 처음 계를 받을 때 모든 것을 죽이지 않고, 도적질하지 않고, 음란한 행위를 하지 않고, 망령된 말을 하지 않는다는 것에는 예외가 없다. 그러므로 모든 중생에 대해서 계가 성립하지 않을 수 없다.

모든 수계법(受戒法)34은 먼저 법을 설해 주고 인도하며 깨우쳐 이해하게 하여 모든 중생에 대해서 자비심을 일으키게 한다. 이미 이런 뛰어난 마음〔增上心〕을 얻으면 바로 뛰어난 계〔增上戒〕를 얻을 수 있다. 수계법은 모든 중생에 대해서 각각 네 가지 계가 성립한다. 네 가지 계는 그것을 일으키는 세 가지 원인에 따라 열두 가지 계가 성립한다. 중생에 대해서 죽이지 않고, 도적질하지 않고, 음란한 행위를 하지 않고, 망령된 말을 하지 않아야 하는 계율을 정하게 한 네 가지 악행은 모두 이것을 일으키는 세 가지 원인이 있다. 첫째는 탐욕〔貪〕이다. 둘째는 성냄〔瞋:대립, 배타, 반대〕이다. 셋째는 어리석음〔癡〕이다. 모든 중생에게 이 열두 가지 악행이 있기 때문에 그 악을 되돌리면 열두 가지 선한 계가 성립된다.

모든 수많은 중생에 대해서도 그렇다. 설령 백만 천만 명의 아라한이 열반에 들었다 하더라도 먼저 이 아라한일 때 얻은 계는 계속 성립

---

33. 비비상처(非非想處)는 비상비비상처(非想非非想處)라고도 하는데, 삼계의 하나인 무색계에 속하는 하늘이다. 무색계는 물질적인 성향이 없이 정신적인 존재로만 되어 있는 세계이다. 다시 말해서 이곳의 존재는 다섯 가지 근본요소인 오온(五蘊) 가운데 색온을 뺀 나머지 네 가지 근본요소만 있다. 공무변처(空無邊處)·식무변처(識無邊處)·무소유처(無所有處)·비상비비상처가 이곳에 속한다. 비상비비상처는 삼계의 맨 위에 있으므로 유정천(有頂天)이라고도 한다.
34. 계를 받는 의식 또는 방법을 말한다.

되는 것이다. 아라한이 열반에 들었다고 이 계를 잃는 것이 아니다. 불음주계를 얻을 때 이 한 몸은 계속해서 3천 세계에서 모든 술을 마시는 것에 대해서 계가 성립하는 것이다. 계를 받을 때 모든 술은 마시지 않기로 하는 것이기 때문이다. 설령 술이 다 없어지더라도 계는 항상 성립되며 사라지지 않는다.

우파리 - 먼저 계를 받을 때 모든 여인에 대해서[35] 음행하지 말라는 계를 얻었는데, 장가를 가서 부인을 얻으면 이 계를 범하는 것입니까?

여래 - 범하는 것이 아니다. 왜냐하면 이것은 본래 여자와 바르지 않은 음행을 하는 것에 대해 계가 성립하는 것이다. 이제 이 여인이 자기 부인이면 바르지 않은 음행을 하는 것이 아니기 때문에 이 계를 범하는 것이 아니다. 이 뜻으로 미루어 보면 나머지 모든 것도 이와 같다. 팔계와 십계, 중생과 비중생에 대해서나 250계에서 계가 성립하는 것도 이와 같다.

모든 중생에 대해서 각각 칠계가 성립되지만 뜻에 따라 나누면 이십일계가 있다. 예를 들어 한 중생이 몸과 입으로 일곱 가지 악행을 저지른다면 이 악행을 일으키는 세 가지 원인이 있다. 하나는 욕심

---

35. 원문에는 '여인의 세 가지 문[三瘡門]안에서 음행하지 말 것'이라고 되어 있는데, 세 가지 문이 정확히 어느 곳을 의미하는지는 분명치 않다. 추측해 보면 아마도 성적으로 은밀한 부분들일 것 같다. 따라서 다만 '여인에 대해서'라고 번역하였다.

때문이고, 둘은 성냄 때문이며, 셋은 어리석음 때문이다. 이 세 가지 원인 때문에 일곱 가지 악이 일어나므로 모두 21가지 악이 있다. 악을 돌이키면 계가 성립하므로 한 중생이 21가지 계를 얻고 모든 중생도 그렇게 된다. 이 뜻으로 미루어 보면 한꺼번에 한없는 계를 얻을 수 있다. 한꺼번에 모든 계를 범할 수 없지만 한순간에 계를 버릴 수는 있다.

파계에 관한 법은 만약 중요한 계율을 깨뜨리면 다시는 더 뛰어난 지위에 올라갈 수 없다는 것이다. 설령 계를 버린 후에 다시 받으려고 해도 계를 얻을 수 없다. 예를 들어 팔재계 가운데서 중요한 계를 깨뜨리면 후에 다시 팔계·오계·십계·구족계와 선계·무루계 등을 받아도 모두 성립하지 않는다. 만약 오계 가운데 중요한 계를 깨뜨리고 나서 팔계, 십계, 구족계와 선계, 무루계 등을 받아도 모든 계가 성립하지 않는다. 만약 오계를 깨뜨리고 난 후 오계를 버리고 다시 십계를 받으려고 해도 그럴 수 없다. 만약 계를 버리고 나서 다시 오계·팔계·십계·구족계와 선계·무루계 등을 받아도 모든 계는 성립하지 않는다. 만약 십계 가운데 중요한 계를 깨뜨린 자가 더 뛰어난 지위에 올라가려고 계를 버리고 다시 계를 받으려고 해도 오계의 경우와 같이 그럴 수 없다.

우파리 - 선계·무루계·바라제목차계 가운데 어느 계가 가장 뛰어납니까?

여래 - 선계가 뛰어나다. 어떤 사람은 바라제목차계라고도 한다.

왜냐하면 만약 부처님께서 세상에 계시면 이 계가 성립하지만 선계와 무루계는 항상 있기 때문이다. 그러나 중생이거나 비중생이거나 모두 바라제목차계가 성립하지만 선계와 무루계는 다만 중생에게서만 성립한다. 모든 중생은 자비심으로 바라제목차계를 얻지만 선계와 무루계는 자비심으로 얻는 것이 아니다. 부처님의 법을 유지하며 세간에 일곱 부류의 대중이 있고 삼승36의 깨달음의 도과가 계속 이어져 끊어지지 않으면 모두 바라제목차계를 근본으로 할 수 있다. 선계와 무루계는 그렇지 않다. 그러므로 삼계 가운데에서 가장 존귀하고 뛰어나다고 한 것이다.

처음 수계를 받을 때는 백사갈마법을 행하면 계는 이미 성취되었다. 처음 한 생각의 계를 업(業) 또는 업도(業道)라고 한다. 두 번째 생각을 낸 후의 계는 업이지만 업도는 아니다. 왜냐하면 처음 한 생각의 계37는 생각한 것과 바라는 것이 만족스러운 것으로 생각을 통하는 것이기 때문에 사업도(思業道)라고 한다. 이전의 계를 원인으로 하기 때문에 이후의 계는 마음대로 움직이고 저절로 일어난다. 그러므로 다만 업이라고 하지 업도라고는 하지 않는다. 처음에 한 생각의 계는 무교(無敎)와 유교(有敎)가 있었다. 후에 차례대로 생기는 계는 무교는 있고 유교는 없다. 처음 한 생각의 계는 계율이라고도 하

---

36. 세 가지 탈 것이라는 뜻으로 깨달음에 이르는 세 가지 수레[三乘]이다. 여기서는 성문승(聲聞乘)과 연각승(緣覺乘)과 불승(佛乘)을 말하고 있다. 그러나 대승불교에서는 불승대신 보살승(菩薩乘)을 넣어 삼승이라고 하고, 불승은 일승(一乘)으로 설명하기도 한다.
37. 원문은 계색(戒色)이다

고, 선행(善行)이라고도 하고, 율의(律儀)라고도 한다. 후에 일어난 계도 이러한 뜻은 있다.

우파리 - 과거, 현재, 미래 가운데 어느 때에 계를 얻습니까?

여래 - 현재의 한 생각[一念] 속에서 계를 얻는다. 과거와 미래도 법이지만 중생이 아니기 때문에 계를 얻을 수 없다. 현재의 한 생각은 중생이기 때문에 계를 얻는다.

우파리 - 선한 마음 가운데 계를 얻습니까, 선하지 않은 마음 가운데서 계를 얻습니까? 선도 악도 아닌 무기(無記)의 마음 가운데서 계를 얻습니까? 아니면 무심(無心) 가운데에서 계를 얻습니까?

여래 - 모두 다 얻을 수 있다. 먼저 선한 마음으로 승가에게 예를 올리는 것으로 충분하다. 옷과 발우를 받고 높은 승려[和尙]38에게 질문을 구하고 정성껏 계를 주시기를 청한다. 무릎을 꿇고 합장하며 백사갈마법을 행하고 선한 마음을 계속 이어가면 계를 얻은 것이다. 이것을 선한 마음 가운데서 계를 얻는 것이라고 한다.

만약 먼저 차례대로 법을 행하는 가운데서 항상 선한 마음으로 여러 교업39을 일으키다가 백사갈마법을 행할 때에 탐욕과 성냄 등의

---

38. 현재 화상(和尙)은 승려나 중을 높여 부르거나 그와 같은 의미로만 통용되고 있지만, 이 경의 문맥에서 보면 화상은 보통 승려들의 스승이 되는 승려를 말할 때만 나온다. 따라서 이전에 화상은 승려의 높임말이었을 가능성이 크므로 이와 같이 번역하였다. 앞에서 이야기 속에 등장했을 때는 다만 '스승'이라고만 풀었다.

여러 가지 선하지 않은 생각이 일어나 이 마음으로 계를 얻는다. 이것이 선하지 않은 마음 가운데서 계를 얻는 것이다. 그러나 본래 선한 마음과 선한 가르침의 힘으로 이 계를 얻는 것이지 선하지 않은 마음으로 얻는 것이 아니다.

먼저 선한 마음으로 교업을 일으켰다가 백사갈마법을 행할 때 잠이 들거나 졸면서 쉬는 마음 가운데에서 계를 얻는다. 이것을 선도 악도 아닌 무기의 마음 가운데에서 계를 얻는 것이라고 한다. 먼저 선한 마음으로 교업을 일으켰다가 백사갈마법을 행할 때 선정의 한 종류인 멸진정(滅盡定)에 들어가서 계를 얻는다면, 이것이 무심 가운데서 계를 얻는 것이다.

우파리 - 만약 일반 사람이 오계를 받지 않고 곧바로 십계를 받는다면 계를 얻는 것입니까?

여래 - 한꺼번에 두 가지 계를 얻는 것이다. 재가신자로서의 우바새계와 출가신자로서의 사미계를 얻는다. 만약 오계와 십계를 받지 않고 곧바로 구족계를 받으면 한꺼번에 세 가지 계를 얻는 것이다.

우파리 - 만약 구족계를 받으면 일시에 세 가지 계를 얻는 것이라면

---

39. 교업(敎業)은 표업(表業)과 같은 말로 몸과 입으로 행동하고 말하는 것이다. 입으로 말하고 몸으로 행동하는 것은 밖으로 드러나 남에게 보일 수 있는 작용이므로 표업이라고 한다. 반면 마음으로 짓는 업은 밖으로 드러나지 않으므로 무표업(無表業)이라고 한다.

왜 순서대로 먼저 오계를 받고 십계를 받은 후에 구족계를 받을 필요
가 있습니까?

여래 - 비록 한꺼번에 세 가지 계를 얻는다고 해도 부처님의 법에
물들어 익숙해지려면 반드시 순서가 필요하다. 먼저 오계를 받고 스
스로 마음이 누그러져서 믿음과 즐거움이 점점 증가한 다음에 십계를
받는다. 십계를 받고 나서 선한 근본이 더욱 깊어진 다음에야 구족계
를 받는다. 이렇게 차례로 불법의 맛을 알게 되면 깊은 즐거움과 견고
한 마음으로 퇴보하거나 잃어버리지 않게 된다. 예를 들면 큰 바다에
들어갈 때 바다가 점점 깊어지는 것과 같이 부처님의 가르침에 들어
가는 것도 이와 같다. 만약 동시에 구족계를 받은 사람은 곧 순서를
잃어버리고 위엄과 예의를 깨뜨린다.

또 어떤 중생은 오계를 받으면 깨달음의 도과를 얻기도 하고 어떤
중생은 십계를 받고 나서야 도과를 얻는다. 이런 여러 가지 인연으로
부처님은 순서를 말씀하셨다. 먼저 오계를 받고 나중에 십계를 받으
면 십계를 받을 때는 오계와 십계를 모두 얻은 것이다. 십계를 받고
나서 다음에 구족계를 받으면 구족계를 받을 때는 세 가지 계를 성취
한 것이다. 오계·십계·구족계 등 일곱 종류의 계를 받을 때 오직
백사갈마만이 계율의 순서대로 세 때에 얻는다. 나머지 여섯 가지 계
는 다만 한꺼번에 받고 세 때의 순서가 없으므로 만약 한꺼번에 받더
라도 세 가지 계가 성립한다.

만약 그 계를 버리려고 할 때 '나는 사미(沙彌)이지 비구가 아니다'
라고 하면 곧 구족계는 잃지만 오계와 십계는 있는 것이다. 만약 '나

는 우바새이지 사미가 아니다'라고 하면 십계는 잃지만 오계는 남는
것이다. 만약 '재가신도이거나 출가자이거나 모든 것을 버리고, 나는
출가하지 않은 우바새로 돌아가려고 한다'고 말하면 세 가지 계를 동
시에 다 잃지만 삼귀의는 잃지 않는다. 순서대로 세 가지 계를 얻지만
법을 버리는 순서는 한꺼번에 계를 얻는 때와 같다.

우파리 – 먼저 재가신도였던 사람이 출가하여 십계를 받으면 오계
를 버린 것입니까?

여래 – 버린 것이 아니다. 다만 명칭과 순서를 잃은 것이지 계를
잃은 것은 아니다. 우바새라는 명칭을 잃고 사미라는 명칭을 얻는다.
속인으로서의 순서를 잃고 출가자로서의 순서를 얻은 것이다.

우파리 – 사미가 비구가 되는 구족계를 받으면 십계와 오계를 잃는
것입니까?"

여래 – 잃는 것이 아니다. 다만 명칭과 순서를 잃는 것이지 계를
잃는 것이 아니다. 사미라는 명칭을 잃고 비구라는 명칭을 얻는다.
사미로서의 순서를 잃고 비구로서의 순서를 얻는 것이다. 처음이나
끝이나 늘 이것은 계율이며 때에 따른 명칭일 뿐이다. 비유하면 나무
와 잎은 봄여름에는 푸르게 녹음지고 가을에는 노랗게 물들고 겨울에
는 하얀 눈에 덮인다. 철따라 다르기 때문에 나뭇잎도 다르다고 하지
만 본래 처음부터 한 잎사귀이다. 계율도 또한 이와 같이 항상 한
계이지만 때에 따라 다르다. 또 우유는 거친 우유·정제한 우유·연

유·최고의 우유인 제호(醍醐)의 네 가지 차별이 있다. 비록 명칭이 다르지만 같은 우유이듯이 계도 이와 같다. 비록 우바새·사미·비구의 세 때에 명칭이 다르지만 계는 다름이 없다.

우파리 - 우바새계를 받으려 하는데 한꺼번에 오계를 받을 수 없어서 만약 하나의 계, 두 개의 계 또는 네 개의 계를 받으면 계를 얻을 수 있습니까?

여래 - 얻을 수 없다.

우파리 - 만약 얻지 못한다면 경에서 '작은 몫의 우바새'〔小分優婆塞〕와 '많은 몫의 우바새'〔多分優婆塞〕와 '온전히 채운 우바새'〔滿分優婆塞〕라는 것은 무엇을 뜻합니까?

여래 - 그렇게 말하는 것은 계를 지닌 공덕이 많고 적음을 밝히려는 것이지 이와 같이 계를 받는 것을 말하는 것이 아니다.

우파리 - 하루나 이틀 또는 열흘 동안 오계를 받는다면 이것도 계를 받은 것이라고 할 수 있습니까?

여래 - 그럴 수 없다. 부처님은 본래 계율을 제정할 때 각각 한계를 두었다. 만약 오계를 받으면 반드시 죽을 때까지 지켜야 한다. 만약 팔계를 받으려면 반드시 하루 밤낮을 받아야 한다. 그러므로 위와 같은 경우는 계를 받은 것이라고 할 수 없다. 백사갈마계에는 상중하의 세 단계가 있다. 오계는 하품계이고 십계는 중품계이며 구족계는 상품계이다. 오계 안에 다시 세 등급이 있다. 만약 낮은 등급의 마음으로 계를 받으면 미품계(微品戒)이다. 만약 중간 등급의 마음으로 계를 받으면 중품계(中品戒)이다. 만약 윗등급의 마음으로 계를 받으면 상품계(上品戒)이다. 십계와 구족계도 각각 세 등급이 있으니 오계에서 말한 것과 같다. 만약 낮은 등급의 마음으로 오계를 받고 난 후 중간과 윗등급의 마음으로 십계를 받는다면 먼저 얻은 오계는 다시 더하거나 뛰어날 것도 없다. 십계 가운데 포함되어 있는 오계 이외에 '때 아닌 때 먹지 않는 것'40 등 나머지 다섯 가지 계율은 뛰어난 계이지만, 먼저 얻은 오계는 본래 낮은 등급이다. 곧 먼저는 낮은 등급의 오계를 얻었다가 중간과 윗등급의 마음으로 구족계를 받는다면, 먼저 얻은 오계는 다시 더하거나 뛰어날 것도 없다. 여전히 오계는 본래의 오계이지만, 오계 이외의 모든 계는 구족계를 얻을 때의 마음이 뛰어나기 때문에 뛰어난 계를 얻는 것이다. 이것으로 미루어 보면 바라제목차계는 거듭해서 얻을 수 없다. 순서대로 말하면 오계는 낮은 등급이다. 십계는 중간 등급이고 구족계는 윗등급이다. 뜻으로 미루면 보아도 윗등급의 마음으로 오계를 얻으면 이것은 상품계이다. 중간 등급의 마음으로 십계를 얻으면 이것은 중품계이다. 낮은 등급의 마음으로 구족계를 얻으면 이것은 하품계이다. 이 뜻으로 보면 상·중·하의 마음에 따라서 계를 얻는 것도 다르고 정해진 한계도 없다.

---

40. 이것은 팔재계의 하나에 속하는 것으로 출가자는 오후가 지나면 음식을 먹지 않아야 한다.

만약 높은 승려를 청하여 십계를 받을 때 그가 눈앞에 없어도 십계를 얻는다. 만약 십계를 받을 때 그가 죽었는데, 죽은 것을 알면서 계를 받는다면 계가 성립할 수 없다. 만약 죽었다는 것을 듣지 못하고 계를 받는다면 계가 성립한다. 만약 백사갈마를 하여 계를 받을 때는 높은 승려가 눈앞에 없으면 계를 받을 수 없다. 승려의 수가 부족하기 때문이다. 가령 승려의 수가 채워지면 설사 높은 승려가 없어도 계를 얻을 수 있다.

우파리 – 오계를 받은 우파새는 사고 파는 일을 할 수 있습니까?

여래 – 사고 파는 일을 할 수 있지만 다섯 가지 장사는 하면 안된다. 첫째 짐승을 파는 장사는 하지 말라. 만약 자기 가축이 있어서 직접 파는 것은 허락한다. 그러나 도살하는 사람에게 팔지 말라. 둘째 활 · 화살 · 칼 · 몽둥이 등을 파는 장사를 하지 말라. 만약 자기가 가지고 있었던 것이면 직접 내다 파는 것은 허락한다. 셋째 술장사를 하지 말라. 만약 자기가 가지고 있던 술을 직접 파는 것은 허락한다. 넷째 기름을 짜는 것은 많은 생물을 죽이게 되므로 하지 말라. 인도의 법이 그렇지만 계빈국(罽賓國)41에서 가져온 경전에 의하면, 깨 속에 만

---

41. 계빈국은 카스미라([S] Kaśmīra)의 음사어로 북인도 간다라([S] Gandhara) 지방의 동북쪽 산속에 위치한 나라 이름이다. 갈빈(羯賓) · 계빈나(罽賓那) · 가습미라(迦濕彌羅 · 可濕彌羅) 등으로도 음사한다. 전한(前漢)시대에는 지금의 아프가니스탄 카불(Kabul) 계곡에 있었던 샤카족(Śaka) 또는 스키타이족(Skitai : 塞) 및 그리스인의 나라를 말하고, 남북조시대에는 카쉬미르를 가리킨다. 가습미라의 위치는 펀잡 지방 북쪽에 해당하며, 인도와

약 어떤 생물도 없다면 기름을 짜도 허물이 되지 않는다라고 하였다. 다섯째는 다섯 가지 색으로 염색하는 일을 하지 말라. 많은 벌레를 죽이기 때문이다. 락사(洛沙) 등 외국의 염색법은 많은 벌레를 죽이기 때문에 허락하지 않는다. 중국의 진나라 땅에서도 푸른색을 염색할 때 벌레를 많이 죽이기 때문에 다섯 가지 색으로 염색할 때와 같이 허락하지 않는다.

우파리 - 팔재계법에서 때가 지난 후에 먹지 않는 것[過中不食]에 속하는 내용은 아홉 가지가 있습니다. 그런데 왜 팔재라고 합니까?
여래 - 재계법은 때가 지난 후 먹지 않는 것을 요체로 한다. 여덟 가지 일은 재계의 요체를 돕고 서로 지지하는 것이므로 재계법을 지지해 주는 여덟 가지 법[八支齋法]이라고 부른다. 그러므로 팔재라고 말하지 구재라고 말하지 않는다.

우파리 - 팔재계를 받은 사람은 일곱 부류의 대중 가운데에서 어떤 대중에 들어갑니까?
여래 - 비록 죽을 때까지 지킬 계를 받지 않았지만 하루 낮과 하루 밤의 계를 지녔기 때문에 마땅히 재가신도인 우바새라고 부른다. 또한 어떤 경에서는 '우바새라고 부르는 사람이면 종신계가 없고, 우바새가 아니면 하루 낮과 하루 밤 동안 계를 지녔으므로 다만 중간 사람

서역으로부터 중국에 온 스님 중에서 이 지역 출신이 많았다고 한다.

이라고 부른다'고 하였다.

우파리 - 일곱 부류의 대중 밖에 바라제목차계가 있습니까?

여래 - 팔재계가 그것이다. 이 뜻으로 미루어 보면 만약 팔재계를 받으면 일곱 부류의 대중 가운데 있지 않다. 팔재계법을 받으면 마땅히 하루 밤과 하루 낮은 살생하지 않는다고 말하여 언어에 제한을 두고 종신계와 서로 혼란되게 해서는 안 된다.

우파리 - 팔계법을 받을 때 이틀·사흘에서 열흘 또는 한꺼번에 받을 수 있습니까?

여래 - 부처님은 본래 하루 밤과 하루 낮의 계를 제정하였으므로 기한을 넘기지 않아야 한다. 그러나 만약 힘이 있어서 하루에 받을 수 있으면 지나고 나서 다시 순서대로 다시 받는다. 이렇게 힘이 많고 적음에 따르면 날짜는 계산하지 않는다.

우파리 - 재계법을 받을 때는 반드시 다른 사람으로부터 받아야 하는데 어떤 사람에게 받는 것입니까?

여래 - 다섯 대중으로부터 받는다. 팔계를 받고 나서 만약 중생을 채찍으로 때리면 재계가 청정하지 않다. 비록 그 날 채찍으로 때리지 않더라도 다음 날까지 기다려서 중생을 채찍으로 때려도 청정하지 않다. 요점을 말하자면 만약 몸과 입으로 위엄과 예의가 없는 일을 하면 비록 재계를 깨뜨리지 않아도 청정한 법이 아니다. 설사 몸과 입이 깨끗하더라도 만약 마음으로 탐욕을 일으키고 성내고 고민하며 남을 해칠 마음을 내면 또한 재계가 깨끗하지 않은 것[齋不淸淨]이라고 한다. 만약 몸과 입과 마음으로 하는 행위가 깨끗하지만 여섯 가지 생각42을 닦지 않으면 역시 재계가 깨끗하지 않다고 부른다. 팔재계를 받고 나서 정성껏 여섯 가지 생각을 닦는 것을 재계가 깨끗한 것[齋淸淨]이라고 한다.

어떤 경에 이런 말이 있다. 만약 염부제왕이 되어 염부제 땅 가운데의 모든 백성과 금은과 재보를 마음대로 할 수 있는 공덕이 있다 해도, 이 염부제왕의 공덕은 가장 끝까지 팔재계를 깨끗하게 한 사람의 공적의 16분의 1에도 못 미친다. 만약 어떤 사람이 팔재계를 받고자 하면서 먼저 마음과 용모를 잘 가꾸고 음악을 연주하거나 고기를 탐하여 먹거나 여러 가지 웃기는 일 등의 일을 마음내키는 대로 한다. 그러고 난 후에 재를 받는다면 만약 앞이거나 뒤를 말하지 않고 모두 재계를 얻지 못한다. 만약 본래 무심으로 재계를 얻고 여러 가지 한가한 일을 하다가 후에 선지식을 만나 재를 받는다면, 그때부터 앞이거나 뒤이거나 모두 재계를 얻을 수 없다. 만약 본래 무심하게 재계를 받고서 여러 가지 방탕한 일을 하다가 후에 좋은 벗[善知識]을 만나

---

42. '여섯 가지 생각'은 육념(六念)으로 육념법, 육수념(六隨念)이라고도 말한다. 사람이 만일 이 여섯 가지 생각을 닦으면 마음에 선정을 얻어 열반에 이른다고 한다. 육념은 염불(念佛, 부처를 생각), 염법(念法, 부처님의 가르침을 생각), 염승(念僧, 승가의 덕을 생각), 염계(念戒, 계의 공덕을 생각), 염시(念施, 보시의 공덕을 생각), 염천(念天, 공덕을 쌓아 하늘에 태어나려고 생각)이다.

서 재계를 받는다면, 그때부터 앞이거나 뒤이거나 모두 계가 성립된다. 만약 재계를 받으려고 하는데 일이 어렵고 스스로 꺼려져서 마음대로 되지 않다가 일의 어려움이 풀리고 나서 재계를 받는다면, 그때부터 앞이거나 뒤이거나 모두 재계를 얻을 수 있다.

우파리 -만약 재계법을 받을 때 밤의 계는 받고 낮의 계를 받지 않았다면 팔계가 성립합니까?

여래 - 성립하지 않는다. 왜냐하면 부처님은 본래 하루 낮과 하루 밤에 재계법을 받으라고 하셨기 때문이다. 정해진 한계가 있으므로 어길 수 없다.

우파리 - 만약 성립하지 않는다면, '억이(億耳)'가 텅 빈 들판에 있으면서 여러 아귀들이 갖은 죄과를 치르는 것을 보니 낮에는 복을 받고 밤에는 죄과를 치르기도 하고 또 밤에는 복을 받고 낮에는 죄과를 치르고 있었다. 왜냐하면 이 사람은 낮에는 계를 받고 밤에는 악행을 하였거나, 밤에는 계를 받고 낮에는 악행을 저질렀기 때문에 같지 않다'라고 피혁건도43에서 말한 것은 무슨 뜻입니까?

여래 - 본생의 인연으로 생기는 것은 의지해서는 안 된다. 이 가운

---

43. 피혁건도(皮革犍度)는 이십건도의 하나인데, 이십건도는 계율에서 적극적으로 선한 일을 행하는 부문의 계를 20종류로 나눈 것을 말한다. 이것은 본래 『사분율』(四分律)31권에서 53권에 20개의 편장으로 실려 있다. 피혁건도는 가죽신이나 가죽옷 등에 관한 법도를 밝히고 있다.

데서 말한 것은 경(經)이 아니고 율(律)이 아니므로 정해진 진실한 뜻[實義]이 없다. 또 이것은 가전연(迦旃延)이 억이를 제도하려고 이러한 변화를 보여 그의 마음을 깨닫게 한 것이라고 말하지만 이것은 실제 일이 아니다. 만약 재계를 받고 나서 재계를 버리고자 하면 반드시 다섯 부류의 대중 앞에서 버릴 필요는 없다. 예를 들어 먹으려고 할 때 한 사람을 향하여 말하면 재계는 곧 버리는 것이다. 바라제목차계를 얻는 것은 다섯 가지 길[44]로 말하면 오직 인간[人道]으로서만 계를 얻을 수 있고 나머지 네 길로는 얻을 수 없다. 천인(天人)의 도[天道]는 즐거움에 깊이 집착하기 때문에 계를 얻을 수 없다.

이전에 한 때 대목건련이 그의 제자가 병이 나자 도리천에 있는 기바(耆婆)에게 물으려고 하였다. 마침 여러 천신들이 즐거움의 정원에 들어갈 때였다. 이 때 목련이 길 옆에 서 있어도 모든 천신은 아무도 돌아보지 않았다. 그러나 기바는 후에 목련을 돌아보고 한 손을 들어보이며 수레를 타고 곧 바로 지나갔다. 목련이 스스로 생각하였다.

'이 사람은 본래 인간이었을 때 나의 제자였는데, 지금 하늘의 복을 받아 하늘의 즐거움에 빠져 본심을 잃었구나.'

곧 신통력으로 수레를 세우게 하자 기바는 수레에서 내려 목련의 발에 예를 올렸다. 목련이 여러 가지 인연으로 그의 잘못을 꾸짖자 기바는 목련에게 답했다.

---

44. 생사윤회하는 다섯 가지 길[五道]로, 지옥도·아귀도·축생도·아수라도· 인도(人道)이다.

"저는 인간이었을 때 당신의 제자였습니다. 이 때문에 손을 들어 안부를 물었지만 여러 천신을 보니 그렇게 하지 않았습니다. 하늘에 태어났기 때문에 즐거움에 깊이 탐착하여 마음이 자재되지 못하므로 그럴 따름입니다."

목련이 기바에게 말했다.

"제자가 병이 났는데 어떻게 치료하면 좋겠는가?"

기바가 답했다.

"오직 먹는 것을 끊는 것을 근본으로 하십시오."

어떤 때 목련은 제석환인을 타일러 말하였다.

"부처님은 세상에서 만나기 어려우니 어떻게 자주 가까이하고 바른 법을 물어서 받지 않겠습니까?"

제석천은 목련의 뜻을 알게 하려고 심부름을 보내서 한 천자를 불러오라고 조칙을 내렸다. 그러나 이 천자는 반복해서 세 번을 보냈으나 모두 오지 않았다. 이 천자에게는 한 명의 부인과 기악이라는 이름의 한 기녀가 있어서 욕정에 깊이 물들어 있었다. 그래서 비록 하늘의 왕인 제석천의 명령이 중하였지만 그들과 떨어질 수가 없었다. 결국 데리고 오지 못하자 제석천이 물었다.

"어째서 이러한 것인가?"

곧 심부름한 사람이 사실대로 말하자 제석천이 목련에게 아뢰었다.

"이 천자에게는 한 천녀와 기악하는 기녀가 있을 뿐인데도 그들과 놀고 즐기면서 떨어질 수가 없는 것입니다. 하물며 천왕이야 말할 것이 있겠습니까? 여러 종류의 궁전과 수없는 천녀가 있으며 하늘의 음식은 저절로 온갖 맛을 냅니다. 백천 가지 기악이 저절로 즐겁게 울리고 있으면 동쪽을 보고 있으면서 서쪽을 잊어버립니다. 비록 부처님을 세상에서 만나 바른 법을 듣기 어렵다는 것을 알지만 쾌락에 묶이어 자재하지 못하니 어떻게 해야 하겠습니까?"

"계법을 받을 때 용맹한 마음으로 스스로 서원하여 결단한 후에 계를 얻어야 합니다."

제석천이 "여러 천신은 쾌락에 탐착하는 마음이 많고 선한 마음은 약한데 무엇으로 말미암아 계를 얻습니까?"라고 물었다. 목련이 답하였다.

"아귀는 배고픔과 목마름의 고통으로 몸과 마음이 불에 타는 듯하고, 지옥의 중생은 한없는 고뇌와 여러 가지 독한 마음의 고통에 집착하여 계를 얻을 인연이 없습니다. 축생의 중생은 업의 장애가 있기 때문에 분명하게 알지 못해서 계법을 받지 못합니다. 비록 여러 경전에서 축생인 용이 재계법을 받는다고 하지만 선한 마음으로 팔계를 받은 것이지, 하루 낮과 하루 밤에 선한 마음의 공덕을 얻어 계를 얻는 것이 아닙니다. 이것은 업장 때문입니다. 네 곳의 땅으로 말하면 오직 세 곳인 염부제·구야니(拘耶尼)·불바제(弗婆提)와 세 대륙 사이에 있는 섬 주민만이 모두 계를 얻을 수 있습니다. 예를 들면 구야니에는 부처님이 빈두로(賓頭盧)[45]를 보내어 부처님의 일을 일

---

45. 부처님의 제자로 16나한의 한 사람이다. 사람들 앞에서 신통력을 부렸기 때문에 부처님의 꾸지람을 듣고 염부제에 머물지 못하고 구야니로 가서 그곳을 교화하였다.

으키게 하여 네 부류의 대중이 있게 되었습니다. 동쪽에도 비구가 있어서 거기에서 부처님의 일을 합니다. 그러나 울단월(鬱單越)만은 부처님의 법이 없고 계를 얻을 수도 없습니다. 복의 과보가 장애가 되기 때문이며 또한 어리석기 때문에 성스러운 법을 받을 수 없습니다. 이곳에는 남자·여자·내시·남녀양성인 네 종류의 사람이 있습니다. 네 종류 가운데 남자와 여자만이 계를 얻고 내시와 남녀양성인 두 종류의 사람은 계를 얻을 수 없습니다. 만약 남자와 여자라도 부모님과 아라한을 죽이고 부처님 몸에서 피를 흘리게 하고 법을 널리 펴는 승가를 깨뜨리고 비구니를 욕보이며, 다른 도적이 있는 곳에서 사람을 구제하는 일을 하지 않고 그냥 넘어가는 등 선한 근본을 끊는 행위를 하는 사람 등은 계를 얻을 수 없다. 크게 보면 부처님의 법에 물들은 자는 말할 것도 없고 만약 천신·용·귀신·울단월 땅 사람·내시·남녀양성인 사람 등 여러 죄인들 모두 삼귀의를 얻을 수 있습니다."

우파리 - 과거·현재·미래의 모든 부처님에게 얻은 계는 평등합니까?

여래 - 평등하지 않다. 계를 얻는 것은 중생이나 중생이 아닌 부류에 대해서 계를 얻는 것이다. 한 번 부처님이 세상에 나오시면 수없는 아승기의 중생들을 제도하여 육체와 정신이 남음이 없는 열반[無餘涅槃]에 들어가게 한다. 이후에 부처님이 세상에 나오시면 이 중생에 대해서는 계를 얻게 하지 못한다. 이와 같이 모든 부처님에게 먼저 또는 나중에 계를 얻는 것이 각각 같지 않다. 예를 들어 가섭불은 한없는 아승기의 중생을 제도하여 육체와 정신이 남음이 없는 열반에 들어가게 하였다. 곧 가섭불은 이 중생에 대해서 모두 계를 얻게 한 것이다. 석가모니불은 이 중생에 대해서는 계를 얻게 하지 못한다.

모든 부처님에게는 세 가지 평등한 일이 있다. 첫째는 쌓은 행이 평등한 것이고, 둘째는 법신이 평등하고, 셋째는 중생을 제도하는 것이 평등하다. 모든 부처님은 삼아승기겁 동안에 보살행을 닦아 오분법신46과 십력(十力)과 사무소외(四無所畏)를 갖춘다. 또 십팔불공법(十八不共法)을 구족하여 한없는 아승기의 중생을 제도하여 열반에 들게 한다.

우파리 - 경전에서 '한 부처님이 세상에 나오시면 90나유타(那由他)의 중생을 제도하여 열반에 들게 하신다'고 하였습니다. 어째서 한없는 아승기의 중생이라고 말하는 것입니까?

여래 - 그 경전에서 '한 부처님이 세상에 나셔서 90나유타의 중생을 제도한다'고 하는 것은 다만 부처님으로부터 제도된 사람이 이런 중생이라는 것이다. 다시 말해서 중생들은 부처님으로부터 제도되기도 하고, 제자나 부처님이 남긴 법으로부터 제도되기도 한다. 90나

---

46. 오분법신(五分法身)은 대승과 소승의 더 이상 배울 것이 없는 지위를 갖춘 것을 말한다. 곧 부처님과 아라한이 갖춘 다섯 가지 공덕이다. 오분법신은 계신(戒身), 정신(定身), 혜신(慧身), 해탈신(解脫身), 해탈지견신(解脫知見身)이다. 이 다섯 가지를 갖춘 존재가 부처님이고 각각의 분신(分身)은 그 일부분이라는 의미이다.

유타의 중생은 직접 부처님으로부터 제도된 사람을 말한다. 통틀어서 말하면 한량없는 아승기의 중생을 육체와 정신이 남음이 없는 열반에 들게 한 것이다. 과거·현재·미래의 모든 부처님은 이 세 가지 일을 똑같이 다하지만 계를 얻는 것은 평등하지 않다.

우파리 – 악율의계47도 중생과 중생이 아닌 부류에서 얻습니까? 할 수 있거나 없거나 모두 계를 얻습니까?

여래 – 다만 중생만 악율의계를 얻고 중생이 아닌 부류에서는 악계(惡戒)를 얻지 못한다. 어떤 사람은 '다만 죽일 수 있는 중생에게만 악계가 성립하고 죽일 수 없는 중생에게서는 악계가 성립하지 않는다'고 말한다. 또 어떤 사람은 '죽일 수 있거나 죽일 수 없는 중생 모두에게서 악계가 성립한다'고 말한다. 예를 들면 도살하는 사람이 양을 죽이는 것과 같이 항상 죽일 마음을 먹고 수없이 양을 죽이겠다는 생각을 한다. 그러므로 만약 지금 인간과 천신으로 있으면 죽이지 못하지만 생명을 계속 받다보면 양으로 태어나는 이치를 얻는다. 그러므로 모든 중생에게서 모두 악계가 성립한다. 열두 가지 악율의계도 그러하다.

열두 가지 악율의에 해당하는 것은 다음과 같다.

첫째는 도살하는 일이고, 둘째는 큰 것을 잘게 회를 치는 일이다. 셋째는 돼지를 기르는 일이고, 넷째는 닭을 키우는 일이다. 다섯째는

---

47. 악율의계(惡律儀戒)는 악계(惡戒) 또는 불율의(不律儀)라고도 한다. 이 계는 맹세하고 도살하는 것을 직업으로 하는 것이다.

물고기를 잡는 일이고, 여섯째는 사냥하는 일이다. 일곱째는 새를 잡는 일이고, 여덟째는 뱀을 잡는 일이다. 아홉째는 용에게 주문을 거는 것이고, 열째는 감옥을 지키는 관리가 되는 것이다. 열한 번째는 도적이 되는 것이고, 열두 번째는 왕궁에 있으면서 항상 도적을 잡는 것이다. 이것이 열두 가지 악율의를 행하는 것이다. 누에를 치는 일 등도 모두 악율의를 벗어나지 못한 것이다.

악율의계는 다음의 세 때에 버리는데, 죽는 사람이 욕심과 애욕이 다할 때, 율의계를 받고자 할 때, 삼귀의계를 받고자 할 때이다. 처음 말한 때는 말하자 마자 곧 악계를 버리는 것이다. 두 번째와 세 번째 말할 때는 곧 선계를 얻는다.

우파리 – 사람이 악계를 얻을 때 언제 선계를 버리고 악계를 얻는 것입니까?

여래 – 처음 '나는 도살하는 사람이 되겠다'라고 말하면 곧 선계를 버리게 된다. 두 번, 세 번 '나는 도살하는 사람이 되겠다'라고 말하면 곧 악계를 얻는 것이다. '언제 선계를 버리고 악계를 얻느냐?'고 물었는데, 만약 선계를 지닌 사람이 아직 스스로 나는 도살하는 사람이 되겠다고 서원하지 않았으나, 이익을 탐내어 도살을 하는 일을 하면 이것이 선계를 범한 것이다. 선계를 버리고 악계를 얻기 위해 반드시 스스로 도살하는 사람이 되리라고 서원을 하면 악계를 얻게 된다. 악계를 받겠다고 스스로 맹세하면 곧 얻게 되는 것이지 다른 사람으로부터 받게 되는 것이 아니다. 하루 이틀 또는 열흘·일 년·이 년 동안 악율의계를 받는 것은 맹세한 마음이 오래되었는지 얼마 되지 않았는지에 상관없이 뜻에 따라 곧바로 얻는다. 왜냐하면 이 악한 법은 생사의 흐름을 따르고 좋은 곳으로 나가려는 뜻이 없기 때문이다. 그러므로 일에 따라서 바로 얻게 되고 선율의계와는 같지 않다.

9. 보살이 은혜를 알고 보답하는 길[親近品]

(부처님께서 말씀하셨다.)[1]

또 보살이 은혜를 알고 은혜에 보답하는 것[知恩報恩][2]은 큰 방편을 닦아 중생을 이익되게 하는 것으로 적당하고 마땅한 곳에 어디든지 나타난다.

선남자여! 무이왕(無異王)이라는 부처님이 세상에 나오셔서 세간에서 인연 있는 중생을 이끌어 제도하셨고, 인연이 있는 중생을 다 제도하시고 열반에 들었다. 그 부처님이 열반에 드신 후 정법시기에 한 바라문의 아들이 있었다. 그는 총명하고 지혜로우며 오계를 받아 지니고 바른 법을 보호하며 지녔다. 그 바라문의 아들이 일이 있어서

---

1. 우바리품의 마지막 말이 부처님의 말씀이었고, 친근품의 시작도 내용으로 보아 부처님이 여러 대중에게 말씀하시는 내용으로 보인다. 그런데 품과 품이 이런 식으로 나뉜 경우는 다시 한번 '부처님께서 말씀하셨다'라는 내용이 있는데 이 경이 없으므로 이해를 돕기 위해 이 문장을 넣었다. 이후에도 계속 이처럼 문맥이 끊어졌다 이어지는 부분에는 위의 내용을 첨가하였다.
2. 은혜를 아는 것[知恩]이 인식면에서 말한 것이라면, 은혜에 보답하는 것[報恩]은 실천적인 수행을 강조하는 표현이다.

멀리 다른 나라에 가게 되었는데 길에서 도적들을 만나 고생하였다. 5백 사람이 함께 무리를 이루고 가다가 험한 길에 이르러 머물 곳을 찾았는데, 이곳은 5백 명의 도적이 항상 머물고 있으면서 지나가는 일행을 앞뒤에서 에워싸고 강탈하려고 하였다. 이 때 도적 두목이 몰래 한 사람을 보내어 여러 사람들을 살펴보다가 때가 되면 행동을 개시하려고 하였다.

이 때 도적 가운데 한 사람이 있었는데 이전에 이 바라문의 아들과 좋은 벗이었다. 좋은 벗이었기 때문에 미리 와서 이렇게 말하였다.

"선남자여! 초저녁에 분명 도적들이 움직일 것이오. 그 때 놀라고 두려워서 서로 다치게 될 것이니 미리 알려주는 것이네. 몰래 스스로 방편을 세워서 멀리 버리고 떠나가되 동행인들에게는 알게 하지 마시오."

이 때 바라문의 아들은 이 말을 듣고 나서 목에 무엇이 걸린 듯 토할 수도 없고 삼킬 수도 없는 것과 같은 마음이었다.

'동행들에게 이것을 말하면 여러 동행인들은 두려워하며 이 사람을 해치려고 할 것이다. 만약 이 사람을 해치면 여러 동행인들은 세 가지 나쁜 세계[三惡道]인 지옥·아귀·축생계에 떨어져 끝없는 괴로움을 받게 될 것이다. 그렇다고 조용히 입다물고 있으면 도적들이 동행인들을 해칠 것이다. 만약 여러 동행인을 죽이면 도적은 지옥·아귀·축생계에 떨어져 끝없는 괴로움을 받을 것이다. 나는 마땅히 큰 방편을 세워 중생을 이익되게 하여야지 나를 위해서는 안 되겠다. 지옥·아귀·축생계의 괴로움은 내가 받아야겠구나.'

이렇게 생각을 하고 나서 곧 칼을 가지고 그것을 알려 준 도적을 죽여서 여러 동행들을 편안하고 무사하게 하였다.

이 때 여러 동행인들이 함께 같은 소리로 이런 말을 하였다.

"큰 바라문의 아들이여! 당신은 뛰어난 사람이고 진짜 착한 사람인데 어째서 오늘 이런 큰 악한 일을 하였는가?"

이 때 바라문의 아들이 무릎을 꿇고 합장하며 참회하는 마음을 가지며 말했다.

"나는 오늘 중생과 여러 동행인들을 이롭게 하기 위하여 해서는 안될 악한 일을 하였다."

이 때 여러 동행인들이 다시 말했다.

"그대가 직접 다른 사람을 죽인 것이 우리에게 무슨 이익이 있는가?"

"이 사람은 악한 도적으로 여러 동행인들을 해치려고 하였습니다. 동행인들을 위하여 이 사람의 목숨을 끊은 것입니다. 동행인들이 편안히 집으로 돌아가게 하려고 한 것이니 나는 죄의 대가로 지옥의 고통을 달게 받겠습니다."

이 때 5백 명의 동행인들이 소리내어 울면서 희비가 교차하여 함께 모여 이런 말을 하였다.

"세상에 목숨보다 귀한 것이 없기 때문에 죽음보다 두려워하는 것이 없다. 왜냐하면 모든 중생이 모두 금은 같은 귀한 보배·나라·성·아내·자식·옷·음식 등을 버리는 것은 생명을 구제하기 위한 것이기 때문이다. 우리들은 이제 다시 살아났고, 이 바라문의 아들은 중생을 위하여 여러 가지 괴로움과 지옥·아귀·축생에 태어나는 과보를 사양하지 않았다. 우리들은 이제 그의 깊은 은혜를 생각하고 그 은혜에 보답하기 위해 이제 빨리 깨달음을 얻고자 하는 마음[菩提心]을 일으켜야겠다."

이런 말을 하고 나서 곧 그 마음을 일으켰다.

이 때 5백 명의 도적떼도 다시 이런 말을 하였다.

"당신은 뛰어난 사람이고 진짜 착한 사람인데 어째서 이런 큰 악행을 지었는가?"

바라문의 아들이 말했다.

"나는 진실로 이것이 하지 말아야 할 커다란 악한 짓임을 알고 있다. 그러나 모든 중생을 이롭게 하고 그대들의 생명을 보호하기 위해서 이렇게 하였다."

이 때 도적떼가 이런 말을 하였다.

"당신이 직접 다른 사람을 죽인 것이 우리에게 무슨 이익이 있는가?"

이 때 바라문의 아들이 여러 도적에게 말했다.

"나는 이미 그대들이 여기에 있는 것을 알았다. 그러나 나는 잠자코 가만히 있으면서 국왕과 나의 여러 동행인에게 이것을 말하지 않았다. 이렇게 하여 그대들의 생명을 안전하게 한 것이다."

이 때 여러 도적들이 이 말을 듣고 이런 생각을 하였다.

'우리들이 목숨을 다시 부지하게 되었구나.'

곧 앞으로 가서 바라문 동자를 향하여 합장하였다.

"거룩하다. 보살3이여! 큰 자비를 닦은 이여! 우리들이 무슨 일을 할까요?"

"내가 바라는 일은 그대들이 오직 빨리 끝없는 깨달음을 얻고자 하는 마음을 일으키는 것뿐입니다."

이 때 여러 도적들이 은혜를 갚기 위하여 곧 이 말을 듣고 깨달음을 얻고자 하는 마음을 일으켰다.

부처님께서 아난에게 말씀하였다.

"보살은 부지런히 구하고 힘써 정진하여 깨달음을 얻으려고 하였다. 부처님의 은혜에 보답하려고 항상 모든 중생을 한 자식과 같이 생각하였다. 선남자들이여, 마땅히 알라. 이 때 바라문의 아들이 어찌 다른 사람이겠는가? 바로 지금의 나이다. 이 인연으로 9겁의 세월을 뛰어넘어 깨달음을 빨리 이루었다."

또 보살은 큰 방편을 닦아서 은혜를 알고 은혜에 보답한다. 부처님께서 죽원정사4에 계실 때 한 비구가 몸에 심한 종기가 나서 고생하고 있었다. 몸의 군데군데 고름이 생기고 항상 피가 났다. 여러 사람들이 싫어하고 멀리하여서 아무도 가까이하지 않은 채 변두리에 있는 낡고

---

3. 원문은 '대사'(大士)라고 되어 있지만 이것도 본래 보살이라는 의미이다.
4. 죽원정사(竹園精舍)는 죽림(竹林)정사라고도 말한다. 중인도 마갈타국 가란타촌에 있던 절로 부처님께서 자주 왕래하며 설법하던 곳이다. 이 절이 있는 죽림(=죽림원)은 본래 가란타 장자(長者)가 부처님께 바친 곳인데 이곳에 빈바사라왕이 절을 지어서 보시하였다. 이곳에 새워진 절이 죽림정사이고 불교 최초의 절이다.

허물어진 집에서 머물렀다.

이 때 여래가 신통력을 나타내어 대중들이 모르게 여래 혼자서 병든 이 비구에게로 갔다. 그리고 곧 필요로 하는 곳을 물로 씻어 주려고 생각하셨다. 이 생각을 하고 나서 욕계의 모든 천신들에게 이것을 알게 하였다. 제석천과 그를 따르는 수많은 중생들이 함께 앞뒤에서 에워싸고 여러 가지 하늘의 꽃을 비오듯이 내리며 갖가지 하늘의 음악을 연주하면서 허공에 머물러 있었다. 이 때 도리천왕이 손에 온갖 복(福)으로 꾸며진 미묘한 목욕물을 담는 호리병에 깨끗하고 큰 자비가 가득한 물을 가지고 와서 받들어 올렸다. 그리고 머리 숙여 여래의 발에 예를 올리고 한쪽에 머물렀다.

이 때 여래는 곧 온갖 복으로 꾸며진 팔을 펴고 가늘고 긴 다섯 손가락에서 큰 빛을 내비치어 멀리 여러 천신 대중들을 비추었다가 여래의 몸에 다시 빛을 모아들였다. 여래가 병든 비구가 있는 곳에 도착하여 곧 정수리의 광명을 병든 비구에게 비추었다. 비구는 빛을 쪼이게 되자 고통이 곧 사라져서 고름과 피가 흐르는 가운데도 일어나서 머리 숙여 귀의하려고 하였지만 몸이 말을 듣지 않았다. 여래는 오른손으로 도리천의 왕인 제석천으로부터 보배 병을 받아서 병든 비구의 정수리에 부으며 왼손으로 병든 비구의 몸을 문질러 닦아 주었다. 그러자 몸의 모든 상처와 병이 여래의 손을 따라 원래대로 회복되었다. 병이 다 치료되자 크게 기뻐하며 말하였다.

"석가모니 부처님께 귀의합니다. 큰 자비의 아버지께 귀의합니다. 가장 뛰어난 의사이신 부처님께 귀의합니다.5 저는 이제 몸의 병은

다 나았고 오직 마음의 병만 남았습니다. 여래는 가엾이 여기시어 저에게 법의 약을 베풀어 주시고 몸과 마음의 모든 무거운 병을 없애 주십시오."

이 때 여래는 병든 비구에게 말씀하였다.

"여래는 지금 너의 깊은 은혜를 생각하여 너의 은혜에 보답하려고 한 것이다."

이 때 병든 비구는 한없이 놀라면서 기뻐하였다. 부처님이 그를 위하여 보이고 가르치며 이익되게 하며 기쁘게 하자 비구는 기뻐하며 곧 아라한과와 세 가지 밝은 지혜와 여섯 가지 신통력과 여덟 가지 해탈을 모두 얻었다. 그러나 제석천과 그를 따르는 한없이 많은 천신들은 모두 의심의 그물에 사로잡혀 말했다.

"여래는 어째서 자신의 위대한 덕을 낮추시어 병든 비구의 고름과 피를 닦아 주고 은혜를 갚았다고 말하십니까? 이것이 무슨 일인지 저희들을 위하여 잘 이해하도록 설명해 주십시오."

부처님께서 제석천과 여러 천신과 인간 대중들에게 말씀하셨다.

"그대들은 잘 들으라. 그대들을 위하여 지난 과거 세상에서의 일을 말해 주리라. 제석천이여! 한량없이 먼 아승기겁 이전에 어 떤 악하고 도리를 모르는 왕이 있었다. 그는 이치에 어긋나게 백

---

5. 원문은 나무석가모니(南無釋迦牟尼), 나무대자비부(南無大慈悲父), 나무 무상최승의왕(南無無上最勝醫王)이라고 되어 있다. 이것은 모두 '부처님 께 귀의합니다'라는 의미이다.

성을 억압하고 억지로 재산을 가로챘다. 이 때 악한 왕은 오백(伍百)이라는 사람과 서로 깊이 알고 지내면서 은밀히 약속하였다.

"만약 어떤 사람이 법에 어긋나는 일을 하면 네가 힘껏 다스려서 위엄을 지키던지 은혜를 베풀던지 네 뜻대로 하라. 그러나 재물을 얻으면 나와 함께 나눠쓰자."

그래서 오백은 항상 채찍과 몽둥이를 휘두르며 재물을 많이 가진 사람이면 죄에 연연하지 않고 용서해 주고 재물이 없는 사람이면 죽도록 때렸다. 이렇게 하는 것을 떳떳한 것이라고 생각했다.

이 때 한 우바새가 작은 행정상의 잘못을 범하여 오백에게 맡겨졌다. 곧 채찍과 매를 받게 되었는데 오백은 이 우바새가 착한 사람이라는 것을 듣고 그를 용서해 주었다. 우바새는 심한 괴로움과 어려움에서 벗어나 매우 기뻐하였다.

교시가(憍尸迦)야! 마땅히 알아라. 이 때 오백은 지금의 병든 비구이다. 우바새는 지금의 나의 몸이다. 그러므로 보살은 한량 없는 아승기겁의 작은 은혜도 크게 갚고 올바른 깨달음〔正覺〕을 얻을 때까지 마음으로 항상 잊지 않는다."

이 때 제석천과 수많은 하늘의 대중들이 매우 기뻐하였고 4만 8천 명의 여러 천신은 깨닫고자 하는 마음을 일으켰다. 이 마음을 일으키고 나서 하늘의 기악을 울리고는 각각 머무는 곳으로 돌아갔다.

부처님께서 아난에게 말씀하셨다.

"만약 착한 남자와 착한 여인이 은혜를 알고 은혜에 보답하려면 마땅히 네 가지 일을 행해야 한다. 첫째, 착한 벗을 가까이하는 것이다. 둘째, 지극한 마음으로 법을 듣는 것이다. 셋째, 그 법의 뜻을 생각하는 것이다. 넷째, 말한 것과 같이 수행하는 것이다. 그밖에 또 따라야 할 네 가지 법이 있다. 첫째, 법을 따르고 사람을 따르지 말아야 한다. 둘째, 말씀의 뜻을 따르고 글자만을 보고 따르지 말아야 한다. 셋째, 지혜를 따르고 지식을 따르지 말아야 한다. 넷째, 부처님의 뜻을 다 드러낸 경전[了義經]을 따르고 부처님의 뜻을 다 드러내지 않은 경전[不了義經]을 따르지 말아야 한다. 이 여덟 가지를 행하는 것이 은혜를 아는 것이다.

또 다른 여덟 가지 방법을 행하여 은혜에 보답하는 것인데 그 여덟 가지는 다음과 같다. 첫째는 이익을 주거나[利], 둘째는 손해를 받게 한다[衰]. 셋째는 비난하거나[毁], 넷째는 명예를 얻게 한다[譽]. 다섯째는 칭찬하거나[稱], 여섯째는 책망받게 한다[譏]. 일곱째는 괴롭게 하거나[苦], 여덟째는 즐겁게 한다[樂].

또다시 네 가지 일을 행하는 것이 은혜를 아는 것이며 은혜에 보답하는 것이다. 첫째는 악한 중생을 보고 가엾은 마음을 일으키는 것으로 자비[慈]의 인연을 닦기 때문이다. 둘째 고통받는 중생을 보고 잠시도 눈을 떼지 않으니 슬픔[悲]의 인연을 닦기 때문이다. 셋째 스승과 부모님과 덕이 있는 사람을 보고 기뻐하는 마음을 일으키니 즐거움[喜]의 인연을 일으키기 때문이다. 넷째는 원수 집안의 사람들을 보고 성내는 마음을 일으키지 않는 것이니 버림[捨]의 인연을 일으키기 때문이다."

이 때 아난이 곧 의복을 단정히 하고 앞으로 가서 부처님께 아뢰
었다.

"세존이시여! 여래께서 처음 깨닫고자 하는 마음을 일으키고 은혜
를 알고 은혜를 보답하려고 처음 행한 네 가지 일은 무엇이었습니까?"
부처님께서 아난에게 말씀하였다.

"과거의 아주 먼 아승기겁 이전에 비바시라는 부처님께서 세상
에 계셨다. 세상에 나와서 인연이 있는 존재들을 가르치고 인도
하시다가 인연 있는 존재를 다 제도하고 나서 열반에 들었다. 부
처님이 열반에 든 후 정법과 상법시기가 지났을 때 바라나라는
나라가 있었다. 백성들은 많고 국토는 풍성하여 곡식이 잘 익었
으며, 그 나라의 왕은 항상 바른 법으로 나라를 다스리며 백성에
게 함부로 하지 않았다. 그 나라에는 선성산(仙聖山)이라는 이
름의 산이 있었다. 그곳에는 늘 5백 명의 벽지불이 머물렀고 다
섯 가지 신통력이 있는 신선도 있었으며 여러 짐승들도 그곳에
와서 몸을 맡기고 있었다. 그 가운데 견서(堅誓)라는 이름의 사
자가 한 마리 있었는데 털이 금색이고 큰 위엄과 힘이 있었다.
그 사자의 힘은 천 명의 적을 대적할 만하였고, 으르렁거리며 포
효하면 나는 새도 떨어지고 달리던 짐승들도 숨었다. 견서가 산
과 강으로 놀러다니다가 위엄있고 깨끗한 한 벽지불사문을 보고
좋아하면서 날마다 가까이하여 항상 경읽는 소리와 미묘한 설법
을 들었다.
이 때 한 사냥꾼이 사자의 털이 금색인 것을 보고 좋아하며

이런 생각을 하였다.

'내가 이 사자를 잡아 그 가죽을 벗겨 국왕에게 올리면 틀림없이 일곱 대(代) 동안 써도 부족함이 없을 벼슬과 재물을 주실 것이다. 이 견서사자는 동물 가운데 왕이다. 멀어서 화살을 쏘아 맞힐 수도 없고 그물로도 잡지 못할 것이다. 나는 이제 다시 다른 계획을 세워야겠다. 견서사자가 존경하여 바라보는 사람은 사문이니 나는 이제 사문의 모습으로 변장하고 몰래 가까이 가서 활로 쏘아야겠다. 사문의 옷을 위에 걸치고 자세히 보면서 내가 나무 아래로 가면 사자가 나를 발견하고 반드시 가까이 올 것이다. 가까워지면 곧 활을 당겨야겠다. 약을 묻힌 화살을 쏘면 결코 못 잡을 리 없다.'

이렇게 생각하고 나서 곧 집으로 돌아와 큰 소리로 이런 말을 하였다.

"우리 조상님은 역대로부터 내려 온 사냥꾼들이었지만 아직 짐승의 털색이 금색이라는 것에 대해 듣지 못했다. 하물며 내가 이것을 보다니! 이제 사냥하기 위하여 수염과 머리카락을 자르고 법복을 입어야겠다."

그리고 생각한 것과 같이 하고 곧 산으로 들어가 나무 아래에 앉아 있었다. 견서사자는 이 비구를 보고 기뻐서 펄쩍 뛰며 이 비구의 발을 핥으러 가까이 왔다. 이 때 사냥꾼은 곧 활을 쏘았다. 독화살에 맞고 큰 소리를 내지르면서 앞발로 치며 비구를 붙잡아 해치려고 하다가 이런 생각을 하였다.

'이 사문의 승복은 과거·현재·미래의 부처님과 성현의 표시이다. 내가 이 사람을 이제 해치는 것은 어렵지 않지만, 만약 생

명을 빼앗으면 모든 부처님과 성현의 표상을 빼앗는 것이리라.'

이렇게 생각하고 숨을 들이쉬며 고통을 참았다. 시간이 얼마 지나서 독약이 퍼지니 매우 고통스러워 참을 수가 없게 되었다. 괴로운 생각이 들자 다시 잡아먹으려고 하다가 다시 소리내어 말했다.

"이 사람을 해치는 것은 어렵지 않지만, 만약 해치면 여러 부처님과 현자와 성인의 가책을 받을 것이고, 또한 세상의 선과 악이 구별되지 않으리라. 이 사람은 악한 사람이라서 독한 음모를 품고 나를 해치려고 왔다. 내가 만약 참지 못한다면 저 악한 사람과 다를 것이 없다. 인욕을 닦는 사람은 모든 사랑과 존경을 받고, 인욕하지 못하는 사람은 증오를 받으리라. 번뇌가 점점 자라고, 번뇌가 자라기 때문에 나고 죽는 윤회의 횟수가 점점 증가하리라. 나고 죽는 윤회의 횟수가 증가하기 때문에 여러 가지 어려움이 생긴다. 어려움이 생기기 때문에 착한 벗을 멀리한다. 착한 벗을 멀리하기 때문에 바른 법을 듣지 못한다. 바른 법을 듣지 못하기 때문에 의심의 그물에 사로잡히게 된다. 의심의 그물에 잡히기 때문에 깨달음을 멀리하게 된다. 그러므로 나는 이제 악한 마음을 일으켜서는 안 되겠다."

이렇게 말하고 나서 곧 게송으로 말하였다.

내 생명을 잃을지라도
부디 사문의 옷을 향해 끝내 악한 마음을 내지 말라.
내 생명을 잃을지라도
부디 출가한 사람에 대해 끝내 악한 마음을 내지 말라.

이 게송을 말하고 나서 곧 죽자 하늘과 땅이 여섯 가지로 진동하고 모든 금수들이 놀라 사방으로 치달렸다. 구름도 없는 하늘에서는 피비가 내리고 해가 있는데도 밝은 빛이 없었다. 그러나 사냥꾼은 법복을 벗고 사자의 가죽을 벗겨 등에 지고서 집으로 돌아와 도착하자 마자 곧 국왕에게 바쳤다. 왕이 이것을 보고 기뻐하며 여러 신하에게 말했다.

"내가 태어난 이래로 아직 금빛 털이 있는 짐승에 대해서 들은 적이 없었다. 이렇게 오늘 직접 내 눈으로 보게 되다니 기이하고 기이하구나."

다시 사냥꾼에게 천천히 물었다.

"어떻게 이 가죽을 얻었느냐?"

이 때 사냥꾼이 곧 왕에게 아뢰었다.

"오직 대왕께서 저에게 겁을 주지 않으신다면 있었던 일을 말씀드리겠습니다."

왕이 말했다.

"네 뜻대로 해라."

이 때 사냥꾼이 있었던 일을 대왕에게 말하였다. 왕은 다 듣고 나서 근심하고 괴로워하면서 마치 목에 무엇이 걸려 뱉을 수도 없고 삼킬 수도 없는 것과 같은 심정이었다. 곧 모든 대신과 여러 작은 나라의 왕에게 명령을 내려 모이게 하고 말했다.

"그대들은 아십시오. 나는 전에 지혜로운 사람으로부터 만약 금빛 털을 가진 짐승이 있으면 그는 반드시 보살이라는 말을 들었습니다. 만약 한 중생이 깨닫고자 하는 마음을 일으킨 보살이라면 모든 중생에게 큰 이익을 얻게 됩니다. 그런데 어떻게 오늘

악한 사냥꾼이 꾀를 써서 보살을 살해할 수 있단 말입니까? 내가
이제 벼슬과 재물·코끼리·말·칠보를 장식한 옷과 음식·
돈·곡식과 비단을 이 악한 사람에게 내리면 그 사람과 같이 한
길을 가는 동무가 되는 것입니다."

　이렇게 말하고 나서 곧 사냥꾼을 잡아서 죽이고 사자의 가죽을
가지고 산으로 들어가서 시체의 뼈 있는 곳에 이르렀다. 그리고
가장 좋은 향이 있는 전단나무를 모아 쌓고서 사자의 가죽과 뼈를
화장하였다. 화장을 마치고 사자의 뼈를 수습하여 탑을 세우고
공양하였다."

　부처님께서 말씀하셨다.

"여러 선남자여! 견서사자는 지금의 나 석가모니이다. 보살은 바로
착한 벗을 가까이하여 목숨이 끊어질 때까지 악한 마음을 일으키지
않는다. 왜냐하면 은혜를 알고 은혜에 보답하기 위해서이다. 보살이
착한 벗을 가까이하는 까닭은 깨달음을 빨리 이룰 수 있기 때문이다.

　선남자여! 보살은 항상 부지런히 착한 벗을 찾아서 부처님과 법의
한 구절·한 게송·한 뜻을 듣고도 삼계의 번뇌를 모두 다 시들게
한다. 보살이 지극한 마음으로 부처님의 말씀을 구할 때 법을 구하는
마음이 깊어서 생명도 아끼지 않는다. 설사 뜨거운 쇠와 맹렬한 불길
이 있는 곳을 밟을지라도 걱정하지 않는다. 보살은 한 게송을 위하려
고 오히려 생명을 아끼지 않는데 하물며 12가지 종류의 부처님의 가
르침을 얻기 위해서는 말할 것도 없다. 한 게송을 위해서 생명을 아끼

지 않는데 하물며 다른 재물쯤이야 말할 것도 없다. 법을 듣고 이익을 얻어서 몸이 편안해진다.

또 깊이 믿는 마음과 곧은 마음·바른 견해를 일으킨다. 설법하는 사람을 마치 부모님처럼 보아서 교만하게 대하지 않는다. 중생을 위하기 때문에 지극한 마음으로 법을 듣는 것이지 이익을 키우려고 하는 것이 아니다. 중생을 위하여 자신의 이익을 위하지 않는다. 바른 법을 위하여 왕으로부터 받는 어려움·배고픔·목마름·춥고 더운 것·호랑이와 이리 등의 무서운 짐승·도적 등을 만나는 일을 두려워하지 않는다. 먼저 스스로 번뇌의 여러 가지 근본을 다스리고 난 후 법을 듣고 때가 아니면 듣지 않는다. 지극한 마음으로 법을 듣고, 설법하는 사람을 공경하며 법을 존중한다. 이것이 보살이 은혜를 알고 은혜에 보답하는 것이다.

보살이 지극한 마음으로 법을 듣는다는 것은 무엇을 말하는가? 법을 듣는[聽法] 네 가지 마음이 있다. 첫째는 지극한 마음[至心]이다. 둘째는 한 마음[一心]이다. 셋째는 모든 마음[一切心]이다. 넷째는 착한 마음[善心]이다. 이 마음으로 법을 듣는 것이 보살이 12가지 종류의 부처님의 가르침을 부지런히 구하는 것이라고 한다. 왜냐하면 부처님의 깊은 은혜를 생각하여 모든 부처님의 바른 법을 유포하려고 하며 모든 부처님의 법을 늘리려고 하기 때문이다. 또 세간에 부처님의 법을 믿게 하려고 하며 모든 한량없는 중생에게 위 없는 깨달음의 도를 얻게 하려고 하기 때문이다.

그러므로 보살은 시방세계의 수많은 여러 중생을 생각하고 모든 부처님의 깊은 은혜를 갚으려고 12가지 종류의 부처님의 가르침을 부지런히 구하는 것이다.

보살은 왜 부처님의 법을 부지런히 구하는가? 중생에게 믿는 마음을 일으키게 하기 위해서이다. 그러므로 원인[因論]을 찾는다. 여러 가지 과거의 잘못을 알기 위해서이며 악하고 그릇된 외도의 이론을 깨뜨리기 위해서이다. 방편을 알아 중생을 다스리기 위해서이며 여래의 말뜻과 세간의 말뜻을 분별하기 위해서 보살은 원인을 찾는다.

또한 보살은 무엇 때문에 여러 가지 소리[聲論]를 찾는가? 언어를 깔끔하게 꾸미기 위해서이며 깔끔하지 못한 말은 부처님이 뜻을 다 드러낸 경전[了義經]을 분명하게 널리 설명할 수 없기 때문이다. 모든 뜻을 알게 하기 위해서이며 바른 말을 막거나 교만한 마음을 일으키지 못하게 하기 위해서이다. 그릇된 견해를 깨뜨리고 방편을 알아 중생을 다스리기 위해서 보살은 여러 가지 소리를 찾는다.

보살은 또 무엇 때문에 여러 가지 병의 처방을 찾는가? 중생들을 여러 가지 악하고 선하지 않은 404종의 병에서 멀어지게 하기 위해서이다. 모든 중생을 가엾게 여겨 믿는 마음을 내게 하기 위해서이다. 보살은 이미 괴로움을 떠나 즐겁기 때문에, 즐거움을 얻고서 마음에 항상 모든 부처님의 큰 자비를 생각하며 중생을 제도하므로 보살은 여러 가지 병의 처방을 구한다.

또 보살은 왜 세상의 방편과 술수[方術]를 구하는가? 재물을 얻으면 중생을 이롭게 하기 쉽기 때문이며 중생에게 신심을 일으키게 하기 위해서이다. 세상 일을 알아 교만한 마음을 깨뜨리기 위해서이며,

중생의 마음을 다스리기 위해서이며, 모든 법을 알아 어두움과 마음
의 장애를 조절하기 위해서이다.

만약 보살이 이와 같은 다섯 가지 일에 능숙하지 못하면 끝내 깨달
음을 얻어 모든 것을 아는 지혜를 완성할 수 없으니 끝없는 깨달음을
얻기 위하여 이 다섯 가지 일을 구하려고 힘쓴다. 보살로서 은혜를
알고 은혜에 보답하려는 사람이 중생을 위하여 말할 때 무슨 일을
말하고 어떻게 말하며, 무엇이 12가지 종류의 부처님의 가르침이며
무엇을 다섯 가지 일〔五事〕을 성취하는 것이라고 말하는가? 바로 깨
달음을 얻기 위한 것이다.

설법을 할 때는 순서대로 설하는 것〔次第說〕과 깨끗하게 설하는
것〔淸淨說〕이 있다. 순서대로 설하는 것은 처음에 보시를 설하고 차
례로 지계에서 지혜까지 설하는 것이다. 은혜를 알고 은혜를 갚기 위
해서 그 뜻을 생각하고 법대로〔如法〕 머무른다. 이것을 순서대로 설
하는 것이라고 이름한다.

깨끗하게 설하는 것은 다음과 같은 것이다. 곧 듣는 사람이 앉아
있고 말하는 사람은 서 있으면 설해서는 안 된다. 또 만약 듣는 사람
이 법의 허물이나 법을 설하는 사람의 잘못을 찾으면 설해서는 안
된다. 만약 듣는 사람이 사람을 믿고 법을 따르지 않는 사람이라면
설해서는 안 된다. 만약 듣는 사람이 글자만 보고 뜻을 알지 못한다면
설해서는 안 된다. 또 듣는 사람이 부처님의 뜻을 다 드러낸 경〔了義
經〕에 의하지 않는 사람이라면 설해서는 안 된다. 왜냐하면 이 사람
은 모든 부처님과 보살의 깨끗한 법을 공경할 수 없기 때문이다.

만약 법을 설하는 사람이 법을 존중하면 법을 듣는 사람도 존경하는 마음을 내어 지극한 마음으로 듣고 받으며 가볍게 여기거나 업신여기는 마음을 내지 않으므로 이것을 깨끗하게 설하는 법이라고 이름한다.

순서대로 설하는 것은 모든 것을 설하는 것이다. 모든 것을 설하는 것은 12종류의 부처님의 가르침과 한 구절이나 한 게송 혹은 반 게송에 이르기까지 설하는 것이다. 말이거나 뜻이거나 법이거나 그 법의 뜻을 보이고 가르치고 이롭게 하며 기쁘게 할 때 야단 치기도 하고 진실한 말을 하기도 한다. 어떤 때는 비유하는 말을 하기도 하여 상황에 따라 알맞게 말한다. 또 어떤 때는 주위의 일로 말하기도 하고, 알아듣기 쉬운 말을 하기도 하여 상황에 따라 즐겁게 해준다. 이것을 보살이 은혜를 알고 은혜에 보답하면서 순서대로 법을 설하는 것이다.

깨끗하게 설하는 것은 보살이 원한과 증오가 있어도 자비로운 마음을 닦아 익혀서 자비심을 얻고 악한 중생과 게으른 사람에 대해서도 여러 가지 방편으로 법을 설하는 것이다. 그 마음을 즐겁고 기쁘게 하며 교만하고 버릇없고 가난한 사람에 대해서 방편을 열어 보이고 설법을 해준다. 자신을 칭찬하고 남을 비방하거나 음식과 이익과 명예를 위하지 않는다. 이것을 보살이 은혜를 알고 은혜에 보답하면서 깨끗하게 법을 설하는 것이다.

법과 같이 머무르는 것은 무엇인가? 몸·입·마음으로 행하는 업을 잘 닦아 깨끗하게 은혜를 알고 은혜에 보답하는 것은 깨달음을 잘 꾸미기 위한 것이다.

또 보살이 은혜를 알고 은혜에 보답하는 것은 그것의 의미를 생각하여 많이 듣고 다라니를 몸으로 익히면서 법의 불길을 활활 태우며, 모든 중생을 이익되게 하려고 보시(布施)와 지계(持戒)를 닦으며 많이 듣고 공양을 한다. 설법하는 사람은 법의 허물이나 법을 설하는 사람의 잘못을 찾아서는 안 된다. 해치려는 마음 없이 중생의 두려움을 없애는 것이 은혜를 아는 것이라고 하고, 인간계와 천상계의 즐거움을 받고 도의 열반을 얻는 것을 은혜에 보답하는 것이라고 한다.

또 보살은 보시와 지계를 행하는 것 이외에 네 가지 일을 행한다.6 인욕(忍辱)을 닦아 참을 수 없는 것을 참으며 깨달음을 이루는 것을 돕고 중생을 포섭하면서 인욕을 닦아 나간다. 스스로 참거나 다른 사람을 참게 하며 두려움을 멀리 떠나게 하는 것을 은혜를 아는 것이라고 말한다. 참았기 때문에 성내는 마음이 없으며, 따르는 무리들이 흩어지지 않고 괴로움을 받지 않는다. 또한 마음에 후회나 원망이 없으며 이 몸을 버리고 인간계와 천상계의 즐거움을 받고 열반의 즐거움을 빨리 얻는다. 이것을 은혜를 아는 것이라고 이름한다.

선남자여! 또 보살은 보시와 지계와 인욕 이외에 정진(精進)을 행한다. 부지런히 정진하여 게으름을 멀리하며 깨달음을 이루는 것을

---

6. 이후에는 보살의 여섯 가지 수행을 설명해 간다. 이 여섯 가지 수행은 육바라밀(六波羅蜜)이라고 하며, 보시(布施, 부처님의 법과 재물 등을 베풀어 중생을 이롭게 하는 것), 지계(持戒, 계를 지키는 것), 인욕(忍辱, 인내), 정진(精進, 부지런히 부처님의 법을 믿는 것), 선정(禪定, 선정에 드는 것), 지혜(智慧, 부처님의 지혜를 얻는 것)가 이것이다.

돕고 중생을 포섭하면서 깨달음의 도를 위하여 정진을 닦아 나간다. 누워도 편안하고 깨달음을 얻어도 편안하여 모든 번뇌를 떠난다. 착한 법을 늘어나게 하고 몸으로 편안한 즐거움을 받는 것을 자신을 이롭게 하는 것[自利]이라고 한다. 보살이 정진하면서 중생을 때리거나 꾸짖거나 욕해서 번뇌하게 하지 않으니 이것을 남을 이롭게 하는 것[利他]이라고 한다. 이 몸을 버리고 난 뒤에 인간계와 천상계의 즐거움을 받으며 큰 능력을 얻고 깨달음의 도를 얻는다. 이것이 큰 결실[大果]이고 보살의 수행 가운데 하나인 정진이다.

또 보살은 선정(禪定)을 닦아 혼란스러운 마음을 없앤다. 깨달음을 이루는 것을 돕고 중생을 포섭하면서 깨달음의 도를 위하여 선정을 닦아 나간다. 선정을 닦아 현세에서 세상의 즐거움을 받으니 몸과 마음이 고요하다. 이것을 은혜를 아는 것이라고 한다. 몸과 마음이 고요하여 중생을 괴롭히지 않는 것이 은혜를 알고 은혜에 보답하는 것이다. 보살은 이 몸을 버리고 나서 깨끗한 몸을 받아 편안하고 즐거우며 대열반을 얻는다. 이것이 보살의 수행 가운데 하나인 선정이다.

또 보살이 은혜를 알고 은혜에 보답하는 것은 지혜(智慧)를 얻어 근본적인 어리석음인 무명(無明)을 깨뜨려 없애는 것이다. 깨달음을 이루는 것을 돕고 사섭법7으로 중생을 포섭하면서 깨달음의 도를 위

---

7. 사섭법(四攝法)은 중생을 구제하기 위하여 보살이 중생을 불도에 이끌어 들이는 네 가지 방법을 말한다. 보시를 하고, 친절하고 부드러운 말을 하며, 말과 행동과 뜻으로 선행을 하여 중생을 이롭게 하고, 상대방의 성격과 자질에 맞춰 그와 함께 행동하는 것이다.

하여 지혜를 닦는다. 법의 경계를 알기 때문에 몸이 편안하고 즐거우니 이것을 자신을 이롭게 하는 것이라고 한다. 세간에서의 일과 출가한 후의 일을 잘 처리할 수 있으니 이것을 남을 이롭게 하는 것이라고 한다. 이렇게 하여 번뇌와 지혜 사이의 장애를 깨뜨릴 수 있는 것을 큰 결실이라고 한다. 또 이것을 은혜를 아는 것이라고 하고, 은혜에 보답하는 것이라고 한다.

보살의 수행 가운데 하나인 지혜는 사람의 생각으로는 알 수 없다. 보살은 전세의 일을 아는 지혜〔宿命智〕로 지나간 세상의 일을 알아 중생이 짓는 선악의 여러 가지 업과 그에 따른 선한 과보를 받는 것을 관찰하니, 이것은 모든 중생을 이익되게 하기 위한 것이다.

보살은 큰 방편의 장소인 도솔천에서 다음에 생명을 받을 때 지닐 세 가지 뛰어난 특징을 얻는다. 첫째는 수명이 뛰어나게 길고, 둘째는 모습이 빼어나게 좋으며, 셋째는 뛰어난 명칭을 지니는 것이다. 처음 도솔천에서 인간세상으로 내려올 때에 큰 광명을 내뿜어 시방을 널리 비추면서 스스로 어머니의 태에 들어가야 할 때와 머물 때와 나올 때를 알았다. 태어나서는 아무도 부축하지 않은 채 시방을 일곱 걸음씩 걸으며, "나의 지금 이 몸이 최후의 몸이다"라고 말했다.

모든 천신 · 귀신 · 건달바 · 아수라 · 가루라 · 긴나라 · 마후라가는 여러 가지 꽃과 향 · 미묘한 기악과 깃발과 덮개로 공양하였다. 그 몸은 32가지 뛰어난 덕을 갖춘 모습으로 이보다 더 뛰어난 사람은 없었다. 자비와 선한 힘으로 악마의 군대를 깨뜨렸다. 하나 하나의 마디에서 똑같이 힘이 센 나라연(那羅延)과 같은 큰 힘을 얻었다.

어렸을 때 세상 일을 배우지 않아도 모든 것을 알 수 있었고 스승없이 배웠으나 스스로 그렇게 홀로 깨달음을 얻었다. 범천왕이 모든 중생을 위하여 정법의 수레를 굴리기를 권하고 청하였다. 정수[8]와 삼매에 들자 천둥과 번개가 쳐도 움직이게 할 수 없었다. 여러 금수들이 가까이 와서 부모님과 같이 사랑하고, 짐승들이 부처님을 받들어 먹이는 것은 마음을 알기 때문이다. 구름 신이 내려와 그 몸을 씻기고 나무 아래 구부러진 가지는 그늘을 드리워 그 몸을 말려 주었다. 깨달음을 얻고 나서 6년 동안 악마가 항상 그 틈을 노렸지만 단서를 얻지 못하였다. 항상 선정에 들어 여섯 가지 생각을 하였다.

일어나고 없어지는 인연법을 분명하게 이해하고 잘 알며 밝게 알아 고요히 바라보았다. 이것을 보살이 다른 존재와 공통으로 지닌 불가사의한 특성[共生不可思議]이라고 이름한다. 다른 존재보다 뛰어나서 공통으로 지니지 않은 특성[不共生]은 모든 중생을 이롭게 하려는 것이니, 마치 저 미친 사람이 여래를 보고 본심을 회복하며, 장님은 눈을 뜨게 되고, 거꾸로 나오던 것이 제대로 나오게 되는 것과 같다. 또한 귀머거리는 듣게 되고, 욕심내고 성내며 어리석은 자들은 모두 없어진다. 이것이 다른 존재보다 뛰어나서 공통으로 지니지 않은 불가사의 특성[不共生不可思議]이라고 이름한다.

또 다른 존재와 공통으로 지닌 특성에서 여래가 행할 수 있는 일은 헤아릴 수 없이 많다. 항상 사자왕과 같이 몸을 오른쪽으로 하고 누워

---

8. 정수(正受)는 대상과 경계를 관찰하는 마음과 그 대상과 경계가 일치되어, 바른 마음으로 대상과 경계에 들어가는 마음의 상태를 말한다.

도 풀이나 잎사귀를 함부로 건드리지 않는다. 회오리 바람에도 옷이 날리지 않았고 사자왕이나 흰 거위왕처럼 걸었다. 걸음을 내딛을 때는 먼저 오른쪽 발을 내딛었는데 가는 곳이 높거나 낮거나 모두 평평해졌다. 먹은 것은 완전히 다 넘겨서 입안에 남은 것이 없다. 이것을 여래가 다른 존재와 공통으로 지닌 불가사의한 특성이라고 한다.

또 다른 존재와 공통으로 지닌 불가사의한 특성은 다음과 같다. 첫째는 발바닥이 평평하고, 둘째는 발바닥 중심에 천폭의 수레와 같은 무늬가 있다. 셋째는 손가락이 가늘고 길며, 넷째는 발 뒷꿈치가 둥글고 원형이다. 다섯째는 손가락 사이가 그물처럼 늘어져 있다. 여섯째는 손발이 부드럽고, 일곱째는 넓적다리 뼈가 사슴왕 이니연과 같이 가늘고 둥글다. 여덟째는 복사뼈가 밖으로 드러나지 않는다. 아홉째, 똑바로 서면 손이 무릎에 닿는다. 열째, 코끼리나 말의 왕처럼 성기가 밖에서 보이지 않는다. 열한 번째, 몸이 니구다(尼拘陀) 나무와 같이 둥글고 원만하다. 열두 번째, 몸의 털이 위로 쏠려 있고, 열세 번째는, 하나 하나의 털이 오른쪽으로 말려 있다. 열네 번째, 몸이 황금색이고, 열다섯 번째, 부처님 몸에서 항상 1심(尋) 깊이의 빛이 나와서 삼천세계를 비춘다. 열여섯 번째, 피부가 부드러워 티끌이 붙지 않는다. 열일곱 번째, 양손바닥, 양발바닥, 양어깨, 목 등 일곱 군데가 둥글고 부드럽다. 열여덟 번째, 윗몸이 사자와 같고, 열아홉 번째, 두 어깨 아래의 뼈와 살이 튼튼하고 둥글다. 스무 번째, 앞가슴뼈가 평평하여 딱 벌어졌다. 스물한 번째, 어깨가 둥글고 풍만하며 윤기가 있다. 스물두 번째, 치아는 40개이고 스물세 번째는 치아가 고르고 성글지 않으며 스물네 번째, 치아의 색이 희다. 스물다섯 번 째, 사자처럼 뺨이 둥글다. 스물여섯 번째, 부처님의 입은 가장 뛰어난 미각을 얻었다. 스물일곱 번째, 머리 위에 상투모양의 살〔肉 髻〕이 있다. 스물여덟 번째, 넓고 긴 혀를 가졌고, 스물아홉 번째, 청정한 음성을 지녔으며 서른 번째, 눈은 감청색이다. 서른한 번째, 소의 왕처럼 속눈썹이 가지런하고 고르다. 서른두 번째, 양 눈썹 사이 에 부드럽고 길며 오른쪽으로 말려져 있으면서 항상 빛을 뿜어내는 흰 털〔白毫〕이 있다.

이 32가지를 포함해서 이렇게 80가지의 헤아릴 수 없는 잘생긴 모습의 특성이 있고, 하나 하나의 모습의 특성 안에는 다시 한량없는 백천 가지의 미묘한 상호가 있다. 하나 하나의 모습의 특성은 모두 보살이 처음 깨닫고자 하는 마음을 일으켰을 때부터 깨달음을 견고하 게 하여 은혜를 알고 은혜에 보답하면서 이러한 미묘한 행을 닦아 얻은 것이다. 그러므로 이제 위 없는 깨달음을 얻게 되었다.”

부처님께서 계속해서 말씀하셨다.

“여래는 한없는 아승기겁 이전에 지극한 마음으로 깨끗한 계를 닦 고 지녔기 때문에 발바닥이 평평하다. 부모님과 높은 승려와 스승과 덕 있는 사람을 공양하였기 때문에 발바닥에 수레바퀴와 같은 무늬를 얻었다. 여러 중생에 대해 해치려는 마음이 없고 겁탈하거나 훔치려 는 생각이 없으며, 부모님과 높은 승려와 스승과 덕 있는 사람을 보면 멀리 나가 영접하여 편안한 자리를 만들어 공경하며 예배하고 교만함 을 깨뜨려 없앴다. 이 때문에 가늘고 긴 손가락을 얻게 되었다. 위의 세 가지 행동을 갖추면 발뒤꿈치가 둥글고 고르다.

　네 가지 중생을 포섭하는 법으로 중생을 포섭하기 때문에 손가락이 그물처럼 늘어져 보인다. 좋은 식초와 기름으로 부모님과 높은 승려와 스승과 덕있는 사람을 문질러 씻어 주었기 때문에 손발이 부드럽다. 착한 법을 닦아 익히면서 싫증낼 줄 모르기 때문에 넓적다리뼈가 가늘고 둥글다. 법을 듣고 기뻐하면서 다른 사람에게 설하며, 법을 위하여 심부름하였기 때문에 복사뼈가 밖으로 드러나지 않는다. 몸·마음·입으로 하는 행위를 깨끗하게 하고 병자를 보면 약을 주며, 교만함을 깨뜨려 없애고 음식에 대해 만족함을 알았기 때문에 똑바로 서면 손이 무릎을 스치는 형상을 얻었다. 사이가 멀어지는 사람을 보면 좋은 말로 화해하게 하였으며, 스스로 참회하는 마음을 닦고 다른 사람도 닦게 하였으므로 말과 같이 성기가 밖으로 드러나지 않는다.

　스스로 몸·마음·입으로 하는 행위를 깨끗하게 하고 다른 사람도 깨끗하게 해주면서 만약 중생이 네 가지 요소⁹가 조화롭지 못해 병이 나면 치료해 주었기 때문에 원만한 몸매의 형상을 얻었다. 법을 듣고 즐거워하며 다른 사람을 위해 설해 주었기 때문에 몸의 털이 위로 쏠리는 형상을 얻었다. 여러 가지 법의 깊은 뜻을 생각하고 착한 법을 즐겨 닦으며 부모님과 높은 승려와 스승과 덕 있는 사람을 공양하며 만약 길을 갈 때, 부처님의 탑과 승방에 돌조각이나 가시 등 깨끗하지 못한 것들이 있으면 이것을 제거하였기 때문에 하나 하나의 털이 오

---

9. 네 가지 요소〔四大〕는 존재를 구성하는 가장 기본적인 요소로 지(地), 수(水), 화(火), 풍(風)을 가리킨다.

른 쪽으로 말린 형상을 얻었다. 음식과 영락을 다른 사람에게 나누어 주고 성내는 마음을 없앴기 때문에 몸이 금색이면서 항상 그 몸에서 빛을 비추는 두 가지 형상을 얻었다. 무슨 행위를 하여 한 구멍에 하나 하나의 털이 있는 상을 얻었느냐면 바로 이러한 인연 때문이다. 몸이 섬세하고 부드러워 티끌이 붙지 않는 형상을 얻었고, 항상 중생이 필요한 것을 보시하였기 때문에 몸의 일곱 군데가 원만한 형상을 얻었다. 스스로 교만함을 깨뜨리고 그 성질을 부드럽게 다스리며, 중생의 마음에 따라 법대로 행하며 착하지 않은 것을 없애고 착한 법을 가르친 인연으로 윗몸이 사자와 같은 상·어깨가 둥근 상·가슴뼈가 평평하고 원만한 상을 얻었다. 또 무슨 행위를 하였길래 손가락이 가는 형상을 얻었느냐면 바로 이 교만함을 깨뜨리고 부드러운 행위를 한 인연 때문이다.

이간질을 멀리하고 싸움을 화해하게 하였기 때문에 40개의 치아가 있고 치아가 빽빽하여 성글지 않은 형상을 하고, 치아가 고르고 가지런한 형상을 얻었다. 욕계의 자비를 닦았기 때문에 하얀 치아를 얻었고, 구함이 있는 사람을 보면 기뻐하며 영접하고 배웅하였기 때문에 뺨이 둥그런 형상을 얻었다. 중생을 자식과 같이 평등하게 보기 때문에 가장 뛰어난 미각을 얻었다. 항상 중생에게 위 없는 법의 맛을 베풀어 주고 기억을 잊어버린 사람을 보면 기억나게 해준다. 또 스스로 오계를 지니고 다른 사람에게 전해 주며, 자비심을 닦고 익히며 커다란 법보시를 하게 하여 머리에 살로 된 상투가 있는 형상과 넓고 긴 혀의 형상을 얻었다. 진실한[實相] 말, 법의 즐거운 말, 법의 부드

러운 말을 하고, 때가 아니면 말하지 않았기 때문에 깨끗하고 맑은
목소리를 얻었다. 자비심을 닦고 익히며 여러 중생을 부모님과 같이
보았기에 감청색의 눈과 소의 왕과 같은 속눈썹을 얻었다. 덕이 있는
사람을 보면 사실대로 칭찬하였기 때문에 양 눈썹 사이에 흰 털이
있는 형상을 얻었다. 서른두 가지 덕이 있는 형상은 비록 각각 생기게
된 이유가 있는 것이지만 참된 이유는 계를 지키고 정진하였기 때문
이다. 왜냐하면 만약 계를 지키고 정진하지 않으면 사람의 몸을 얻을
수 없는데, 하물며 볼 수 없는 정수리의 육계와 평등하며 차별이 없는
32가지 형상 등을 얻을 수 없는 것은 말할 것도 없기 때문이다.

　또다시 해야 할 일을 모두 한 사람은 마음에 후회가 없다. 이 때문
에 발바닥이 평평하다. 지극한 마음으로 해야 할 일을 하기 때문에
발바닥에 천폭의 수레바퀴 무늬가 있고, 두 번째, 세 번째 손가락 사
이가 그물망처럼 늘어져 있으며, 몸의 일곱 군데가 둥글고 원만하다.
또 어깨가 둥글고 부드러우며 온 몸이 곧고 넓고 긴 혀를 가지게 된
다. 항상 해야 할 일을 하기 때문에 손가락이 길고, 똑바로 서면 손이
무릎까지 닿으며, 항상 1심(一尋) 깊이의 광명을 얻고 치아가 빽빽
하며 고르고 성글지 않다. 해야 할 일을 깨끗하게 하기 때문에 나머지
상을 얻었다.

　또 중생에 대해서 인정 많고 착한 마음을 내기 때문에 손발이 부드
러우며 피부가 섬세하고 매끄러워 티끌이 묻지 않는다. 순서대로 그
리고 때에 맞춰 닦고 익혔기 때문에 발바닥에 수레바퀴 무늬가 있고,
가늘고 긴 손가락을 지니며, 발뒤꿈치가 둥글고 원만하다. 착한 법을

즐겁게 닦으며 후회하거나 퇴보하려는 마음이 없다. 이 때문에 금빛이 나는 몸매와 그 몸에서 항상 빛이 나며 하얀 치아와 양 눈썹 사이에 흰 털이 있게 된다. 칭찬하는 말을 듣고 교만함을 일으키지 않으며, 방편으로 착한 법을 덮어 가려서 다른 사람에게 알게 하지 않기 때문에 말처럼 성기가 감춰진 형상을 얻었다. 닦은 착한 법을 깨달음에 회향하기 때문에 하나 하나의 구멍에 털이 하나씩 있고 몸의 털이 위로 쏠리며 40개의 치아와 가장 뛰어난 미각을 얻었다. 부지런히 정진하기 때문에 뺨이 둥그렇고 사자와 같은 몸매를 얻었다. 지극한 마음으로 모든 중생을 한 자식처럼 보기 때문에 치아가 가지런하고 고르며 감청색 눈과 소의 왕과 같은 속눈썹을 얻었다. 착한 법을 닦고 익히는 것을 싫증내지 않으므로 나머지 형상을 얻었다.

보살이 깨끗함에 머물러 행할 때 서른두 가지 덕이 있는 형상을 얻을 행위를 닦는다. 깨끗함에 머물러 행할 때는 비록 이와 같은 서른두 가지 형상이 있다고 해도 그 몸매가 완전히 갖추어지지 못하고 아직 밝고 깨끗하지 못하다. 서른두 가지 형상을 얻을 행위에 머물러야 이 때 비로소 그 모습이 분명하게 드러나게 되고 모든 부처님의 법을 갖추게 된다. 비록 한없는 형상이 중생마다 같지 않지만 상중하의 불가사의가 있다. 그러므로 부처님이 서른두 가지 형상을 말하지만 모든 중생이 가진 공덕을 합하고 모으면 바로 여래의 하나의 털구멍에 한 개의 털이 있는 상과 같을 뿐이다. 모든 털구멍이 가진 공덕을 합하고 모아야 비로소 하나의 좋은 모습을 이룬다. 하나의 좋은 모습을 합하고 모아 여러 가지 좋은 공덕을 백 배가 되도록 늘려야 비로소 서른 두 가지 형상 가운데 하나의 형상을 이룬다. 다만 눈썹사이에 흰 털이 있는 것과 정수리가 보이지 않는 형상만은 예외이다. 합하여 모인 나머지 모든 여러 형상을 다시 천 배가 되도록 늘려야 비로소 두 개의 형상을 이룬다.

　서른 두 가지 형상과 팔십 가지 모든 좋은 공덕을 합하고 모아 천만억 배에 이르러야 깊고 먼 천둥소리와 같은 여래의 음성을 이룬다. 그 소리는 헤아릴 수 없는 티끌만큼 많은 모든 부처님 세계에까지 들린다. 중생을 위하여 큰 자비를 행하며, 은혜를 알고 은혜를 갚으면서 이 헤아릴 수 없는 이와 같은 깊고 미묘한 형상을 닦고 익혔다. 하나 하나의 형상은 한없는 백천만억 국토의 티끌만큼 많은 중생을 이익되게 하여 깨닫고자 하는 마음을 일으키게 한다. 순서대로 닦고 익혀 보기 좋은 서른 두 가지 형상을 갖추어 이룬다. 보기 좋은 형상을 다 갖추고 나서는 보리수 아래로 가서 머물며 마왕을 항복시키고 깨달음을 이룬다. 그 후에 바른 법을 널리 펴서 중생을 이익되게 한다. 목마름과 애욕의 바다에 빠진 중생을 제도하여 큰 지혜의 언덕에 이르게 하니 모든 중생을 성취하게 하고 이롭게 한다."

　부처님께서 아난에게 말씀하셨다.

　"모든 대중 가운데의 보살 등 선남자들이여! 너희들 가운데 누가 항상 부처님의 은혜를 생각하며 바른 법을 보호하고 지키면서 미묘하고 깊은『대방편보은경』을 쓰고 읽고 외울 수 있겠는가? 누가 미래의 악한 세상에서 힘껏 정진을 하여 깨달음을 받아 지니고 보호하겠는가? 누가 법을 지키며 이 경전을 유포하여 모든 중생을 끝없이 이익되게 하겠는가?"

이 때 모임 가운데 있던 만 8천의 큰 보살들이 곧 자리에서 일어나 의복을 가지런히 하고 가사의 한쪽을 오른쪽으로 걷고 오른쪽 무릎을 땅에 대고 손을 모아 길게 꿇어앉고 부처님께 아뢰었다.

"세존이시여! 저희들이 미래의 나쁜 세상 가운데서 깨달음을 받아 지니고 바른 법을 보호하며 중생을 교화하겠습니다."

이 때 사자보살(師子菩薩)이 다시 이런 말을 하였다.

"세존이시여! 저도 여러 가지 방편으로 중생을 포섭하고 법을 지키 겠습니다."

금강보살(金剛菩薩)이 말했다.

"세존이시여! 만약 어떤 중생이 지옥·아귀·축생계에 떨어져야 한다면 제가 가로막고 붙잡아 떨어지지 않게 하겠습니다."

문수사리(文殊師利)가 다시 이런 말을 하였다.

"세존이시여! 어떤 중생이라도 구하고 찾는 것이 있으면 제가 모든 것을 다 갖추게 하겠습니다."

지당보살(智幢菩薩)도 이런 말을 하였다.

"저는 은혜를 베풀어 중생이 큰 지혜를 가지게 하겠습니다."

법당보살(法幢菩薩)도 이런 말을 하였다.

"세존이시여! 제가 중생에게 널리 법을 보시하겠습니다."

일광보살(日光菩薩)이 말했다.

"세존이시여! 저는 중생에게 안락함을 베풀겠습니다."

월광보살(月光菩薩)이 말했다.

"세존이시여! 저는 모든 중생을 교화하여 복과 덕을 닦도록 하겠습니다."

선호보살(善護菩薩)이 말했다.

"세존이시여! 저는 모든 중생을 교화하여 게으르지 않게 하겠습니다."

무진의보살(無盡意菩薩)이 말했다.

"세존이시여! 저는 모든 중생을 교화하여 다 한없는 경계의 이치를 보게 하겠습니다."

월상보살(月上菩薩)이 말했다.

"세존이시여! 저는 모든 중생에게 위 없는 편안함을 얻도록 베풀겠습니다."

이와 같이 여러 보살은 각각 스스로 특이하고 미묘한 서원을 세웠으니, 깨달음을 장엄하고 모든 중생을 이익되게 하려는 것은 부처님의 은혜를 알고 은혜에 보답하기 위한 것이다. 곧 자리에서 일어나 무릎을 괴고 합장하며 부처님께 아뢰었다.

"부디 이 경을 저희 보살들에게 맡겨주십시오."

아난이 부처님께 아뢰었다.

"세존이시여! 이 경을 무엇이라고 이름하며 어떻게 받들어 행할까요?"

부처님이 아난에게 말씀하셨다.

"이 경은 모든 선의 근본을 포섭하는 경[攝衆善本經]이며 또한 큰 방편경[大方便經]이다. 또한 비밀한 실천행의 경[微密行]이라고 하고 부처님이 은혜에 보답하는 경〔佛報恩經〕이라고 이름한다. 너희들은 마땅히 여기에서 말한 것과 같이 닦고 행해야 한다."

이 경을 부촉하는 내용을 설하실 때 7만 2천 명의 성문이 끝없는 깨달음을 얻으려는 마음을 일으켰다. 그리고 나머지 모든 여러 천신·용·귀신·건달바·긴나라·마후라가·사람·사람 아닌 존재 등의 모든 중생이 부처님이 설하는 것을 듣고 기뻐하며 받들어 행했다.

찾아보기

슬기바다 · 12

부모은중경 · 父母恩重經

초판 제1쇄 발행일 / 1999년 8월 25일
개정판 제1쇄 발행일 / 2005년 4월 11일
개정판 제6쇄 발행일 / 2012년 7월 5일

옮긴이 / 최은영
발행인 / 이승용
발행처 / (주)홍익출판사

출판등록번호 / 제1-568호
출판등록 / 1987년 12월 1일

주소 / 서울시 마포구 서교동 395-163
전화 / (02) 333-6040 · 335-5860 · 323-0421 · 323-8098
팩스 / (02) 337-0569

홈페이지 / www.hongikbooks.com
e-mail / editor@hongikbooks.com

잘못된 책은 본사나 구입하신 서점에서 교환하여 드립니다